Willy Sutter

Das Denken der Seele, der Zauber des Geistes

Wie Bewusstseinsformen
Wirklichkeiten erzeugen

Arun

Copyright © 2012 by Arun-Verlag.
Arun-Verlag, Engerda 28, D-07407 Uhlstädt-Kirchhasel,
Tel.: 036743-23311, Fax: 036743-23317
e-mail: info-@arun-verlag.de, www.arun-verlag.de
Illustrationen: Willy Sutter.
Gesamtgestaltung: Arun-Verlag.
Umschlagmotiv: © TheSupe87 - Fotolia.com.
Gesamtherstellung: GGP Media GmbH, Pößneck.

Alle Rechte der Verbreitung in deutscher Sprache und Übersetzung, auch durch Film, Funk und Fernsehen, fotomechanische Wiedergabe, Ton- und Datenträger jeder Art und auszugsweisen Nachdrucks sind vorbehalten.

ISBN 978-3-86663-083-3

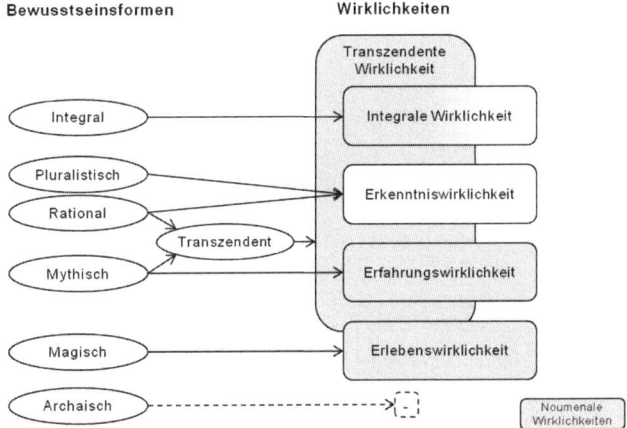

Abbildung „Bewusstseinsformen & Wirklichkeiten"
Noumenal (ausgesprochen: „numenal") – Geistig, seelisch, vital.
Noumenale Wirklichkeiten – Alle Wirklichkeiten außer die rational-physikalische Erkenntniswirklichkeit. S.a. Glossar

Inhalt

Vorwort   11
Einführung   13

Teil I – Bewusstseinsformen

1. Was leisten Bewusstseinsformen?   15
2. Die historischen Bewusstseinsformen   17
   - 2.1 Archaisches Bewusstsein   20
     - 2.1.1 Einheit und Leere   21
     - 2.1.2 Zerbrochene Einheit   22
   - 2.2 Magisches Bewusstsein   23
     - 2.2.1 Kräfte und Wirkungen   24
     - 2.2.2 Dinge erscheinen   30
     - 2.2.3 Negative Aspekte: Macht   31
   - 2.3 Mythisches Bewusstsein   32
     - 2.3.1 Seelen und Ahnen   32
     - 2.3.2 Polarität und zyklische Zeithaftigkeit   34
     - 2.3.3 Schamanismus   37
     - 2.3.4 Negative Aspekte: Überfluss, Anführerpyramide   40
   - 2.4 Rationales Bewusstsein   44
     - 2.4.1 Vernunft, Theorie   45
     - 2.4.2 Elementarteilchen   46
     - 2.4.3 Perspektive   49
     - 2.4.4 Zeit   51
     - 2.4.5 Negative Aspekte: Maßlosigkeit, Ich-Verlust   53
   - 2.5 Transzendentes Bewusstsein, Metaphysik, Spiritualität, Mystik, Religion   56
     - 2.5.1 Nous und Noumenales   56
     - 2.5.2 Metaphysik und Psychologie   59
   - 2.6 Pluralistisches Bewusstsein   61
     - 2.6.1 Perspektivenwechsel   61
     - 2.6.2 Gemeinschaft   63
     - 2.6.3 Ökologie   65
     - 2.6.4 Systemische Ganzheiten   67
     - 2.6.5 Negative Aspekte: Kritiktaubheit, Prä-Post-Problematik (PPP)   69

2.7 Integrales Bewusstsein — 72
    2.7.1 Evolutionäres Universum — 72
    2.7.2 Kopräsenz, Achronien, Déjà-vécus — 75
    2.7.3 Überkreuzungslogik — 79
    2.7.4 Materielles, Geistiges und Wirkungen — 82

2.8 Selbstzentrierung und Loyalitätsbezüge — 86
    2.8.1 Magisch – Kraft – man — 86
    2.8.2 Mythisch – Seele – uns — 88
    2.8.3 Rational – Ich – ich/wir — 89
    2.8.4 Im Ich-Zentrum — 93
    2.8.5 Pluralistisch – Ich – wir alle — 94
    2.8.6 Integral – wir alle und alles — 95
    2.8.7 Selbstmodelle — 96

2.9 Bewusstseinsformen im Überblick — 98

Teil 2 – Ein erweitertes Modell von Wirklichkeiten

3. Bewusstsein und Wirklichkeiten — 103

3.1 Was ist Bewusstsein? — 104
    3.1.1 Wahrnehmung und Bewusstsein — 105
    3.1.2 Außenwelt und Bewusstsein — 107
    3.1.3 Rational – Bewusstseinsmaschine — 108
    3.1.4 Mythisch – Seelenwesen — 110
    3.1.5 Bewusstsein-e und Daseinsgewissheiten — 112

3.2 Die Ontologischen Postulate — 113
    3.2.1 Usurpation und Restitution — 116
    3.2.2 Noumenale Wirklichkeiten — 118
    3.2.3 Integrierte Phänomenologie der Bewusstseinserlebnisse — 121
    3.2.4 Bewusstseinsinhalte — 123
    3.2.5 Noumenale Kräfte — 125
    3.2.6 Noumenale Felder — 126

4. Die Wirklichkeiten — 131

4.1 Erlebenswirklichkeit — 133
    4.1.1 Kräfte der Natur — 133
    4.1.2 Rituale, Magie und Zauber — 137
    4.1.3 Rückzugsgebiet — 138

4.2 Erfahrungswirklichkeit	140
4.2.1 Seele	141
4.2.2 Selbstmodelle und noumenale Reisen	143
4.2.3 Heilwirkungen	148
4.2.4 Mythische Wahrheit	153
4.3 Erkenntniswirklichkeit	154
4.3.1 Kristallisierung	154
4.3.2 Sicherheit	156
4.3.3 Freiheit	157
4.3.4 Wir-Dynamik	159
4.3.5 Rationale Wahrheit	160
4.4 Integrale Wirklichkeit	162
4.4.1 Konkretionen	164
4.4.2 Kosmische Kollektive	168
4.4.3 Identifikation	169
4.4.4 Integrale Wahrheit	172
4.5 Transzendente Wirklichkeit	173
4.6 Tabellarische Übersicht der Wirklichkeiten	174

Teil 3 – Noumenale Praxis

5. Die Praxis: Integrieren	**177**
5.1 Reisemetapher und Reisemethodik	178
5.2 Bewusstseinsformen als Stufen des Bewusstseins	186
5.3 Integrierende Persönlichkeitsentwicklung	189
5.4 Bewusstseinsprofile	194
5.5 Seelenarbeit	197
Schlusswort	201
Glossar	205
Index von Begriffen und Personen	211
Literatur	217
Nachweise	219

– Das Denken der Seele –

Vorwort

Denker mit der Trommel

Seit 2007 nimmt der Philosoph Willy Sutter immer wieder an unseren schamanisch-spirituellen Seminaren und Forschungskreisen teil. Er war mit uns auf Visionssuche in der Wüste Sahara, hat die zweijährige Intensivweiterbildung besucht und ist dabei ein scharfer, differenzierter und mutiger Denker geblieben. Wenn der Philosoph zur Trommel greift, prallen Welten aufeinander, oder sie klaffen weit auseinander. Ein tiefer Abgrund öffnet sich zwischen einer mythischen Erlebniswelt und der rationalen Erkenntniswirklichkeit.

Nicht so bei Willy Sutter! Er überbrückt die beiden Welten mit einem neuen Modell der Wirklichkeit, das weit über die Gegensätze von mythisch und rational hinausreicht und sie beide friedlich umschließt. Er nennt dieses Modell Noumenale Wirklichkeit. Trotz des ungewohnten Namens erfüllt sein Entwurf neuer Wirklichkeiten den Traum vieler heutiger Menschen. Wer hat sich nicht schon danach gesehnt, in einer Welt zu leben, die das Materielle, Rationale gleichermaßen anerkennt wie die träumenden, spirituellen und transzendenten Erlebniswelten, die nicht messbar, sondern durch ihre Intensität und unmittelbare Gewissheit wirklich sind.

Ein Kern-Ritual des Schamanismus, wie er hier im zivilisierten Westen praktiziert wird, ist die Bewusstseins-Reise in andere Wirklichkeiten. Diese Reisen zu jenen gleichermaßen archaischen und transzendenten Quellen von Kraft und Weisheit haben den rationalen Denker Willy Sutter und sein Weltbild verändert. Mit diesem Buch lässt er uns teilhaben an seiner denkerischen Verarbeitung dieser Veränderungen. Er lädt uns ein zu einer mythischen Reise durch die Entwicklungs-Stufen des menschlichen Bewusstseins vom archaischen Bewusstsein unserer Urvorfahren bis in die Zukunft des integralen Bewusstseins unserer Kinder.

Willy Sutter führt uns entlang der Spuren vieler Forscher durch die Jahrtausende und teilt die Bewusstseins-Evolution in jene sechs Mutationen ein, die vor ihm Jean Gebser angelegt hat: Archaisches – magisches – mythisches – rationales – pluralistisches – integrales Bewusstsein. Weil Bewusstsein Wirklichkeit hervorbringt und die Wirklichkeit Bewusstsein formt, lassen sich im Laufe der Menschheits-Entwicklung auch fünf Wirklichkeitsformen erkennen. Sie finden sich auch in unserer Persönlichkeits-Entwicklung vom archaischen Aufgehoben-Sein in der Sippe über die Entwicklung der individuellen Seele zum Ich-Ego-Selbst-Empfinden. Wobei sie alle noch heute in uns angelegt sind.

Dank seinem konsequenten Denken, dessen Ergebnisse immer wieder in Tabellen sichtbar gemacht sind, vermag Willy Sutter eine ermutigende Vision der Zukunft zu entwerfen. Wir sind heute fähig über unsere Egozentrierung hinauszugehen, ein Wir-Alle-Alles-Erleben zu entwickeln und so die Noumenale Wirklichkeit zu ermöglichen.

Die schamanische Reise der Vergangenheit wird zur Reise in die Freiheit, Unbegrenztheit noumenaler Welten und ihrer Ressourcen, unsere Probleme in Gesellschaft, Politik und Umwelt neu anzugehen.

Er spricht über neue Formen der Zeit und ist der Zeit voraus.

Dr. Carlo Zumstein
Winterthur, Oktober 2010

Einführung

Darf man im 21. Jahrhundert ernsthaft von der Seele sprechen und dies nicht nur metaphorisch meinen? Darf man heute noch an Geistwesen glauben, nachdem die Wissenschaften auf überzeugende Weise gezeigt haben, dass es Geistwesen nicht geben kann? Darf man sich mit Tieren, Bäumen oder Engeln unterhalten, nachdem die Psychologie weiß, dass solche Wesenheiten höchstens Projektionen oder sogar Halluzinationen sein können?

Zeitlebens verstand ich mich als rationalen Menschen und war mir sicher, die Antwort auf obige Fragen zu kennen. Aus rationaler Sicht kann sie nur Nein lauten. Doch immer wieder schlichen sich bei mir Erfahrungen ein, die man gemeinhin als spirituell, mystisch oder mythisch bezeichnet. Die Erfahrungen waren nicht besonders spektakulär. Dennoch kam ich auf Dauer nicht darum herum, meine Erklärungsmuster über die Welt zu hinterfragen.

Aus der rationalen Perspektive hat die mythische Wirklichkeit, in der Seelen und Geistwesen vorkommen, etwas Kindliches und Unreifes, und tatsächlich wird sie in der Entwicklungspsychologie oft mit dem Kindesalter in Verbindung gebracht, während die rationale Wirklichkeit zum Erwachsensein gehöre. Umgekehrt betrachten viele spirituelle Menschen die rationale Weltsicht als eine evolutionäre Fehlleistung, die den Menschen endgültig von seinen natürlichen Ursprüngen abtrenne. Diese beiden Standpunkte scheinen sich auszuschließen.

Doch ich wollte das Rationale nicht aufgeben, um spirituell sein zu können. Und ich wollte das Spirituelle nicht missen, während ich mich weiterhin als rational verstand. In diesem Spannungsfeld suchte ich in der Literatur einen konzeptuellen Rahmen, der die gegensätzlichen Sichtweisen vereinigt hätte, fand aber keinen. Ich musste mir also selber Gedanken darüber machen. Und diese Überlegungen haben schließlich zu einem „erweiterten Modell von Wirklichkeiten" geführt, das im Buch „Noumenale Wirklichkeiten"[1] detailliert begründet wird. Das vorliegende Buch ist nun eine stark gestraffte Version davon. Dabei sind natürlich ein paar Vereinfachungen nötig geworden, doch die Grundaussage bleibt unverändert: Ja, der Gegensatz von Rationalität und Spiritualität existiert, aber der Gegensatz ist nicht so, dass das eine das andere unmöglich machen würde.

In einem ersten Teil des Buches stelle ich menschliche Bewusstseinsformen in ihrem historischen Zusammenhang vor. Dabei wird ersichtlich, dass das rationale Bewusstsein ein Bewusstsein unter anderen ist. Die meisten Bewusstseinsformen unterscheiden sich derart markant, dass sie tatsächlich unterschiedliche Wirklichkeiten erzeugen. Bewusstseinsformen und Wirklichkeiten sind grundlegende Deutungsrahmen für unser Bewusstsein.

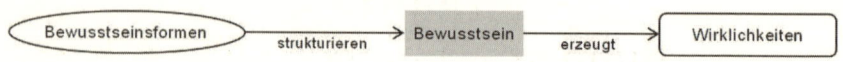

Abbildung 1 – Bewusstseinsformen und Wirklichkeiten

Letztlich löst sich der paradoxe Gegensatz von Rationalität und Spiritualität relativ einfach auf, wenn wir uns vergegenwärtigen, dass gewisse Aussagen oder Handlungsweisen in einer Wirklichkeit möglich sind und in einer anderen nicht. In der rationalen Wirklichkeit gibt es keine eigenständige Seelenpersönlichkeit, Geistwesen oder Engel, in der mythischen oder transzendenten aber schon.

Das ist sehr einfach zu verstehen, aber es ist für viele Menschen nicht einfach zu akzeptieren. Für mich war es das auch nicht. Der rationale Zweifel ist ein wirksamer Begleiter. Inzwischen habe ich aber so viele nicht-rationale Erfahrungen gemacht und dank dem erweiterten Modell von Wirklichkeiten auch in eine rationale Argumentation einfügen können, dass meine Zweifel nicht mehr grundlegender Art sind. Ich akzeptiere nun das Wissen, dass es Rationalität und Spiritualität als unterschiedliche, aber gleichwertige Zugangsweisen zu einer Welt gibt, die als Ganzes nicht zugänglich ist. Und der punktuelle Zweifel erinnert mich jeweils daran, dass es in allen Wirklichkeiten auch Selbsttäuschung und Betrug gibt.

Dieses Buch richtet sich an Menschen mit rationalem Hauptbewusstsein, die spüren, dass das Rationale nicht alles sein kann und doch nicht in esoterische Beliebigkeit hineingleiten möchten. Es richtet sich an Menschen mit mythischem Hauptbewusstsein, die erkennen, dass man über Spiritualität auch nachdenken kann, ohne sich gleich auf die alleinige Vernunftperspektive verengen zu müssen. Und es richtet sich an Menschen mit pluralistischem Hauptbewusstsein, denen der Perspektivenwechsel gewissermaßen in die Wiege gelegt ist und die nun eine Landkarte mit den Wegmarken verschiedener Wirklichkeiten suchen. So mag das Buch auch Ermunterung sein und Anregungen enthalten für alle, die Spiritualität und Rationalität verbinden wollen (oder müssen, weil sie von ihrer ganz persönlichen Mutation dazu gedrängt werden).

Ich plädiere dafür, sämtliche Bewusstseinsformen zu nutzen und alle Wirklichkeiten zu erschließen.

Teil I
Bewusstseinsformen

1. Was leisten Bewusstseinsformen?

Bewusstseinsformen kommen *vor* dem Bewusstsein. Mit ihrem strukturierenden Charakter schaffen Bewusstseinsformen ganze Wirklichkeitskomplexe, in denen nicht nur vorstrukturiert ist, *was* existiert, sondern auch welche Haltungen jemand gegenüber dem einnimmt, was existiert und *wie* er damit umgeht. Bewusstseinsformen sind sehr grundsätzliche Deutungsrahmen für Menschen und ihren bewussten Bezug zur Welt.

Für einen Menschen mit einem bestimmten Hauptbewusstsein bedeutet das, dass er an den Deutungsrahmen der entsprechenden Bewusstseinsform gebunden ist, und dann diejenigen Aspekte eines Ganzen bewusst macht, die diesem Rahmen entsprechen. So drängt die rationale Bewusstseinsform einen Beobachter in eine subjektive, d.h. individuelle, Perspektive, während die mythische eine kollektive und Stammesperspektive begünstigt. Die pluralistische Bewusstseinsform mag den Wechsel der Perspektiven und die integrale erlaubt in einer reifen Ausprägung sogar, dass mehrere Perspektiven gleichzeitig eingenommen werden können.

Bewusstseinsformen sind nicht die einzigen Wirksamkeiten, die unsere Wahrnehmung einer Wirklichkeit strukturieren. George Lakoff, Professor für Linguistik an der University of California in Berkeley verfolgt einen ähnlichen Ansatz auf der Sprachebene. Nach seiner Theorie denken Menschen in Metaphern und diese beeinflussen vorbewusst und unbewusst ihr Denken.[2] Lakoff spricht von *Frames* und unterscheidet *Surface Frames* und *Deep Seated Frames*: „Deep Seated Frames sind in unserem Gehirn tiefverankerte Frames, die unser generelles Verständnis von der Welt strukturieren, unsere Annahmen von der Welt zum Beispiel auf Grund unserer moralischen und politischen Prinzipien, und die für uns schlicht ‚wahr' sind – die also unseren eigenen Common Sense ausmachen."[3] Das kommt meiner Beschreibung von Bewusstseinsformen schon ziemlich nah. Bewusstseinsformen sind so gesehen sehr grundlegende Deep Seated Frames.

Bewusstseinsformen sind Prinzipien, die dem Bewusstsein einen Rahmen vorgeben, und dabei mitbestimmen, was ins Bewusstsein gelangt und wie jemand damit umgeht. Sie strukturieren Wirklichkeiten innerhalb derer ein bestimmtes Weltverständnis besteht und formen unsere Welt, noch bevor sie uns bewusst wird. Die Bewusstseinsform ist der Rahmen, in den gewisse Bewusstseinsinhalte hineinpassen oder nicht. Weil es unterschiedliche Bewusstseinsformen gibt, kann es auch keinen *universellen* Common Sense geben. Selbst das, was wir als zutiefst einsichtig erfahren, auch das, von dem wir sagen würden: „Das ist nun wirklich selbstverständlich!", ist vorgeformt noch bevor es ins Bewusstsein gelangt. Und es ist bei Menschen mit unterschiedlichem Hauptbewusstsein unterschiedlich vorgeformt.

Die Welt des 21. Jahrhunderts ist heterogen in Bezug auf die strukturierenden Bewusstseinsformen. Das ist Anlass für vielerlei Konflikte und Missverständnisse. Täglich treffen mythische und rationale Menschen aufeinander und bringen dabei im eigentlichen Sinne des Wortes unterschiedliche Wirklichkeiten zueinander in Bezug. Wenn ein westlicher mit einem chinesischen Diplomaten über Menschenrechte sprechen will, dann ist das oft eine Begegnung vor dem Hintergrund einer rationalen und einer mythischen Wirklichkeit. Wenn ein konservativer Politiker einen Umweltschützer von der Notwendigkeit einer neuen Überbauung überzeugen will, dann ist es gut möglich, dass mythisches auf pluralistisches Bewusstsein stößt. Und wenn die Kontrahenten in einem Konflikt unter Druck geraten, passiert es leicht, dass negative Aspekte ihrer Wirklichkeitskomplexe aktiviert werden. Der mythische Politiker könnte auf unbeugsame Autorität setzen, der pluralistische Naturschützer auf geschriebenem Recht beharren. Eskalation läuft fast immer auf die Aktivierung negativer Aspekte einer Bewusstseinsform hinaus. Dadurch, dass man sich der strukturierenden Wirkung der Bewusstseinsformen bewusst wird, kann dieser Automatismus geschwächt werden.

Doch es müssen beide Seiten der Medaille beachtet werden. Bewusstseinsformen strukturieren unsere Welt und *zwingen* unser Bewusstsein in eine spezifische Wirklichkeit. Das ist eine Seite. Die andere ist die: Bewusstseinsformen strukturieren unsere Welt und *eröffnen* uns spezifische Wirklichkeiten. Es verhält sich hier wie mit Spielregeln. Spielregeln schränken die Handlungsfreiheit ein: ein Dame im Schach darf keine Figuren überspringen, im Fußball darf der Ball nicht mit den Händen berührt werden. Doch ohne die Regeln gäbe es überhaupt kein Schach- oder Fußballspiel. So bewirken bestimmte Sets von zusammenhängenden Limitierungen paradoxerweise eine Erweiterung des Möglichkeitsraumes. Und so beschreibt das erweiterte Modell von Wirklichkeiten einen erweiterten Möglichkeitsraum.

2. Die historischen Bewusstseinsformen

Wir leben in einer rationalen Zeit. Die Zeit ist rational durch den Menschen und der Mensch ist rational durch das Bewusstsein. Doch auch Bewusstseinsformen unterliegen einem Wandel. So wie die rationale Bewusstseinsform historisch aus der mythischen und die mythische aus der magischen hervorgewachsen ist, so mutieren heute aus der rationalen fast zeitgleich und teilweise parallel zwei neue Bewusstseinsformen hervor: die pluralistische und die integrale. Entsprechend befindet sich das rationale Bewusstsein in der Krise.

Es ist nicht zu übersehen, dass die etablierten Verstandesdisziplinen an prinzipielle Grenzen stoßen, wenn sie mit aller Hartnäckigkeit ihre rationale Tätigkeit ausüben. Die Logik fand sich anfangs des letzten Jahrhunderts mit Aussagen wieder, die genau dann wahr sind, wenn sie falsch sind. Für die Disziplin der Logik war das natürlich ein Schock. Durchaus vergleichbar mit der Erschütterung, mit welcher die quantenmechanischen Paradoxien die Physik ab den 1920er Jahren erfasst hat. Und bezeichnenderweise ist auch die unsinkbare Titanic vor hundert Jahren doch gesunken.

Ich betrachte es als Ausdruck von Redlichkeit, wenn der Verstand sich mit seinen rationalen Methoden selber an die Grenzen treibt und diese Grenzen in aller Öffentlichkeit und aller Offenheit beschreibt. Mehr kann man nicht verlangen. Mehr ist auch nicht möglich. Das rationale Bewusstsein wird die großen Paradoxien, Antinomien und Unstimmigkeiten, die es an seinen äußersten Grenzen erkennt und formuliert, nicht mehr selber lösen. Die vom rationalen Bewusstsein unter dem Einfluss der rationalen Bewusstseinsform geschaffene Wirklichkeit kann nicht alle Fragestellungen lösen, sondern nur diejenigen von einem bestimmten Typus.

Die aktuelle westliche Gesellschaft ist in der Mutation von der rationalen über die pluralistische zur integrierenden Bewusstseinsform voller widersprüchlicher Tendenzen. Täglich erfahren wir die ambivalenten Auswirkungen auf politischer, wirtschaftlicher, gesellschaftlicher, persönlicher und spiritueller Ebene. Wenn ein neues Bewusstsein erwächst, dann ist das jedes Mal ein Ringen von physikalischen, ökonomischen, biologischen, geistigen und auch spirituellen Kräften. Doch es ist kein Ringen um Vorherrschaft, sondern ein Ringen um Ausdruck. Wenn eine neue Bewusstseinsform ihren Ausdruck sucht, werden die alten Bewusstseinsformen auch nicht bedeutungslos; sie existieren weiter und wirken weiterhin. Neues Bewusstsein ersetzt das alte nicht. Es überwindet es in dem Sinne, als es teilweise weiter reicht und teilweise gegensätzlich wirkt.

Dabei liefern neue Bewusstseinsformen immer auch alternative Ansätze für Problemkreise, die die Möglichkeiten einer alten Bewusstseinsform übersteigen. Als sich das mythische Bewusstsein in der Komplexität der inneren Selbstbezüge zu verwickeln begann, war die ordnende Perspektive des rationalen Bewusstseins eine Befreiung für die Menschen. Mittlerweile hat sich auch das rationale Bewusstsein mit seiner distanzierenden Kühnheit und Kühlheit an Grenzen gebracht, jenseits derer sich neue Bewusstseinsformen zeigen. Mit der pluralistischen und integralen machen sich Bewusstseinsformen bemerkbar, welche nicht nur eine diffuse Verunsicherung bewirken, was die Rolle des Menschen im Ganzen anbelangt, sondern auch dafür sorgen, dass viele Menschen nicht mehr ganz befriedigt sind, wenn sie etwas bloß *verstanden* haben. Es scheint noch mehr zu geben, als zu erkennen und zu verstehen. Aber was? – Eine befriedigende Antwort ist vom rationalen Bewusstsein nicht zu erwarten, dessen Spezialität das Erkennen und Verstehen ist.

In diesem Kapitel sollen die historischen Bewusstseinsformen untersucht werden. Reihenfolge und Form der Darstellung sind wertfrei zu verstehen: keine Bewusstseinsform soll als die Bessere oder Beste über die anderen gestellt werden. Bewusstseinsformen sind nicht in sich gut oder schlecht, alle können positive und negative Äußerungsformen zeitigen. Meine Auslegeordnung ist historisch, das heißt von der rationalen Idee einer zeitlichen Ordnung ausgehend. Demzufolge hebt meine Bewusstseinsgeschichte mit dem archaischen Pseudo-Bewusstsein an und beschreibt danach die Abfolge von magischem, mythischem, transzendentem und rationalem Bewusstsein, um schließlich zum pluralistischen und integralen überzugehen.

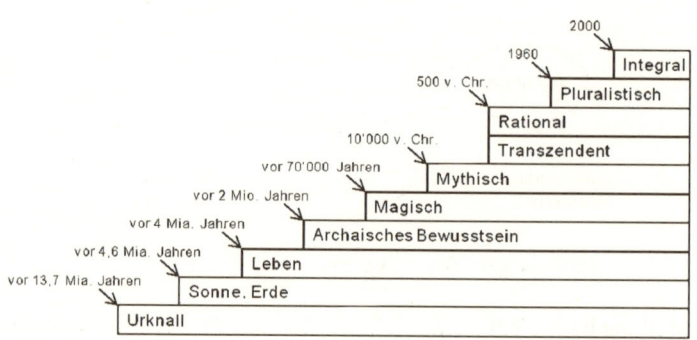

Abbildung 2 – Historisierende Darstellung der Bewusstseinsformen

Würde man vom mythischen Bewusstsein ausgehen, dann wäre die angemessene Darstellung eine zyklische. Damit würde zum Ausdruck gebracht, dass sich das Dasein nach mythischer Ansicht in kosmischen Zyklen vollzieht, die entweder immer wieder neu anfangen oder einen Zyklus auf einer höheren Ebene wiederholen. Ein altes Beispiel dafür sind die vier Yugas der Hindu-Kosmologie. Für die Bewusstseinsformen ergäbe diese Sichtweise:

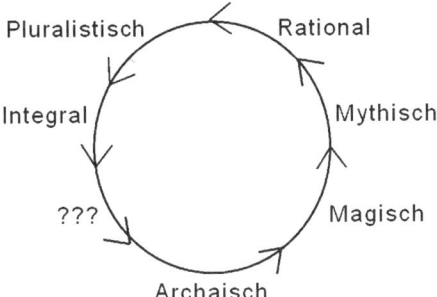

Abbildung 3 – Zyklische Darstellung der Bewusstseinsformen

Eine pluralistische Darstellung würde systematische Beziehungen zum Ausdruck bringen wollen und könnte beispielsweise wie folgt aussehen.

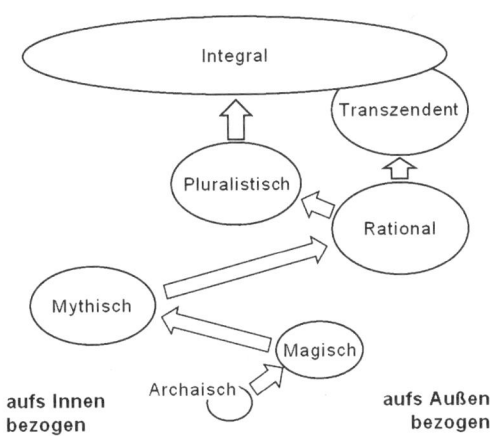

Abbildung 4 – Bewusstseinsformen pluralistisch

Alle Darstellung haben Vor- und Nachteile. Erst alle Bewusstseinsformen in ihrer Ganzheit, Komplementarität und mit ihren Überlagerungen erlauben heute ein befriedigendes Verständnis der Welt.

2.1 Archaisches Bewusstsein

Vor knapp sieben Millionen Jahren lebten die letzten gemeinsamen Vorfahren von Menschen und Affen, seither verlaufen ihre Entwicklungen in separaten Linien. Vor ungefähr drei bis vier Millionen Jahren entwickelte sich bei den damaligen Vormenschen der aufrechte Gang, vor etwa drei Millionen Jahren vergrößerte sich ihr Hirnvolumen vergleichsweise abrupt, was gemäß gängiger Lehrmeinung die eigentliche „Entstehung des heutigen Menschen"[4] darstellte. Vor rund 2,5 Millionen Jahren wurden erste Steinwerkzeuge verwendet. Es war der Beginn der Epoche des *Homo erectus*, dem direkten Vorläufer des *Homo sapiens*, zu denen wir heutigen Menschen gehören. Etwa hier möchte ich ansetzen und die Frage stellen, wie denn das Bewusstsein jener Vor- und Frühmenschen beschaffen gewesen sein mag.

Zunächst einmal fällt eine bemerkenswerte Vielfalt der Ansichten über das Leben jener Menschen ins Auge. Unbestritten ist, dass sie Steinwerkzeuge verwendeten und kaum noch bestritten ist auch die Ansicht, dass der Mensch sich zunächst in Ostafrika entwickelte und sich später ab einer Zeit vor vielleicht 1,7 Millionen Jahren in Richtung Europa, Asien und Südafrika ausbreitete. Gemessen an den Distanzen und den gewaltigen Zeiträumen verlief die Ausbreitung sehr langsam (es waren bloß ein paar Meter pro Jahr), aber sie fand statt. Ein Zeichen für ein besonderes menschliches Bewusstsein möchte ich darin aber nicht sehen, denn schließlich besiedeln auch Pflanzen und Tiere den Globus.

Der Anthropologe Richard Leakey vermutet, dass die damaligen Menschen nackt gewesen seien und nur einzelne Tierfelle über der Schulter trugen. Das Tagwerk der Frauen könnte aus Sammeln von Beeren und Früchten, dasjenige der Männer aus der Jagd auf Antilopen und andere Tieren bestanden haben. Sie dürften in kleinen Gruppen das Land durchstreift und ihre gesammelten und erjagten Lebensmittel geteilt haben. Die Forschung ergibt ein Bild von aktiven Frühmenschen, die nicht nur weite Teile des Globus besiedelt hatten, sondern bereits gut mit Feuer und einfachen Jagdwaffen umzugehen wussten. Die Fülle der diesbezüglichen Funde auf der ganzen Welt lassen über die praktische Agilität jener Menschen keinen Zweifel aufkommen. Doch wie mag es um die geistige Bewältigung ihrer Umwelt gestanden haben, um die es ja gerade geht?

Ursprüngliche Quellen über die geistige Verfassung der Frühmenschen und die Beschaffenheit des damaligen Bewusstseins gibt es naturgemäß keine. Auch die Forschungsergebnisse der Archäologen und Anthropologen erlauben kaum Rückschlüsse auf mögliche Charakteristika einer archaischen Bewusstseinsform. Versuche, die Bewusstseinsentwicklung des Menschen mit der Gehirngröße oder dem Volumen der Großhirnrinde zu korrelieren, scheinen mir nicht besonders überzeugend, denn gerade Vögel mit ihren winzigen Gehirnen zeigen – nachdem sich die Verhaltens- und Bewusstseinsforschung ihrer angenommen hat – ausgezeichnete Bewusstseinsleistungen in Bezug auf Selbst-Bewusstsein, Gedächtnis und Wiedererkennung.

Die späten Vertreter des *Homo erectus* verfügten vermutlich über Ansätze von Sprache und Selbst-Bewusstsein, weit gewandert, agil und anpassungsfähig, wie sie ganz offensichtlich waren. Sie dürften bereits vage Spuren zu einem „phänomenalen" Bewusstseins gehabt haben und Reize über die Sinnesorgane nicht bloß aufgenommen und instinkthaft darauf reagiert, sondern sie bewusst wahrgenommen haben. Etwa Schmerzen nicht nur einfach gespürt, sondern ansatzweise als solche wahrgenommen haben. Dennoch dürften solche Spuren von Bewusstsein derart schwach gewesen sein, dass ich den Frühmenschen am Beispiel des *Homo erectus* als quasi-bewusst oder vor-bewusst betrachte.

2.1.1 Einheit und Leere

Wenn ich der modernen Metapher eines Bewusstseins, das im Kopf entsteht und auf wundersame Weise aus der Gehirnaktivität hervorgeht (Emergenz), die Metapher eines Bewusstseins gegenüberstelle, das in der Welt existiert und auf wundersame Weise in den Menschen hineinfließt (Ingression), dann hatte diese Ingression also begonnen und sich in allerfeinsten Spuren bereits manifestiert. Doch dieses Bewusstsein hatte sich noch nicht in spezifischer Weise akzentuiert. Die archaische Bewusstseinsform brachte dem Menschen keine Unterscheidungen ins Bewusstsein, wie wir sie heute kennen. Dies impliziert auch eine radikale Ichlosigkeit des archaischen Menschen. Somit war der archaische Mensch kein bewusstseinsmäßig abgegrenztes Individuum, sondern immer auch gleich die Umgebung selber und eigentlich die ganze Welt. Das darf durchaus wörtlich verstanden werden: Der archaische Mann *ist* der Faustkeil, den er in den Händen hält, die archaische Frau *ist* die Beeren, die sie pflückt, der archaische Mann *ist* die Frau, mit der er sich paart, und die archaische Frau *ist* der Mann, mit dem sie lagert. Die funktionale Geschlechteraufteilung, die es vermutlich gegeben hatte, hatte keine bewusstseinsmäßige Entsprechung.

Der archaische Mensch mit seinem archaischen Bewusstsein ist alles und deshalb ist er nichts. Denn wie kraftvoll seine Wahrnehmungen, wie vielfältig seine Sinneseindrücke auch sein mögen, es gelangen keine Informationen in dem Sinne in sein Bewusstsein, als dass sie stabile und dauerhafte Unterscheidungen formen würden. In seiner Bewusstseinswelt gibt es keine unterschiedenen Strukturen wie Landschaften, Tiere oder Pflanzen, welche den Frühmenschen bewusst werden oder in bewusster Erinnerung bleiben. Für das archaische Bewusstsein gibt es weder Himmel noch Erde, gibt es weder Tag noch Nacht. Die bewusste Welt des archaischen Menschen ist eine leere Welt.

Diese bewusstseinsmäßige Leere ist das, was Einheit mit der Natur ausmacht. Einheit ist Ichlosigkeit und Seelenlosigkeit in Bezug auf Natur und Umfeld. Damit ist nicht etwa menschliche Kälte gemeint, sondern ganz einfach die Tatsache, dass eine Seele, wie sie der mythische Mensch erfahren wird, und ein Ich, wie es der rationale Mensch kennen wird, noch nicht geformt ist. Es gibt kein bewusstes Ich, welches in einer Außenwelt wandeln und kein Seelenselbst, das in bewusste Beziehung zu anderen Wesen treten könnte. All jene Anfechtungen, denen wir heutigen Menschen durch unsere unterdessen erzeugte Seelen- und Ichhaftigkeit ausgesetzt sind, gibt es für das archaische Bewusstsein nicht. Deshalb ist der Schlaf des archaischen Menschen traumlos, wie es in alten Quellen heißt. Und selbst das physische Wachsein mit all seinen Wahrnehmungen, Aktivitäten und Verrichtungen ist angesichts der Einheit des archaischen Menschen mit der Natur ein unangefochtener und tiefer Bewusstseinsschlaf.

Die archaische Bewusstseinsform präsentierte dem Frühmenschen nichts. Und sie liefert auch uns heutigen Menschen nichts, wenn es uns gelingt, sie dadurch zu aktivieren, dass wir alle anderen Bewusstseinsformen ausschalten. Archaisches Bewusstseinsnichts mag in der heutigen Hektik als wohltuend und entlastend erscheinen. Aber das Paradoxe liegt darin, dass wir, solange wir bewusst etwas empfinden (wie Wohlbefinden oder Ruhe), eigentlich noch nicht das Archaische erfahren. Und wenn wir es erfahren, dann haben wir keine bewusste Empfindung davon.

2.2.1 Zerbrochene Einheit

Es scheint aber auch, dass die Einheit immer schon mit feinsten Rissen durchsetzt ist. Für den späten archaischen Menschen, den man ganz grob um eine Zeit vor 200.000 Jahren ansiedeln mag, ist die makellose Identität mit allem bereits angekratzt, und von da an bröckelt sie unwiederbringlich weg. Aktuelle Untersuchungen tierischen Bewusstseins zeichnen ein ähnliches Bild: wo immer man hinblickt, lassen sich überraschende Spuren von Bewusstsein finden. Mit dem sogenannten *Spiegeltest*, der in den 1960er Jahren von Psychologen Gordon Gallup entwickelt wurde, wird erforscht, welches Tier auf sein eigenes Spiegelbild auf eine Weise reagiert, die nahe legt, dass es sich selber im Spiegel erkannt hat. So wird etwa geprüft, ob es versucht, einen auffälligen farbigen Fleck zu entfernen, den es unbemerkt aufgeklebt erhielt und den es nun im Spiegel sieht. Greift das Tier an den eigenen Körper und nicht an das Spiegelbild, so gilt das als ein Nachweis eines gewissen Selbst-Bewusstseins. Unsere nächsten Verwandten, Schimpansen, Bonobos und Orang-Utans, aber auch Delfine bestehen den Spiegeltest. So könnte man leicht auf den Gedanken kommen, Bewusstsein hänge mit der evolutionsgeschichtlichen Nähe zum Menschen und mit der Gehirngröße zusammen. Doch Gorillas fallen bei dem Test durch, während Elstern ihn mit Leichtigkeit bestehen. Bei den Menschen ist es so, dass Kinder ab etwa zwei Jahren den Spiegeltest bestehen.

Es ergibt sich unter den Lebewesen also kein einheitliches Bild, wann Bewusstsein entsteht oder sichtbar wird. In Spuren scheint es immer schon da zu sein, wenn man nur genau genug hinsieht. Und je mehr sich Bewusstsein manifestiert, desto stärker scheint im Gegenzug auch die Sehnsucht nach der verlorenen uranfänglichen Einheit zu wachsen, wie sie im archaischen Bewusstsein vermutet wird. Doch archaisches Bewusstsein ist ein Pseudo-Bewusstsein und ob seiner Leere eigentlich Bewusstlosigkeit.

2.2 Magisches Bewusstsein

Vor rund 160.000 Jahren trat dann der heutige Mensch, der *Homo sapiens* auf. Mit ihm will ich den ersten Ausdruck echten Bewusstseins datieren. Allerdings ist das einigermaßen willkürlich und tut dem *Homo erectus*, dem Neandertaler und anderen Menschenartigen ziemlich sicher Unrecht. Denn Bewusstsein dürfte nicht auf den *Homo sapiens* beschränkt sein, wie es ja nicht einmal auf den Menschen beschränkt ist. Wie die Vor- und Frühmenschen stammt der *Homo sapiens* aus dem Osten Afrikas. Er hatte im Wesentlichen die gleichen körperlichen Maße und Eigenschaften wie wir heutigen Menschen auch. Wiederum löste auch der *Homo sapiens* eine eindrucksvolle Wanderungswelle aus, in dessen Verlauf er die ganze Erde besiedelte. Bei all den Wanderungen muss es Überschneidungen mit anderen Menschenarten geben haben, namentlich mit den Neandertalern in Europa und im Nahen Osten. Es ist jedoch unklar, wie und wieso sich der *Homo sapiens* durchgesetzt hat. Nirgends sind Spuren eines kriegerischen Verdrängungskampfes sichtbar. Auf jeden Fall gibt es auf dieser Erde seit rund 40.000 Jahren nur noch den *Homo sapiens*.

Durch das Zerreißen der archaischen Einheit musste diesem früh-magischen Menschen immer mehr Natur erschienen sein. In welcher Form das geschehen ist, bleibt natürlich spekulativ. Nach einem beliebten Verständnis folgte auf die archaische Einheit die Dualität. Demnach wäre der magische Mensch der erste gewesen, dessen Bewusstsein sich mit Dualitäten in der Welt auseinandergesetzt hätte. Mit einem von der Erde getrennten Himmel, mit einem Oben und Unten, mit hell und dunkel, heiß und kalt, mit Mann und Frau, mit Bergen, Tälern, Flüssen, Wäldern, Bäumen, Sträuchern, Beeren, Blumen, Tieren. Die Einheit wäre demnach zerrissen und hätte dem magischen Menschen allmählich eine gegenständliche Natur ins Bewusstsein gebracht. Allzu verlockend scheint heute die Idee, dass aus einem zunächst zwei und dann aus zweien viele geworden wären. Doch die Abstraktionsleistung, die nötig ist, um in einer Wahrnehmung eine bewusste Scheidung in Himmel und Erde vorzunehmen und womöglich noch eine imaginäre Horizontlinie auszuscheiden, ist derart komplex, dass sie kaum am Anfang der menschlichen Bewusstseinsentwicklung gestanden haben dürfte.

Ich nehme also *nicht* an, dass die bewusste Welt des frühen magischen Menschen einen Himmel und eine Erde hat und ihn dazwischen eine Linie denken lässt, die man als Horizont bezeichnen würde. Ich glaube *nicht*, dass die bewusste Welt des frühen magischen Menschen von Tieren und Pflanzen bevölkert ist, die er nach und nach entdecken und benennen würde.

Wenn wir heute die Welt betrachten, dann verfügen wir über einen ganzen Apparat an Bedeutungen, Erklärungen und Unterscheidungen. Wenn uns unser Bewusstsein eine Horizontlinie präsentiert, dann wissen wir bereits einiges über Berge, Täler, Wolken, Himmel, Erde. Deshalb werden wir beim Anblick des Horizontes auch ohne weiteres vom Himmel und von der Erde sprechen können. Uns erscheint die Welt so, als ob es tatsächlich und völlig unzweifelhaft einen Himmel und eine Erde gebe. Dies war bei frühen magischen Menschen aber nicht der Fall: ihr Bewusstsein verfügte noch nicht über einen Rucksack an Erfahrungen und Bedeutungen, mit denen er die Sinneseindrücke interpretieren konnte.

Die magischen Menschen waren vollkommen lebenstüchtig, sonst würde es uns heute nicht geben, aber in Bezug auf Bewusstseinsinhalte, Erfahrungen und Bedeutungen waren sie noch nicht geformt. Ihr Bewusstsein war zunächst unbeschrieben, weil es auf der archaischen Leere aufsetzte. Und so stellt sich heute die Frage, was das damalige Bewusstsein dem frühen magischen Menschen wohl dargestellt haben mag von einer Welt, die nicht für seine Wahrnehmung, aber für sein Bewusstsein noch unstrukturiert und ohne Bedeutungen gewesen war.

Viele Kognitionsforscher sehen in der konzentrierten Arbeit an Werkzeugen wie Faustkeilen die Geburtsstunde des menschlichen Bewusstseins. Der Philosoph Thomas Metzinger schreibt etwa: „Intelligenter Werkzeuggebrauch war ein wesentlicher Durchbruch in der Evolution des Menschen."[5] Diesem Satz stimme ich ohne Einschränkung zu, doch auf eine andere Weise als Metzinger. Denn Metzinger geht davon aus, dass der erste Brennpunkt des menschlichen Bewusstseins das eigene Selbst sein müsse. Ausgehend von einem Bewusstseinsmodell seiner selbst würde der Mensch zunehmend weitere Bereiche der Wirklichkeit integrieren. Bei ihm liest sich das so: „Eine notwendige Vorbedingung für die Ausdehnung unseres Handlungsraums und unserer praktischen Fähigkeiten durch den Gebrauch von Werkzeugen scheint jedenfalls eindeutig in der Fähigkeit zu liegen, sie in ein bereits vorher existierendes Selbstmodell zu integrieren."[6] Ich will nicht bestreiten, dass ein Mensch oder Tier ein neuronales Selbstmodell besitzt, das ihn intelligent handeln lässt. Doch ist das auch ein *bewusstes* Selbstmodell? Ein Selbstmodell, nach dem der Mensch *weiß*, dass es ihn gibt? – Ich denke nicht.

Wir modernen Menschen können fast nicht anders, als von einem bewussten Selbstmodell auszugehen (das ist sogar ein Hauptmerkmal des rationalen Bewusstseins). Doch wenn wir den magischen Menschen oder das magische Bewusstsein verstehen wollen, dann sollten wir meines Erachtens so gut es geht von der Vorstellung eines handelnden Subjektes in einer dinglichen Welt Abstand nehmen. Die Bewusstseinsinhalte jenes magischen Frühmenschen sind nicht Dinge oder eine Vorstellung von sich selbst, sondern es ist ein Bewusstsein von Kräften und Wirkungen. Und indem der magische Mensch anfängt, sich bewusst auf Kräfte und Wirkungen einzulassen, beginnt er mit der Erschaffung der Wirklichkeit. Die magische Bewusstseinsform, die sich auf diese Weise Ausdruck verschafft, ist charakterisiert durch ein tätiges Kreisen um Kräfte und Wirkungen.

2.2.1 Kräfte und Wirkungen

Vor knapp 40.000 Jahren fängt der Mensch plötzlich an, massenhaft „Kunst" zu produzieren. Das magische Bewusstsein bricht gänzlich durch und manifestiert sich äußerlich in dauerhaften Artefakten einer erstaunlichen Raffinesse. Bemerkenswerte Merkmale prägen diese *jungpaläolithische Revolution*: Die Kunstarbeiten treten ziemlich plötzlich auf: die Zahl an Erzeugnissen aus Menschenhand explodiert buchstäblich. Die Veränderung tritt auf der ganzen besiedelten Erde praktisch gleichzeitig ein. Die Artefakte sind überall verblüffend gleichartig.

Diese weltweiten Übereinstimmungen sind bisher nicht befriedigend erklärt, denn der Zeitraum, in dem die ersten Werke auftauchen ist viel zu kurz, um einen physischen Austausch zwischen den mittlerweile fast auf den ganzen Globus verteilten Menschen ernsthaft in Betracht zu ziehen. Man spürt den Widerwillen des rationalen Wissenschaftlers buchstäblich, wenn Emmanuel Anati, italienischer Professor für Paläoethnologie, einräumt, dass die Parallelität zuweilen am besten „als ‚Resonanz' oder als die Folge einer Art Gruppentelepathie"[7] erklärbar sei. Beide Erklärungen sind für die rationale Wissenschaft nur schwer zu akzeptierende Angebote, doch sie hat selber nichts Einleuchtendes zu bieten.

Könnte es eine Art magischer Telepathie gegeben haben, in der die magisch Wirkenden ihre Erzeugnisse weltweit koordinierten? Obwohl ich die Möglichkeit einer derartigen Kommunikation über nichtphysikalische Wege durchaus bejahe, so glaube ich nicht, dass dies das Mittel der damaligen magischen Menschen war. Kommunikation setzt ja nicht nur ein Kommunikationsmedium voraus, sondern auch einen wie auch immer gearteten Sender und Empfänger sowie eine Botschaft. Als rudimentär bewusstes Wesen ohne bewusstes Selbstmodell konnte der frühe magische Mensch diese Rollen aber nicht einnehmen. Erst in viel späteren Epochen, in mythischer Zeit, wurden komplexe Kommunikations- und Koordinationsleistungen dann möglich (auch auf „telepathischem" Weg).

Plausibler für die erstaunliche Gleichförmigkeit und Gleichzeitig der magischen Felskunst scheint mir tatsächlich eine Art von „Resonanz" zu sein. Der Schweizer Psychologe und Schamane, Carlo Zumstein, beschreibt folgendes Szenario: „Weil der Schamane eine Urgestalt des bewussten Daseins ist, hat er sich mit dem Bewusstsein überall auf der Welt entwickelt."[8] Diese Argumentation stellt nun nicht auf eine wie auch immer geartete Kommunikation und Koordination zwischen Individuen ab, sondern auf eine gemeinsame geistige Grundlage. Wenn sich die Felskunst weltweit praktisch gleichzeitig und erstaunlich gleichförmig entwickelte, dann lag das am Bewusstsein selber, das den Menschen erfasste, ihn antrieb und in ihm auf eine ganz bestimmte Weise seinen Ausdruck suchte. Vergleichbar mit den Samen einer Pflanze, die sich innerhalb einer gewissen Bandbreite überall auf der Welt zu derselben Blume entwickelt, wenn sie auf geeigneten Grund fällt. Im Fall der Pflanze trägt das genetische Material des Samens den Code für die gleichförmige Entwicklung. Im Fall der magischen Felskunst ist es die magische Bewusstseinsform. Denn es ist ja gerade die Leistung von Bewusstseinsformen, das Bewusstsein und seinen Ausdruck in einer spezifischen Weise zu strukturieren.

Es fällt auf, dass bei vielen Erzeugnissen der Höhlenkunst die Gesichtszüge fehlen. Auch dies ist meines Erachtens ein Hinweis darauf, dass die sprachliche Kommunikation in magischen Kulturen nicht wichtig war. Bei der berühmten

Venus von Willendorf, einer kleinen Statuette aus einer Zeit ca. 25.000 v. Chr., sind die Haare fein gearbeitet und wie eine Mütze über den Kopf gezogen. Ein Gesicht ist jedoch nicht einmal angedeutet. In auffällig vielen Darstellungen magischer Zeit fehlt der Mund. Und obwohl die physischen Voraussetzungen für ein Sprachvermögen bei den Hominiden (das sind vor allem der Gehirnumfang und die Lage des Kehlkopfes im menschlichen Sprechapparat), seit etwa zwei Millionen Jahren ausgebildet sind, dürfte die Sprache beim magischen Menschen eine sehr untergeordnete Rolle gespielt haben. In seiner Wolkenhaftigkeit ist das magische Bewusstsein raum-, zeit- und ichlos. In diesem Rahmen ist die raum-, zeit- und ichübergreifende Funktion von Sprache unwichtig.

Abbildung 5 – Venus von Willendorf (ca. 25.000 v.Chr.)

Wenn zahlreiche Frauen-Figuren, die sogenannten Venus-Figuren, mit bemerkenswertem Bauch- und Hüftumfang dargestellt werden, dann interpretiere ich das nicht in erster Linie als Fruchtbarkeitsmerkmal. Der Bauch ist wohl auch nicht deshalb erdschwer dargestellt, weil das Modell sehr übergewichtig gewesen wäre (bei einer umherziehenden Lebensweise sowieso schwerlich vorstellbar), sondern vielmehr weil die Region der Verdauungs- und Geschlechtsorgane erlebter Sitz des Bewusstseins werden. Das frühe magische Bewusstsein äußert sich in der Gegend von Becken, Bauch und Unterleib. In ihren Windungen akzentuiert sich die natürliche Vitalität des Magischen. Und in den Windungen und den Kammern der Höhlen werden dieselben Kräfte zugänglich.

Normalerweise werden Darstellungen der Höhlen- und Felskunst gegenständlich interpretiert, so als ob der Schöpfer beispielsweise ein Pferd habe darstellen wollen. Doch wenn ich davon ausgehe, dass dem frühen magischen Menschen noch keine dingliche Welt ins Bewusstsein gelangte, dann kann das natürlich nicht zutreffen. Dem magischen Menschen in dieser Phase kann es nicht um die Darstellung von irgendetwas gegangen sein. Ich schlage deshalb eine andere Interpretation vor.

Felskunst der magischen Blütezeit ist das Resultat eines tätigen Wirkens magischer Menschen mit den Kräften der Natur. Der Philosoph Jean Gebser spricht von einem „naturhaften Vitalkonnex", in dem „alles und jedes miteinander wirkend vertauschbar ist"[9]. Eine solche Verbindung kann man sich heute fast nicht mehr vorstellen. Beim Versuch, den magischen Vital-Zusammenhang zu erfassen, kommt uns der rationale Kausal-Zusammenhang in die Quere, mit dem unser Bewusstsein gewohnt ist, Dinge und Lebewesen zu identifizieren und in einen kausalen, zeitlichen Ablauf zu stellen. Dem magischen Bewusstsein sind aber weder Dinge noch zeitliche Abläufe gegeben, sondern Kräfte. Mit diesen zusammen und als diese wirkt der magische Mensch. Wenn er etwas an eine Höhlenwand zeichnet, das wir 20.000 Jahre später mit unserem Bewusstseinsrucksack als Bild eines Pferdes identifizieren werden, dann ist er diese Pferdekraft. Und die Kraft ist umgekehrt der zeichnende Mensch. Und weiter ist der zeichnende Mensch auch sein Zeichengerät. Wörtlich! Dann wirkt diese Kraft-Mensch-Zeichengerät-Verbindung so, dass schließlich ganz offensichtlich das Bild eines Pferdes an einer Höhlenwand steht (ohne dass jemand ein Pferd hätte darstellen wollen).

Skeptische Leserinnen und Leser werden sich natürlich fragen, wieso als Resultat jener Kraft-Mensch-Zeichengerät-Wirkung das Bild eines Pferdes an der Felswand stehen sollte und nicht vielmehr irgendwelche expressive Formen oder gar sinnloses Gekritzel. Wie kann das Resultat des magischen Wirkens gegenständlich sein, wenn dem magischen Bewusstsein keine Gegenstände gegeben sind? Eine Antwort ergibt sich, wenn wir eine Wahrnehmungs- und eine Bewusstseinsebene unterscheiden. Der magische Mensch macht selbstverständlich Wahrnehmungen von Pferden, doch diese bleiben unterhalb der Bewusstseinsschwelle. So mag der magische Künstler durchaus eine (unbewusste) Vorstellung eines Pferdes in seinem Kopf haben, doch er geht nicht hin und sagt sich, er wolle nun ein Pferd an die Wand malen. Er wird nach vollbrachtem Wirken auch nicht vor seinem Werk stehen, um es zu betrachten und es mit einer Vorlage, einem Pferd in der Wildbahn, zu vergleichen. Sein bewusstes Erleben beschränkt sich auf das Wirken in der Kraft.

Ein eigenartiges Phänomen mag diese These stützen. Bereits die frühesten Felsmalereien sind beinahe unnatürlich gekonnt. Die Tierdarstellungen in der Höhle von Altamira in Spanien sind derart detailgetreu, dass ihre Echtheit gerade deshalb über 20 Jahre lang nicht anerkannt wurde. Man konnte sich einfach nicht vorstellen, dass sie vor so langer Zeit von magischen Frühmenschen erschaffen worden sein könnten und hielt sie für Fälschungen, bis schließlich weitere Entdeckungen in anderen Höhlen die Funde bestätigten. Man mag auch die Pferdedarstellungen in der Chauvet-Höhle betrachten, die vor weit über 30.000 Jahren entstanden sind:

Abbildung 6 – Pferde in der Chauvet-Höhle (ca. 32.000 v.Chr.)

Werke weit späterer Epochen, namentlich diejenigen aus der mythischen Zeit, sind dann aber verblüffenderweise sehr viel weniger realitätsnah. Als Beispiel eine ägyptische Darstellung aus der mythischen Spätphase:

Abbildung 7 – Ägyptische Kunst (Isis, ca. 1.300 v.Chr.)

Erst in der Renaissance, also über 30.000 Jahre später, haben die rationalen Menschen dann wieder Bilder mit einer vergleichbaren Realitätsnähe geschaffen wie die magischen. Man könnte also meinen, die magischen Menschen hätte eine Fähigkeit zur bildnerischen Darstellung gehabt, die der mythische Mensch verloren und erst der rationale Mensch wieder gewonnen hätte. Doch mit dem Modell von Bewusstseinsformen steht eine bessere Erklärung zur Verfügung. Demnach haben die magischen Menschen nie versucht, ein Pferd oder sonst ein Objekt möglichst präzise darzustellen. Das Malen (oder welche Technik auch immer zum Zug kam: Spritzen, Schnitzen, Kratzen, Meißeln) selber war für die magischen Menschen von Bedeutung, nicht der Gegenstand. Dass dabei das Bild eines Pferdes oder sonst eines Objektes entstand, war für ihn nicht bedeutungsvoll.

Wohl gerade weil der magische Künstler kein Pferd darstellen wollte, ist es ihm so gut gelungen. Die Pferde waren ja auch nicht als Vorlage in der Höhle, wo er sie hätte studieren und abzeichnen können. Er hätte sie also aus dem Gedächtnis malen müssen, und das scheint doch sehr unwahrscheinlich in jener verblüffenden Präzision. Doch wenn wir statt einem objekthaften Verhältnis von Dargestelltem und Darstellung, wie es für das rationale Bewusstsein richtig ist, ein dynamisches Verhältnis von Kraft und Wirkung zugrunde legen, wie es für das frühe magische Bewusstsein charakteristisch ist, dann ist das Resultat plausibel. Dem magischen Menschen wird das Pferd in der Tätigkeit gegeben, ohne dass er es gesucht hätte.

Die moderne Forschung, die von der rationalen Objektwelt geprägt ist, tut sich mit einer solchen Ansicht natürlich schwer. Nur zaghaft lässt sie diese Möglichkeit zu, wenn sie mehr und mehr vom pluralistischen Bewusstsein bestimmt wird: „In manchen Fällen muss erwogen werden, ob das Bild vielleicht nur die überdauernde *Spur* von Vorgängen ist, die ebenso wichtig oder noch wichtiger als die Resultate waren. Die Technik ist selbst Bedeutungsträger." Dies sagt Michel Lorblanchet, der sich als experimenteller Paläontologe daran gemacht hat, die gefundenen Bilder nicht nur zu interpretieren, sondern eins zu eins nachzubilden. „Die experimentelle Nachbildung auf einer Wand in natürlicher Größe, unter denselben Arbeitsbedingungen wie bei den prähistorischen Menschen, hat nichts mit der Vorstellung zu tun, das einzige Ziel des Künstlers sei das Wandbild gewesen und die einzelnen Arbeitsschritte in diese Richtung seien in seinen Augen zweitrangig gewesen."[10]

Als ein europäischer Paläontologe einen australischen Aboriginal begleitete, sind die Beiden auf eine verwitterte Höhlenzeichnung gestoßen. Dort ist es üblich, die Zeichnungen bei Bedarf zu erneuern, und das tat der Aboriginal. Danach fragte der Forscher, warum er das getan hätte und erhielt sinngemäß diese Antwort: „Ich habe nichts getan. Die Geister haben durch meine Hand gezeichnet." Könnte es sein, dass den reifen magischen Menschen im Prozess des Malens nach und nach die Dinge *gegeben* wurden? Dass die späten magischen Menschen nun bereit waren, neben Kräften auch Dinge bewusst wahrzunehmen?

2.2.2 Dinge erscheinen

Allmählich wurden Darstellungen der spätmagischen Felskunst komplexer und es wurden auch allgemeine Szenen gestaltet. Zudem wies die Kunst nun zunehmend „lokale Kennzeichen"[11] auf. Die urmagische Grundlage, die sich anlässlich der jungpaläolithischen Revolution noch als eine global einheitlich wirkende Kraft geäußert hatte, war nun also bereits aufgefächert. So nahm die direkte Wirkung der Kräfte auf die Menschen ab, während technische und geistige Fähigkeiten im Umgang mit den Kräften wuchsen und lokale Ausprägungen erfuhren. Innerhalb des langen magischen Zeitalters erfolgten Veränderungen, die den Menschen zunehmend aus seiner Verbundenheit mit der Natur lösten. Die spätmagischen Kulturen verwendeten auf der Jagd nun auch Pfeil und Bogen; nichts könnte die abnehmende Verbundenheit von Mensch und Natur besser dokumentieren als die zunehmende Distanz zwischen Jäger und Beute. Das magische Bewusstsein hatte einen Grad der Klarheit erreicht, in dem nicht mehr nur in der Natur gelebt, sondern die Natur erlebt wurde. Kurz: Dem späten magischen Menschen erschien allmählich eine äußere und dingliche Welt. Ganz grob datiert dürfte dies in einer Zeit zwischen 20.000 bis 10.000 v. Chr. geschehen sein.

Sind die Werke der magischen Frühzeit Ausdruck des Wirkens im tiefen Vitalzusammenhang, das heißt Resultat des Wirkens der Kräfte durch den Menschen und des Schaffens der Menschen in der Kraft, so dürften die spätmagischen Werke nun tatsächlich langsam Darstellungen *von etwas* sein. In dem Maße, als sich das wolkenhafte Bewusstsein im magischen Menschen zu differenzieren beginnt, verwickelt es ihn in ein zunehmend komplexes Erleben. Das könnte die Geburtsstunde der ersten Schamanen sein, die noch stärker mit den Naturkräften in Verbindung bleiben als andere Mitglieder der Gruppen. Als Spezialisten beginnen sie, die bereits nachlassende natürliche Verbindung durch Rituale zu nähren, Kräfte zu studieren und Riten mit der Natur auszuhandeln. So erarbeiten Schamanen in jener Zeit und auf der ganzen Welt erste Repertoires an Gebräuchen für Magie und Zauberei. Sie fangen an, den Vitalzusammenhang zu nutzen. Das ist eine höchst ambivalente Angelegenheit von Verlust und Aneignung. Der Mensch hat die Geborgenheit in der Einheit definitiv verloren. Doch gleichzeitig erarbeitet er sich schrittweise bewussten Einfluss in Bannformeln, in Jagd-, Fruchtbarkeits- und Heilritualen.

Es fällt auf, dass in der spätmagischen Phase auch Darstellungen von Phallen und Vulven auftauchen. Nun gibt es im Bewusstsein offensichtlich nicht mehr nur Kräfte oder allgemein Menschen, sondern Männer und Frauen. Das deutet nicht nur auf erste Fruchtbarkeitskulte hin, sondern auch auf beginnendes Geschlechterbewusstsein. Natürlich sind es immer schon die Frauen gewesen, die die Kinder geboren haben und die Männer sind diejenigen mit dem Penis. Aufkommendes Geschlechterbewusstsein heißt nun aber, dass die Menschen sich dessen auch bewusst werden. Das Bewusstsein entwickelt sich also merklich weiter. Schließlich beginnen sich auch die Spuren für das Auftauchen eines bewussten Selbstmodelles zu verdichten. Der Mensch wird sich allmählich seiner selbst bewusst. Und gleichzeitig wird er sich der Anderen bewusst. Ein vor-mythisches Seelenbewusstsein macht sich bemerkbar.

Die magische Phase ist eine höchst faszinierende Epoche. Die entsprechende Bewusstseinsform versorgt den Menschen in erster Linie mit erlebten Kräften und deren erlebten Wirkungen und erst in einer Schlussphase, die bereits in das mythische Bewusstsein überleitet, mit Bildern von äußeren Dingen und einem inneren Selbstmodell. Es ist spannend zu entdecken, dass eine magische Erlebenswirklichkeit auch heute noch zugänglich ist. Sie ist allerdings stark verdeckt und es braucht etwas Training und Mut, um sich den Kräften und Wirkungen anzuvertrauen.

2.2.3 Negative Aspekte: Macht

Jede Bewusstseinsform kennt positive und negative Äußerungsformen, so auch die magische. Der magische Mensch erlebt sich mehr und mehr als von der Natur geschieden. Viele Geschehnisse des Daseins finden nicht mehr einfach nur statt, sie werden stattdessen bewusst erlebt. Geschehnisse erhalten somit neben der instinktiven Handlungs- auch eine Bewusstseinsebene. Mit dem wachsenden Gestaltungswillen der Menschen nimmt auch der Wunsch zu, die Verbindung zu den unterschiedenen Kräften für die eigenen Absichten zu nutzen. Die Grundlage jeder zivilisatorischen Leistung liegt ja im Bestreben, das eigene Los zu verbessern. Im magischen Bewusstsein geschieht das im direkten Zusammenwirken mit den Elementar- und Naturkräften. Die spätmagischen Rituale sind bereits Ausdruck der Bitte um Linderung von Schmerzen oder um Verschonung vor Ungemach. In diesem Zusammenhang sind Magie und Zauber als effektive Äußerungen der magischen Bewusstseinsform anzusehen.

Je stärker sich das wolkenhafte magische Bewusstsein akzentuiert, je mehr die eigentliche Selbst-Losigkeit des magischen Bewusstseins schwindet, desto stärker kommen allerdings Tendenzen auf, die sich auf den Vorteil eines eigenen Selbsts beziehen. Selbstbezogene Absichten in Magie und Zauberei nehmen automatisch zu. Das Ausüben von Macht findet erste Ausprägungen. Absichten des Bannens und Bittens um Verschonung führen über in solche des Zwingens, Beherrschens und Besitzens. Denn wo dem Bewusstsein Dinge zunehmend als äußere erscheinen, können sie auch wieder in Besitz genommen werden.

Im magischen Kontext ist das In-Besitz-Nehmen ein Besetzen im Sinne einer Wiederherstellung wechselseitiger *Besessenheit*. So ereignet sich magische Aneignung durch Besetzung in einem ursprünglichen und unmittelbaren Sinn. „To possess" (besitzen, besetzen) und *„to be possessed"* (besitzt werden, besetzt sein) müssen zunächst noch fast gleichwertig sein. Je stärker die Ahnung eines Selbsts hervortritt, desto klarer wird auch die Machtfrage: Mächtig ist, wer besetzen und besitzen kann ohne selber besessen zu sein. Und noch viel mächtiger ist, wer sich kontrolliert besetzen lassen kann. Dagegen ist bemächtigt, wer einer Besessenheit ausgeliefert ist, denn der passive Gegenpart von Macht ist Ohnmacht. So entfaltet sich im magischen Bewusstsein auch eine passive Variante der Macht: die Affektivität, die große Gefühlswallung, der jemand erliegt.

Zusammenfassend kann man magisches Bewusstsein als zeitlos bezeichnen, in dessen Vitalzusammenhang alles mit allem wirkend austauschbar ist. Die magische Bewusstseinsform entfaltet im Menschen ein Erleben von Kräften, die sich nicht auf ein Gestern, Morgen oder Übermorgen beziehen, sondern auf Wirkungen in konkreten Erlebensumständen. Während die Natur im Laufe der Zeit zunehmend als vielfältig und als eine Äußere erscheint, erlebt sich der magische Mensch schließlich selber als wirksam und wirkend. In Ritualen, Beschwörungen, Zauber und Magie werden die Kräfte der Natur eingebunden.

2.3 Mythisches Bewusstsein

Am Ende der letzten Eiszeit erwärmte sich das Klima der Erde abrupt. Über den Globus verteilt zu leicht unterschiedlichen Zeitpunkten stieg die Jahrestemperatur rund 10.000 v. Chr. lokal sprunghaft an. Wirtschafts- und sozialhistorisch vollzogen sich in der Folge markante Veränderungen: Die herumziehenden Jäger und Sammler wurden vielfach sesshaft, entwickelten den Ackerbau und errichteten eigentliche Wirtschaftssysteme. Dieser Vorgang wird als die *neolithische Revolution* bezeichnet. Mit den Strukturen der magischen Bewusstseinsform wäre ein derartiger Entwicklungsschub nicht möglich gewesen, dafür brauchte es die Möglichkeiten des mythischen Bewusstseins. Und dieses soll in der Folge untersucht werden.

2.3.1 Seelen und Ahnen

Zunächst einmal nahm in jener Zeit ganz offensichtlich die Dynamik des Erlebten zu, wie sich wiederum in den Fels- und Höhlenzeichnungen erkennen lässt. Erstmals tauchten narrative Sequenzen, kleine Geschichten, auf.

Ist der magische Mensch noch mit dem Ausdruck von Kraft und Kräften befasst, so drängen nun beim mythischen Menschen Zusammenhänge ins Bewusstsein. Mit der mythischen Bewusstseinsform kann der Mensch dem Zusammenspiel der Dinge, der Menschen, der Geister und der Kräfte Aufmerksamkeit widmen und nicht mehr nur den Dingen, Menschen, Geistern und Kräften, die sich gegen Ende der magischen Periode immer mehr differenzieren, selber. Offensichtlich bricht im Bewusstsein der Menschen eine neue Fähigkeit durch, welche dies möglich macht. Die Vitalität des Magischen wird erweitert durch die Energetik des Mythischen. Und es erscheint eine *Seele*, welche zur Trägerin der neuen Dynamik und Energetik wird.

Das Bewusstsein der Naturkräfte wurde also ergänzt durch ein Bewusstsein der Seele und in einem gewissen Sinn wurde der Mensch dadurch menschlich. Und auch der Traum, eine typische Äußerungsform des Seelischen, fand den Menschen. Welch gewaltiges Potential das Seelische mit seiner innewohnenden

Dynamik hatte, zeigt die Tatsache, dass alle frühen Hochkulturen dieser Erde in der zweiten Hälfte des mythischen Zeitalters entstanden, also etwa ab 4.000 vor unserer Zeitrechnung. Umherziehende Gruppen wurden sesshaft, entwickelten die Fertigkeiten des Ackerbaus, der Vorratshaltung und der Arbeitsteilung. Das Rad wurde erfunden, das Papier, Schriften, die Zahlen. Innerhalb von wenigen tausend Jahren entfalteten sich komplexe Wirtschafts- und Gesellschaftsformen, es gab Städte, Tempelanlagen, monumentale Bauten. Es gab Herrscher und Beherrschte. Es gab Kooperationen und Kriege. Alles in allem war das eine gewaltige Eruption an Neuerungen.

Die bewusstseinsmäßige Basis all dieser Veränderungen im Äußeren ist die mythische Seele. Das mythische Ordnungsprinzip in Form der Seele bringt ein verbindendes Prinzip zum Ausdruck, und zwar radikal: alles ist mit allem verbunden. Dies ist aber nicht mehr die archaische Einheit oder früh-magische Ununterschiedenheit, sondern es ist eine Verbindung von unterschiedenen Einzelnen. In der verknüpfenden Ordnung, welche die Seelenkraft leistet, ist alles *bedeutungsvoll* verbunden. Dies ist durchaus vergleichbar mit unseren Träumen, denn Träume sind auch heute noch prägnante Äußerungen mythischer Seelenkraft. Heute aber erscheint uns der Traum als die Ausnahme, das Wachsein als die Regel. Die Sinnhaftigkeit der mythischen Zeit ist aber ein vollständiges Eingetauchtsein in bedeutungsvollen Verflechtungen.

Mit dem mythischen Bewusstsein fließt die Seele in den Menschen hinein (mit der Ingressions-Metapher). Man könnte auch sagen: das menschliche Bewusstsein entwickelt ein Selbstmodell in Form einer Seelenpersönlichkeit (mit der Emergenz-Theorie). Der Mensch kann sich als ein beseeltes Wesen wahrnehmen. Und er kann auch seine Mitmenschen als beseelte Wesen wahrnehmen. In Tat und Wahrheit kann er *alles* als beseeltes Wesen wahrnehmen: Menschen, Vorfahren, Tiere, Pflanzen, Berge, Felsen, Flüsse, Städte, Venusfiguren, Felszeichnungen, Werkzeuge.

Aus punktförmigem magischem Erleben wird mythische Erfahrung, in der einzelnes Erinnertes verdichtet und angereichert wird. Es entsteht ein Bezug zu dem, was wir heute rational als Vergangenheit bezeichnen. Dieser Bezug ist aber keine Erinnerung an ein gewesenes Ereignis auf einer Zeitachse. Vielmehr besteht der Vergangenheitsbezug im mythischen Kontext in einem erworbenen und transformierten Wissen, dessen Träger die Seelen, die Alten, die Ahnen und letztlich die ganze manifeste Wirklichkeit sind.

Der magische Mensch macht faktisch natürlich auch „Erfahrungen", passt sich an und demonstriert dadurch einen Lerneffekt, doch dies geschieht bei ihm vorwiegend unterhalb der Bewusstseinsschwelle. Für die bewusste Erinnerung fehlt dem magischen Menschen zwar nicht das Speichermedium Hirn, aber er verfügt über keine Ordnungsstruktur des Bewusstseins, nach der er Erlebensmomente ausrichten könnte. Ihm fehlt nicht die Fähigkeit, aber gewissermaßen der *Grund*, um sich bewusst an etwas zu erinnern. Indem sich im menschlichen Inneren eine Seele akzentuiert und dem einzelnen Menschen die Erfahrung einer gewissen Individualität ermöglicht, ändert sich das. Die entstehende individuelle Form eines Seelen-Selbsts fungiert als Organisationsprinzip von bewussten Erlebensmomenten und verknüpft Erinnerungen sinnhaft in einem Bewusstseinskontinuum, das die unverzichtbare Basis für Erfahrung darstellt. Jedes Bewusstseinskontinuum ist eine Geschichte. Und die Geschichten des mythischen Menschen drehen sich um die Seele als Organisationsprinzip.

Magisches Kraftpotential bedeutet, in einem bestimmten Moment über Kraft und Kräfte zu verfügen. Dazu gesellt sich nun ein mythisches Erfahrungspotential, nach dem es wertvoll ist, Erfahrungen gemacht und erworben zu haben. Dies bringt die Alten und die Vorfahren automatisch in eine privilegierte Rolle, und alle mythischen Kulturen pflegen denn auch ihre Ahnen, von denen es unterschiedliche Klassen geben kann. Neben den persönlichen Ahnen (Vater, Mutter, Großeltern usw.) gibt es etwa Wissensahnen (verstorbene Weise, Personifizierungen von spezifischen Fähigkeiten oder Kenntnissen) oder göttliche Ahnen (höhere Wesen, Heilsbringer). Ahnenkulte dienen der Ehrerweisung, aber auch der Kontaktaufnahme mit dem Ziel, von ihnen Wissen und Rat zu erhalten.

Die Seele als das Selbst des mythischen Bewusstseins löst sich beim Tod eines Menschen von seinem Körper, aber sie löst sich nicht unbedingt auf. In manchen Kulturen geht sie beispielsweise in eine Familienseele über, in anderen bleibt sie als individuelles Ahnen-Selbst erhalten, so dass ihr inneres Wissen für die Nachkommen zugänglich bleibt. So werden die Ahnen verehrt und auf vielfältige Weise in das tägliche Leben einbezogen. Ahnenbindung ist stets mit Stammesbindung verknüpft. In Wahrheit ist es sogar so, dass das mythische Seelen-Selbst ebenso stark durch seine Bezüge zum Stamm geformt wird als durch Selbst-Bezug wie ein Individuum.

2.3.2 Polarität und zyklische Zeithaftigkeit

Mythische Dynamik verbindet sich mit der Tatsache, dass im Mythischen alles bedeutungsvoll ist. Das heißt, dass alles mit allem bedeutsam, bewegt und bewegend zusammenhängt. Nicht nur Tag und Nacht, Mann und Frau, Yang und Yin, Himmel und Erde, Sommer und Winter, außen und innen, oben und unten, profan und heilig bilden fruchtbare Pole, sondern auch Werden und Vergehen, ausatmen und einatmen und so weiter und so fort. Mythische Polarität bedeutet, dass das mythische Bewusstsein in einem unablässigen Prozess damit befasst ist, Gegenpole auszugleichen. Die permanente „Reintegration der Polaritäten"[12] wird zu einem bestimmenden Wirkprinzip des Mythischen. Sie kennt unzählige Varianten und spielt in praktisch allen Mythen, Religionen, spirituellen oder mystischen Schulen eine zentrale Rolle.

Doch während die gemischt mythisch-rationalen Systeme wie etwa Yoga, buddhistische oder christliche Religionen die Gegensätze gewöhnlich in einem dialektischen Schritt durch ein Drittes (oft ist das das Unendliche, das Universelle Bewusstsein, das Göttliche, Gott) zu überwinden trachten, strebt das rein mythische Bewusstsein direkt zum Ausgleich der verbundenen Pole. Sommer und

Winter, Tod und Geburt vervollkommnen sich gegenseitig, ohne dazu ein Drittes zu benötigen. Auf eine Beleidigung folgt eine Entschuldigung, auf eine Kränkung eine Wiedergutmachung, auf ein Verbrechen eine Bestrafung, dafür sorgen heilige Gesetze und weltliche Regeln. Der naturgesetzhafte Ausgleich der Polaritäten verleiht der mythischen Wirklichkeit bei aller Dynamik einen hohen Grad an Verlässlichkeit.

Wann immer dem mythischen Bewusstsein etwas gegeben ist, so ist stets auch der Gegenpol im Spiel. Das Symbol schlechthin für das Mythische ist denn auch das chinesische Zeichen für Yin und Yang, das ursprünglich für einen Hügel stehen soll, der sowohl Licht als auch Schatten erhält. Dabei stehen die Pole in einem dynamischen Verhältnis und sind nicht die Gegensätze, die sie im Rahmen eines rationalen Bewusstseins sein werden. Mythische Polarität heißt zyklische Entwicklung des Einen aus dem Anderen. Die Verknüpfungen, die die Seele dabei leistet, die mythische Geschichte, die sich das mythische Bewusstsein dabei erzählt, sind also nicht nur voller Bedeutung, sie sind auch voller Bewegung. Hier ist eine höchst dynamische Imagination am Werk.

Mythische Polarität und Dynamik macht Zyklen erfahrbar. Dies äußert sich in unzähligen Jahreszeiten- und Lebensphasenritualen. Die Menschen zollen der Zyklizität des Kosmos Respekt, indem sie mit Übergangsritualen auf vielfältige Weise auf die allgemeine Struktur von Werden und Vergehen eingehen. In diesem urmythischen Kern gibt es Zeit eigentlich nicht, dafür aber Wandel. Die mythische Vergangenheit ist keine Zeitform nach unserem heutigen Verständnis, weshalb Gebser eindringlich von „Zeit*haftigkeit*" des Mythischen spricht, statt von „Zeit".

In den 1950er brachte hatte der amerikanische Sprachforscher Benjamin Whorf In seiner Hopi-Grammatik die „expektive" Zeitform ins Spiel, die er wie folgt beschrieb: „Sie schneidet sich sozusagen einen Teil unserer zeitlichen Gegenwart heraus, nämlich den Moment des Anfangens."[13] Diese Fokussierung auf den „Moment des Anfangens" entspricht dem dynamischen Charakter des Mythischen vorzüglich. Dem mythischen Bewusstsein liegt die Veränderung nahe, Werden und Vergehen. Diese Vorgänge unterscheiden zwar durchaus Vergangenes von Zukünftigem, aber ein beträchtlicher Fokus liegt auf dem „Expektiven", auf dem, was eben gerade dabei ist, manifest zu werden. Das Vorher ist die Erinnerung an einen Zustand vor der Veränderung. Das Nachher liegt in der Erwartung, dass die Veränderung weiter fortschreitet. Mythische Gegenwart ist deshalb auch nicht ein Zeitpunkt auf einer Zeitlinie, sondern die ganze Vergangenheit zusammengezogen in eine manifeste Gegenwärtigkeit.

Während die rationale Zeit etwas Primäres ist, in das sich die Erfahrungen einfügen müssen, so ist mythische Zeithaftigkeit etwas Sekundäres, das sich in der Erfahrung des Wandels einfügt. Und während der rationale Mensch sich angesichts seiner offenen Zukunft letztlich auf Unsterblichkeit ausrichtet, orientiert sich der mythische Mensch an der Wiedergeburt. Viele alte Bestattungsformen, bei denen die Toten in Embryostellung begraben wurden, dürften vor einem solchen Hintergrund erfolgt sein: in Erwartung einer Wiedergeburt entweder in einer nächsten Inkarnation wiederum in dieser Welt oder als anderes Leben in einer anderen Welt. Im alten Ägypten oder auch in der klassischen hellenistischen Antike dominierte diese Ansicht (und wurde für die christliche Moderne maßgebend), in den alten Indus- und Gangeskulturen jene.

Die meisten mythischen Kulturen kennen aber auch den Vorgang, in dem einer Wiedergeburt nicht unbedingt ein physischer Tod vorausgehen muss. Dann handelt es sich um eine Wiedergeburt auf einer symbolischen Ebene, um eine Initiation. Mythische Initiation ist immer Tod in ein neues Leben, auch wenn sie in esoterischen Zirkeln und Geheimbünden zuweilen zu einem bloßen Aufnahmeritual verkümmert. Yogis, Schamanen oder Priester pflegen das Mittel der Initiation mit der Absicht, das menschliche Dasein zu überwinden. Normalerweise ist eine solcherart veränderte Daseinsform mit erweiterten Fähigkeiten verbunden, sei es im Kontakt mit dem Göttlichen, sei es in einem Vermögen zu heilen, sei es durch den Erwerb von Zauberkräften, sei es – etwas bodenständiger – in persönlicher Gesundung. Wichtiger als Zaubertricks ist bei diesem Prozess der Wiedergeburt auf einer höheren Ebene die Teilhabe an etwas Heiligem, an etwas Größerem und – wahrhaft mythisch! – Bedeutungsvolleren.

Die Bedeutungshaftigkeit von allem beeinflusst auch die bildnerischen Darstellungen mythischer Zeit. Eigenartigerweise erscheinen manche Kunstwerke der mythischen Epoche wie ein Rückschritt im Vergleich zu den magischen. In vielen Werken der magischen Felskunst werden Tiere und Objekte, die hintereinander stehen, auf eine Weise dargestellt, die aus heutiger Sicht ganz natürlich erscheint: steht ein Tier vor einem anderen, dann deckt es Teile davon ab. Im mythischen Bedeutungskontext gibt es dagegen kaum Überlappungen. Wie könnte etwas Bedeutungsvolles – und nur das wird ja in der Regel dargestellt – auch abgedeckt und bloß in Teilen wiedergegeben werden? So werden Menschen, Tiere, Pflanzen oder Objekte meist vollständig dargestellt und so nebeneinander gezeigt, dass zuweilen komische Effekte entstehen, die „naiv" anmuten.

Das mythische Bewusstsein hält sich an eine Bedeutungsperspektive, nach der das Bedeutungsvolle nicht nur ganz, sondern auch größer dargestellt ist als das weniger Bedeutungsvolle; unabhängig von der realen Wahrnehmung. Dies führt zu scheinbaren Disproportionen in der Wiedergabe, die zuweilen weniger ansprechend wirken als die viel älteren magischen Felsmalereien. Für das Mythische sind sie indessen folgerichtig und nötig. Der magische „Künstler" wollte meist wohl überhaupt nichts darstellen und schuf paradoxerweise oft perfekt gezeichnete Tiere. Der mythische Künstler wollte nun sehr wohl etwas darstellen, doch seine Objekte erscheinen uns in der Rückschau oft nicht sehr realitätsnah, wenn wir seine Werke mit den perspektivischen Gewohnheiten des rationalen Bewusstseins betrachten.

Erst mit einem Bewusstsein eines eigenen Seelen-Selbsts werden Begegnungen mit den Göttern, Seelen und Naturkräften möglich, denn begegnen kann sich nur, was sich unterscheidet. Das Erwachen des Seelenbewusstseins bedeutet also auch eine Entäußerung von heiligen Kräften und Wesenheiten, welche der eigenen Seele nun als ein Nicht-Eigenes erscheinen müssen. Dass solche Begegnungen schon zu mythischer Zeit aktiv und vielleicht auch schon etwas krampfhaft gesucht werden, zeigen wiederum Erzeugnisse mythischer Felskunst, bei denen der Gebrauch halluzinogener Drogen dargestellt ist.

2.3.3 Schamanismus

Wenn wir heutzutage magisches und mythisches Bewusstsein in Aktion sehen wollen, dann sollten wir nach Kulturformen Ausschau halten, die magisch-mythische Techniken in unsere Tage gerettet haben. Hier spielt der Schamanismus eine zentrale Rolle, denn Schamanismus ist mythische Praxis *par excellence*.

Wenn vor rund 100.000 Jahren erste Menschen bestattet werden, wenn vor knapp 40.000 Jahren in der jungpaläolithischen Revolution die ersten Höhlen- und Felsbilder geschaffen werden, dann sind das Zeichen eines absichtsvollen Tuns, das bereits Ansätze schamanischer Tätigkeit zeigt. Schamaninnen und Schamanen sind nach dieser Sichtweise Menschen, die die Kommunikation mit Naturkräften beherrschen und den Kräften Ausdruck verleihen. Entsprechend erklärt der westliche Schamane Carlo Zumstein treffend: „Der Schamane [...] gehört zum existenziellen Bewusstsein des Menschen, er ist keine Rolle, kein reiner Funktionsträger. Er ist die Verbindung zur *Kraft*, zum Universum, zur verborgenen Schöpferkraft."[14] Durch den magischen Menschen findet diese Kraft ihren Ausdruck in Felsgravuren, in Tonmodellierungen, im Auftragen oder Aufspritzen von Farbe auf Felsoberflächen, in Schnitzereien auf Knochen und Holz, um nur ein paar materielle Aspekte zu nennen. In diesem Sinne ist eigentlich jeder Mensch ein Schamane oder eine Schamanin. Und das stimmt zweifellos, tragen wir ja alle auch heute noch die ursprünglichen Bewusstseinsformen in uns.

Dann aber sollten wir den Begriff des Schamanen sinnvollerweise wohl etwas enger fassen und ihn für eigentliche Spezialisten des Umgangs mit Naturkräften und Seelenwesen reservieren. Dieses Spezialistentum beinhaltet die spätmagischen Rituale des Bannens, der Magie und des Zauberns, aber auch die typisch mythischen Akte der Seelenpflege. Die schamanische Praxis ist von ihrer inneren Ausrichtung her eine heilende Tätigkeit. Sie ist zutiefst mythisch, denn sie sucht den Ausgleich von Kräften und Energien und ist überzeugt, dass in diesem Ausgleich Gesundheit liegt. Heilung und Gesundheit sollte dabei in einem sehr weiten Sinne verstanden werden, so dass er nicht nur das menschliche Wesen einschließt, sondern alle belebten und beseelten Wesen.

Schamanismus ist ein Sammelbegriff für eine Vielzahl von Praktiken und Kosmologien. Ihnen ist gemeinsam, dass sie die Existenz nichtmenschlicher und nichtphysikalischer Kräfte und Mächte, die sie oft personalisieren, für selbstverständlich halten. Für magisches und mythisches Bewusstsein liegt es nahe, den Kontakt zu jenen Kräften und Mächten zu suchen und sie um Unterstützung zu bitten (oder sie zu beherrschen). Dies bewerkstelligt der Schamane in Ritualen und Zeremonien.

Den meisten Traditionen gemein ist die Verwendung der schamanischen Rahmentrommel für die schamanische Reise. Mit dem rhythmischen Schlagen der Schamanentrommel (oft werden auch Rasseln verwendet) werden ein „anderer" Bewusstseinszustand und die Kommunikation mit der „Anderswelt" aufgebaut. Dass dabei öfter auch bewusstseinsverändernde Drogen verwendet werden, wurde bereits erwähnt. Während der Einsatz psychoaktiver Substanzen in vielen indigenen Traditionen eine unverzichtbare Praxis darstellt, wird er von anderen eher als Ablenkung von den wesentlichen Aufgaben betrachtet. Der Religionsphilosoph Mircea Eliade weist in seinem Werken immer wieder auf den ambivalenten Charakter drogeninduzierter Praktiken hin: „In der Sphäre des Schamanismus im strengen Sinn scheint die Vergiftung durch Drogen (Hanf, Pilze, Tabak usw.) nicht ursprünglich zu sein, denn einerseits wissen schamanische Mythe und Folklore von einer Dekadenz der jetzigen Schamanen, die nicht mehr fähig sind ihre Ekstase auf die Art der ‚Großen Schamanen von einst' zu erreichen, und andererseits macht man die Beobachtung, dass gerade in den Zonen, wo der Schamanismus sich in Zersetzung befindet und die ‚Trance' gefälscht ist, der Missbrauch von Giften und Drogen vorkommt."[15]

Eliade bezeichnet den typisch schamanischen Bewusstseinszustand aufgrund seiner Interessenlage als „Ekstase" und tatsächlich ist die ekstatische Transformation das Merkmal zahlreicher indigener Schamanen. Für die meisten zeitgenössischen und westlichen schamanisch Praktizierenden dürfte eine „tiefe, durch eine bestimmte Absicht gesteuerte Meditation" ein angemessener Ausdruck für ihren schamanischen Bewusstseinszustand sein. In einer derartigen Versunkenheit unternehmen der Schamane oder die Schamanin eine sogenannte „schamanische Reise" in nichtalltägliche und nichtphysikalische Wirklichkeiten, die ich in meiner Terminologie als noumenale Wirklichkeiten noch ausführlich beschreiben werde. Die Reise gelingt, wenn es gelingt, die magische, transzendente und vor allem mythische Bewusstseinsform zu aktivieren.

Eliade hat gezeigt, dass fast alle schamanischen Kosmologien eine untere, eine mittlere und eine obere Welt kennen. Die untere Welt präsentiert sich als gegenständliche, sinnliche, meist auch visuelle Welt mit Landschaften, Tieren, Pflanzen, Gerüchen, Klängen, den Naturkräften Wasser, Feuer, Luft und Erde. In der unteren Welt trifft der Schamane seine Hilfsgeister und Verbündeten, die oft in Form eines Tieres auftreten, aber auch als Pflanze, Kristall oder eine der Naturkräfte. Es gibt in der Literatur beeindruckende Schilderungen von schamanischen Reisen in die untere Welt, von gefährlichen Abenteuern, von dramatischen Heilungen und erhellendem Wissenserwerb. Die Struktur einer solchen Reise ist dieselbe wie Orpheus' Reise in die Unterwelt: ein Herabsteigen einer mutigen Seele in die Tiefen der Erde mit der Absicht, etwas Bestimmtes zu erreichen. Im Erleben der ausdifferenzierten Naturkräfte in der unteren Welt manifestieren sich – aus heutiger Sicht – das magische und das mythische Bewusstsein. Und eben weil sich das magische und mythische Bewusstsein so manifestieren können, stehen auch heute die spezifisch magischen und mythischen Wirkungsweisen weiterhin zur Verfügung: das Bannen, Zaubern sowie und vor allem das seelische Heilen. Die obere Welt eröffnet einen Zugang zu den Geistwesen des Kosmos. Das sind zum Beispiel die persönlichen Ahnen der eigenen Familie, aber auch Wissensahnen, Träger und Trägerinnen von geistigem und praktischem Wissen. In die obere Welt gehören auch die heiligen Geistwesen, Engel oder die großen Helden und Heiligen der Geschichte. Eine Reise in die obere Welt ist weniger gegenständlich. Es herrscht zwar eine Art „Physik", so dass man beispielsweise das Gefühl haben kann zu stehen, aber die Strukturen sind nur selten konkret wie in der unteren Welt. Hier manifestieren sich Seelenaspekte der großen Geistwesen, die schamanisch Reisende mit Wissen, Lehren, Antworten oder Aufträgen versorgen können.

Zwischen unterer und oberer liegt die mittlere Welt: sie ist der magisch-mythische Wirklichkeitsaspekt innerhalb der physikalischen Wirklichkeit. Bewohner der mittleren Welt sind somit die physikalischen Lebewesen Mensch, Tier, Pflanze mit ihren nichtmateriellen Wesenszügen, aber auch erdnahe Geistwesen, die Gnomen, Elfen, Wichte. Auch Seelen, die den Weg ins Jenseits noch nicht gefunden haben und die erdnahen Wirkungen der Naturkräfte, wie sie etwa in Pflanzen angelegt sind, gehören in die mittlere Welt.

In den traditionellen Darstellungen wird die mythische Weltenstruktur oft als Baum dargestellt, dessen Wurzeln die Naturkräfte der unteren, dessen Stamm die mittlere und dessen Äste und Blätter die Seelen- und Geistwesen der oberen Welt repräsentieren. Die vertikale Struktur verbindet als Weltachse (*axis mundi*), als Weltenberg (z.B. der Berg *Meru* der indischen Philosophie) oder Weltenbaum (wie etwa die Esche *Yggdrasil* der nordischen Mythologie) die physische Welt der sterblichen Menschen mit den Natur-, Geist- und heiligen Kräften.

All die Wesenheiten der mythischen Welten kann es nach rationalem Verständnis natürlich nicht geben; ihnen wird weiter unten mit dem „noumenalen ontologischen Postulat" wieder eine Daseinsmöglichkeit zurückgegeben. Die Kosmologien wie auch die Idee einer Reise werden in der schöngeistigen Kunst aber immer wieder aufgegriffen. Beispielsweise in Dantes *Göttlicher Komödie*, in der die Dreiteilung christlich überprägt ist. Aber auch James Camerons monumentaler Film *Avatar* (2010) beschreibt eigentlich nichts als eine einzige, gewaltige und überwältigende Reise in die mittlere Welt.

Die Drei-Welten-Kosmologie ist unter den schamanischen Traditionen weit verbreitet. Aber sie ist nicht universell und sie ist auch nicht unverzichtbar. Im hier vorgestellten erweiterten Modell von Wirklichkeiten ist etwas anderes entscheidend: nämlich die Tatsache, dass die schamanische Reise die von den magischen und mythischen Bewusstseinsformen geschaffenen Wirklichkeiten aktiviert und dass dabei deren Wirkmechanismen zur Verfügung stehen. Das bedeutet aus heutiger Sicht aber auch, dass die schamanische Praxis mit einem Ich-reduzierten Selbst funktioniert. Es ist demnach nicht das rationale Ego oder das rationale Ich, welches auf der schamanischen Reise die mythischen und magischen Wirklichkeiten bereist. Es ist vielmehr die Seele, das mythische Selbst, das sich nach den Regeln der magischen und mythischen Bewusstseinsform auf die Reise macht und den Bewohnern der magischen und mythischen Wirklichkeiten begegnet.

Heilen ist eine Reaktion auf die Sterblichkeit des Menschen und der meisten Wesen. Die schamanische Praxis kennt eine Vielzahl von Techniken der Heilung, die dem mythischen Paradigma der Polarität entsprechend stets auf Ausgleich hinwirken. Aus rationaler Sicht geschieht das dadurch, dass weggenommen wird, was nicht dazu gehört (Bsp. Extraktion) oder hinzugefügt wird, was fehlt (Bsp. Seelenrückholung) oder direkt der Energiehaushalt bearbeitet wird (Bsp. Arbeit am Energiekörper). Aus mythischer Sicht dürfte jedoch klar sein, dass in einem verbundenen Ganzen nichts wirklich „weggenommen" oder „hinzugefügt" werden kann.

Für mich sind heutige Schamaninnen und Schamanen Problemlöser, die sich vorrationaler Techniken bedienen, indem sie die magischen, mythischen und transzendenten Wirklichkeiten eröffnen, bereisen und deren spezifische Wirkmechanismen nutzen. Dazu müssen sie zweierlei aufbringen: Die Kraft, um die Schwierigkeiten, die diese Wirklichkeiten bieten mögen, zu meistern, sowie die Bescheidenheit, um glaubwürdig um Unterstützung zu bitten.

2.3.4 Negative Aspekte: Überfluss, Anführerpyramide

Beschäftigt man sich mit der historischen Spätzeit der mythischen Epoche im letzten Jahrtausend vor Christus, fällt sofort die schiere Anzahl der Mythen und das unüberblickbare Gewimmel aus Verflechtungen und Verstrickungen zwischen den Menschen und den Göttern in der griechischen oder auch der indischen Mythologie auf. Studiert man jene Zeit, kann man sich des Eindrucks kaum erwehren, dass sich das späte mythische Bewusstsein selber zu viel geworden ist. In immer neuen Varianten des gleichen Zyklus droht es zu ersticken. Der geschwiegene oder gehauchte Urmythos aus der Anfangs- und Blütezeit der mythischen Epoche wird im Laufe der Zeit zum gesprochenen Mythos, wenn der Seelenmensch sich immer individueller wahrnimmt. Und er wird schließlich zur geschwätzigen Anekdote einer Endphase, in der das Mythische ob seiner eigenen Überfülle den Zusammenhang zu verlieren droht. (Parallelen zur Geschwätzigkeit unserer heutigen Epoche sind wohl nicht zufällig, denn auch unser rationales Bewusstsein verzettelt sich gegenwärtig in sich selber.)

Die griechischen Sagen sind beredtes Zeugnis von Verflechtungen und Verirrungen aller Art. Natürlich sind die Wirrnisse eingebettet in ein Gewebe von Ehre, Respekt, Heldentum und hoher Liebe, natürlich sind sie verwoben in ein Netz von Ehrfurcht vor den Göttern und den Kräften der Natur und natürlich sind sie dargebracht in einer bedeutungsschweren und im besten Falle heiligen Sprache, denn dies alles sind die positiven Ingredienzien des Mythischen. Doch das Mythische scheint dem grundlegenden Wirkmechanismus der mythischen

Bewusstseinsform selber auch zu unterliegen: denn wo das Heilige wächst, wird schließlich auch das Profane zunehmen. Und so sind die späten Mythen unweigerlich auch durchdrungen von den negativen Aspekten des Mythischen: Verrat, Betrug, Mord, Vergewaltigung, Folter, Erniedrigung, Blutrache.

Wieso verweigert Achilles seinem Heerführer Agamemnon am Ausgangspunkt von Homers Ilias die Gefolgschaft? – Weil ihm Agamemnon das Ehrengeschenk streitig macht, das die Griechen von besiegten Gegnern erhalten haben. Es geht um den Besitz einer Beutefrau. Selbstverständlich steht Agamemnon als oberstem Heerführer das Erstwahlrecht zu, aber Achilles hat sich in die schöne Briseïs verliebt und an der Schwelle zum rationalen Bewusstsein ist die mythische Ergebenheit zum höchsten Anführer brüchig geworden. Der legendäre Zorn des Achilles, der sich hier bereits als ein vorrationales Individuum einbringt, wie es in einer tief mythischen Tradition nicht möglich wäre, missachtet die natürliche Loyalität, bringt die Griechen aus rein persönlichen Motiven an den Rand einer Niederlage und verursacht so den Tod von Tausenden von Kämpfern.

Die homerischen Werke warten mit einer grandiosen Virtuosität auf und dasselbe gilt für die großen indischen Epen wie die Mahabharata oder die mittelalterlichen Heldenepen wie etwa die Nibelungensagen. Sie alle verströmen dieselbe mythische Kraft, sie alle handeln ebenso von nobelstem Heldentum wie von übelster Niedertracht. Während all diese Werke im mythischen Bewusstsein gründen, so stehen sie doch bereits für deren ausgesprochen schmerzhafte historische Schlussphase, in der dem Mythischen die innere Richtung abhandenkommt. Die in ihrem Kern ausgleichenden mythischen Elemente von Vertrauen und Verrat oder von Loyalität und Blutrache wirken nur mehr selten in einem erhabenen Ganzen, sondern schon fast mechanisch in einem Getriebe von polaren Kräften. Statt von moralischer Autorität zeugen sie zunehmend von einer tristen Hoffnungslosigkeit, die sich in zornigen Kampfeshandlungen entlädt.

Wenn man den Gründen für die Trojanischen Kriege nachgeht, stößt man auf einen tiefen mythischen Kummer. Im überlieferten Mythos ist der Raub der Helena durch den Trojaner Paris der konkrete Anlass für die Kriege, doch dahinter stecken Ränkespiele der Götter, welche die schönste aller Erdenbürgerinnen einmal dem Einen (dem Griechen Menelaos) und dann wieder dem Anderen (dem Trojaner Paris) versprechen. In den Schriften der *Kypria* finden sich dann auch Angaben darüber, wieso die Götter schon wieder in Streit geraten sind: sie sind enttäuscht von den Menschen, die sich ihrer Ansicht nach unwürdig verhalten und die Erde mit Überbevölkerung bedrohen. In einer bezeichnenden Szene wendet sich Zeus an die Göttin Themis:

Zeus, der ewige Herr der Götter und sterblichen Menschen [Kyprien I,12]
Schaute aus himmlischen Höh'n auf die allzubevölkerte Erde
Sorgend hinab und erwog im sinnenden Haupte die Zukunft.
„[...] Drunten auf Erden [Kyprien I,41]
walten unsere Söhne in unerträglichem Hochmut,
die wir in Liebe gezeugt mit den herrlichsten Weibern der Menschen.

*Rasender Stolz erhebt ihr Haupt, sie knechten die Erde,
türmen Taten auf Taten und herrschen über die Völker
fast so strahlend wie wir in ruchlos blendender Schönheit.
Ihre Stunde versinkt, es kommen geringere Zeiten,
leichter und freier jedoch."*

Im Lichte dieser tristen Bestandesaufnahme reift bei Zeus der Beschluss, etwas dagegen zu unternehmen, und er gibt Themis einen Auftrag:

[...] Nun weise beratende Wege, [Kyprien I,48]
wie wir tränenlos die eigene Sippe vernichten."

So ersinnen Zeus und Themis einen Plan zur Reduktion der Menschheit. Unter anderem wird die Meeresgöttin Thetis gedrängt, mit dem sterblichen Peleus einen mächtigen Kämpfer zu gebären: Achilles. Und dann werden die Trojanischen Kriege angezettelt.

Für mich ist diese Szene ein Schlüssel des Verständnisses für die mythische Spätphase, in der der Mythos seine Kraft verliert und das Mythische in eine gigantische Depression gleitet. Wie rasend muss die Verzweiflung der Götter gewesen sein, wenn sie „tränenlos die eigene Sippe vernichten" wollten? Wie beirrt müssen diese Götter gewesen sein, dass sie sich vor dem Menschen in ihrem „unerträglichem Hochmut" fürchteten? Wie tief muss die Verunsicherung der spätmythischen Menschen gewesen sein, dass sie diese Mythen schufen?

Das rationale Erwachen aus der mythischen Traumzeit konnte offenbar nur über einen Albtraum erfolgen. So wie er etwa in der Ilias als ein schier endloses Kriegsgeschehen dargestellt ist. Kennzeichnend für den Vorgriff auf das Rationale scheint mir, dass es schließlich der einzelne Mensch (der als autonomes Individuum bereits dem anbrechenden rationalen Bewusstsein angehört, was die mythischen Götter offenbar als „Hochmut" erfahren) ist, der merkt, dass etwas nicht mehr stimmt. Hier ist es Achilles, der sich auflehnt gegen die in sich durchaus edlen Regeln von Heldenmut, Loyalität und Ausgleich, die aber doch nur wieder zu neuem Unglück führen, kaum ist ein altes Unglück gesühnt. Achilles findet den Weg zum geforderten Ausgleich schließlich im Rückzug auf das Mythische: Er akzeptiert sein eigenes göttliches Schicksal, das ihm mehrmals genannt wird: Er wird bald sterben. Denn er gehört wie die Götter einer Zeit an, die sich überlebt hat.

In meiner Interpretation später mythischer Texte sehe ich eine wilde Verzweiflung und eine gewalttätige Innerlichkeit, die sich übermäßig der magischen Zauberei und Naturbeschwörung bedienen. Man kann zahlreiche Anweisungen der frühen rationalen Texte deshalb so auslegen, dass sich das neu erwachende rationale Bewusstsein gegen diese mythischen Auswüchse zu immunisieren trachtet. Und offensichtlich ist das nicht nur für die abendländische Welt ein Thema. Der Indologe Wilfried Huchzermeyer stellt dieselben Tendenzen in den indischen Lehren der damaligen Zeit fest: „Daraufhin manifestiert sich Vishnu als Buddha, um ein Gegengewicht gegen das allzu dominante und selbstherrliche Brahmanentum zu schaffen und den Hinduismus von den Auswucherungen der Rituale zu befreien."[16] Vermutlich kann man auch das christliche und muslimische Bilderverbot als Schutzmechanismus gegen die überbordende mythische und innere Bilderwelt betrachten.

Es wird deutlich, dass mythische Energetik in gleichem Maße das Potential zu Reichhaltigkeit wie auch zu Überfluss besitzt.

Die grundlegenden mythischen Ordnungsprinzipien beruhen auf Abstammung und ihr Signet ist der Stammbaum. Im Stamm organisiert sich der mythische Mensch, und auch die Menschheit wird als ein von Göttern abstammendes Geschlecht beschrieben. Das ist eindrücklich zu sehen in der griechischen Mythologie, wo der ganze Kosmos über Generationen von personifizierten Wesenheiten und Göttern aufgebaut wird. Ab einem gewissen Komplexitätsgrad vermögen die Stammbäume die Wirklichkeit, die das mythische Bewusstsein selber hervorgebracht hat, aber nicht mehr adäquat zu beschreiben. Der Baum wird schlicht zu unübersichtlich, wenn für jedes Naturphänomen und jede menschliche Regung, die interessant werden (und das sind immer mehr), ein Gott oder eine Göttin in den Stammbaum eingefügt werden muss. Fleißige Wikipedia-Nutzer haben eine Version des griechischen Pantheons grafisch aufgearbeitet und eine Darstellung erhalten, bei deren Betrachtung einem schwindlig werden könnte.[17]

So degeneriert in einer immer komplexeren mythischen Welt die einfache Stammesorganisation zum verwirrenden Stammbaum aus Interessenvertretern, die alle „irgendwie" zusammenhängen. Die natürliche Autorität der Ahnen wird zusehends ersetzt durch formelle Autorität der Anführer. Aus einer Ahnenpyramide wird eine Anführerpyramide. Das heilige Ordnungsprinzip wird schrittweise zu einem weltlichen Hierarchieprinzip. Nur gegen Letzteres kann sich Achilles auflehnen, wenn er Agamemnon aus einer persönlichen Kränkung heraus die Gefolgschaft verweigert.

Anführerpyramide, mechanistischer Ausgleich von Polarität, Flut der inneren Bilder und exzessive Zauberei sind negative Merkmale eines mythischen Bewusstseins, das im letzten vorchristlichen Jahrtausend eine Reife und Überreife erreicht hat, die aus heutiger Sicht natürlich nicht wirklich einer Dezimierung der Menschheit bedurfte, sondern eines neuen Ordnungsprinzips in einer neuen Bewusstseinsform.

Die rationale Bewusstseinsform übernimmt diese Rolle: Sie wird die Wirklichkeit neu ordnen und dabei auch eine starke Immunisierung gegenüber den alten Bewusstseinsformen anstreben. Dabei wird sie nicht nur die negativen mythischen Aspekte bekämpfen, sondern leider auch die positiven leugnen. Das ist unglücklich, ungesund und unnötig, denn die mythische Bewusstseinsform erzeugt eine ausgesprochen reichhaltige und sinnstiftende Wirklichkeit, die in einem grundsätzlichen Sinne sehr menschlich ist: grandios und sanft.

2.4 Rationales Bewusstsein

Magisches Bewusstsein erzeugt einen Vitalkosmos aus Kräften, Wirksamkeiten und punktuellen Erlebensmomenten. Im mythischen Kohärenzkosmos ist alles mit allem bedeutungsvoll verbunden und eine seelische Innerlichkeit erzeugt Bewusstseinskontinuitäten. Und so entwickelt sich nun ein rationaler Kausalkosmos, in dem sich ein Ich-Bewusstsein perspektivisch in einer fragmentierten Außenwelt sehen wird.

Dies geschieht weltweit ab dem letzten vorchristlichen Jahrtausend mit einem erstaunlichen Schub rund 700 – 500 vor Christus, den der Philosoph Karl Jaspers als „Achsenzeit" bezeichnet hat. Konfutse, Loatse, Buddha, Platon, Aristoteles, aber auch noch Jesus oder Mohammed, die später die Entwicklungen der Achsenzeit weiter ausprägen, sind wichtige Vertreter dieser Epoche. Sie gehören zu den ersten Menschen, in denen sich das rationale Bewusstsein kraftvoll ausdrückt. In einer Epoche, da Religion, Philosophie und Naturwissenschaften noch nicht getrennt sind, ja noch nicht einmal existieren, bedeutet die Entstehung der ersten großen Systeme der Lebensgestaltung eine gewaltige Leistung, die alle Bereiche des menschlichen Lebens betrifft. Bewegende Bilder gehen allmählich in beständige Vorstellungen über. Erzählungen werden durch Theorien ersetzt.

Aus rationaler Sicht ist die hier beschriebene Epoche eine Zeit des Erwachens. Die mythische Traumzeit wird durch das rationale Wachsein abgelöst. Der wache Mensch sieht am besten bei Licht und wenn die Sonne scheint. So kann es nicht verwundern, dass der rationale Mensch den Tag mehr schätzt als die Nacht. Der wache Mensch empfindet den Tag als Befreiung aus der dunklen Nacht des magischen und mythischen Bewusstseins. Heute, da sich der Mensch meist nicht mehr daran erinnert, dass auch seine Wachheit, sein rationales Verstehen einmal entstanden ist, betrachtet er das Tagesbewusstsein als das Selbstverständliche. Heute wirkt der Tag nicht mehr als der Teiler der Nacht, vielmehr ist umgekehrt die Nacht zum Teiler des Tages geworden. Durch die Nacht wird der vermeintliche Normalzustand des Menschen im Tagesbewusstsein gestört, und diese Nacht wird als psychisch delikat empfunden, weil sie den Boden bereitet für etwas, das untrennbar mit ihr verbunden ist: die Unwägbarkeit des Träumens. Der Abend entpuppt sich als die prekäre Tageszeit. Das Einschlafen wirkt destabilisierend, weil der wache Mensch seiner Kontrolle, die ja im Wesentlichen darauf beruht, zu sehen, was auf ihn zukommt, verlustig zu gehen droht.

Die rationalen Unternehmungen sind nicht minder beeindruckend als die mythischen. Die Umkehr, die in der rationalen Mutation liegt, die Abkehr von der mythischen Innerlichkeit, das Erwachen in die Tageshelle, das Ausrichten auf die Zukunft, die philosophisch-gedankliche Analyse der Welt, entwickeln einen gewaltigen Schub nach vorne.

Dieser rationalen Schubkraft waren die mythischen Kulturen nicht gewachsen. Bereits das Ringen von Kelten und Römern in der ersten Phase der rationalen Mutation zeigte dies deutlich. Die Kelten waren stolze Vertreter der mythischen

Kultur Europas, ihre Druiden hoch gebildete und angesehene Schamanen und Berater, die keltischen Führer kriegserprobte Kämpfer. Die Römer dagegen bildeten das vermutlich erste rationale Kollektiv, in dem das Individuum gleichzeitig gestärkt und organisiert wurde: im Staats-, Rechts- und Kriegswesen. So kam es schließlich, wie es kommen musste. Obwohl die Kelten den Römern kämpferisch überlegen waren und obwohl die keltische Kriegskunst weit über Europa hinaus gefürchtet war, unterwarfen die nach Norden expandierenden Römer die Kelten gegen Ende der Eisenzeit letztlich relativ (!) kampflos, und die Kelten gliederten sich innerhalb von nur wenigen Jahrzehnten in den römischen Verbund ein. Wieso das? An fehlendem Kampfeswillen oder an mangelndem Stolz konnte es nicht gelegen haben.

Es ist ein erstaunliches und weltweites Phänomen, dass die mythischen Kulturen jeweils relativ (!) leicht den rationalen Kulturen erlagen, obwohl beide durchaus blutig aufeinander trafen. Im 16. Jahrhundert unterwarfen die spanischen Eroberer unter Hernán Cortés nach einem kurzen und heftigen Kampf die mexikanischen Azteken. Innerhalb weniger Jahre liess sich ein Großteil der einheimischen Bevölkerung zum Christentum bekehren und die aztekische Kultur, die lokale mythische Hochkultur, löste sich überraschend schnell auf. Nicht anders erging es den südamerikanischen Inka im Wettstreit mit den spanischen Entdeckern und Eroberern des 15. und 16. Jahrhunderts. Und zweihundert Jahre später erlitten die nordamerikanischen Indianer dasselbe Schicksal in der Besiedelung des Kontinents durch die Weißen aus Europa. In Australien waren die Aboriginals von allem Anfang an von den englischen Zuwanderern bekämpft worden.

Der Zusammenprall des Mythischen mit dem Rationalen ist ein Trauerspiel in zahlreichen Inszenierungen und mit stets demselben Opfer: dem Mythischen. Bei fast allen Kolonisierungen spielten eingeschleppte Krankheitserreger eine wichtige Rolle, wenn die einheimische Bevölkerung, die gegenüber den unbekannten Erregern aus Europa ohne Immunabwehr war, in ganzen Landstrichen dahingerafft wurde. Doch neben dieser physischen bestand und besteht auch eine eklatante geistige „Abwehrschwäche". Mythisches Heldentum ist der rationalen Organisation ganz einfach nicht gewachsen. Im direkten Wettkampf hat das synthetisierende Prinzip dem analysierenden wenig entgegenzusetzen. Seelische Innerlichkeit vermag gegenüber ichgetriebener Äußerlichkeit nicht zu bestehen.

2.4.1 Vernunft, Theorie

Das magische Bewusstsein formt seinen Ausdruck im Kraftzeichen, das mythische in der Erzählung (im Mythos) und das rationale in der Theorie. In der Theorie erfährt die Welt eine andere Systematisierung als im Kraftzeichen oder in der Erzählung. An die Stelle von Bedeutsamkeit setzt das Rationale die Erklärung. Wenn Aristoteles beispielsweise über Gerechtigkeit nachdachte, dann galt sein Augenmerk nicht mehr der Tatsache, dass die Gerechtigkeit durch Themis lebte, einer Titanin, Tochter der Gaia und des Uranos und zweite Gattin des Zeus.

Vielmehr stellte er eine *Theorie* der Gerechtigkeit auf, die er als Teil einer übergeordneten politischen Philosophie auszeichnete und in der er studierte, wie sich verschiedene Formen von Gerechtigkeit begründen ließen. Auch die Abenteuer, die Themis mit den Göttern, Halbgöttern und Menschen erlebte, waren nunmehr höchstens von ästhetischem Interesse. Dass Themis mit Zeus die Reduktion der Menschheit beschloss, die Zeugung des Achilles in die Wege geleitet und die Trojanischen Kriege angezettelt hatte, fand in den rationalen Systematiken eines Aristoteles keinen Eingang. Dagegen beschäftigte er sich im Rahmen einer praktischen Wissenschaft mit Ethik und untersuchte, wie sich gerechte Handlungen rechtfertigen ließen.

In der mythischen Depression musste es eine große Erleichterung gewesen sein, die Welt auf diese neue Weise zu betrachten, die Gegenstände nicht mehr alle zu verbinden, sondern den empfunden Überfluss in überschaubaren Teilen zu analysieren, auf ein einziges Prinzip zurückzuführen und in der Vielfalt das Konstante zu finden. Was das für einen einzelnen Denker bedeutete, lässt sich beim Philologen Wilhelm Capelle sehr schön nachlesen, wenn er über Heraklit von Ephesos, der ebenfalls in der Achsenzeit um 500 v. Chr. lebte, schreibt: „Wohin er auch blickt, in der großen Natur wie im Menschenleben, sieht er nur unablässigen Kampf entgegengesetzter Prinzipien. Ja, der Kampf schlechthin erscheint ihm als Weltprinzip allen Geschehens, im Himmel wie auf Erden. Aber in diesem scheinbaren Chaos, diesem scheinbar sinnlosen Wirrwarr von tausend Dissonanzen offenbart sich dem in die Tiefe horchenden Ohre des Denkers eine gewaltige Harmonie, die durch alle die Gegensätze bedingt ist, ja eine tiefe Vernunft. Und hier konzipiert er eines Tages seine gewaltigste Anschauung, den Zentralbegriff seiner ganzen Philosophie: die Idee vom Logos, der gleichbedeutend ist mit der ewigen, übersinnlichen, alles lenkenden Weltvernunft, die zugleich das Weltgesetz, das Verhängnis, die Allnatur, ja die Gottheit selber ist, während der sichtbare Kosmos nichts ist, als der Gottheit lebendiges Kleid'."[18]

Heraklits Logos als Weltvernunft ist ein monistisches Prinzip, das alle Vielfalt auf ein Einziges zurückführt. Dieses Bedürfnis nach Monismen, nach Reduktion, nach dem Elementaren, durchwirkt fortan alle Lebensbereiche des Rationalen. Auf der materiellen Ebene entsteht das Atom als das Elementarteilchen schlechthin, auf der sozialen das Individuum und auf der mathematischen die abstrakte Zahl. Alle drei „Elementarteilchen" entwickeln sich über zweitausend Jahre hinweg zu äusserst wirkungsvollen Manifestationen der rationalen Bewusstseinsform.

2.4.2 Elementarteilchen

In eine späte mythische Wirklichkeit voller Bewegtheit, verwickelter Dynamik und in einer tiefen Verunsicherung trat einer und erklärte: „In Wirklichkeit gibt es nur Atome und leeren Raum."[19] Das vereinfachte die Sachlage dramatisch. Heute würde man wohl sagen, die Aussage sei ein *game changer* gewesen. Der Satz stammt vom griechischen Philosophen Demokrit, der um 400 v. Chr. lebte und als der Erfinder des Wortes *átomos*, das „Unzerschneidbare", gilt. Das Konzept geht von der Idee aus, dass es elementare materielle Einheiten gibt, die unterschiedlich zusammengesetzt die Dinge und die Welt aufbauen. Mit diesem Konzept war auch die Debatte zwischen Materialisten und Idealisten lanciert, das heißt die Frage, ob die Welt in ihrer Essenz materiell oder geistig sei. Materialisten trachten danach, alle Phänomene auf eine materielle Grundlage zurückzuführen. Idealisten halten dem entgegen, dass das Wesentliche nicht die materielle Welt sei, sondern eine Welt der „Ideen" (Platon) oder generell eine geistige Substanz. Das rationale Bewusstsein ist in dieser Frage fundamental gespalten.

In Indien schreckte man vor zweieinhalbtausend Jahren reflexartig vor der Vorstellung einer materiellen Welt zurück. Ob Buddhismus oder Yoga; sie betrachteten die Phänomene einer materiellen Welt – kaum wurden sie so deutlich bewusst, wie in der Achsenzeit – sogleich als Quelle menschlichen Leidens. Das entsprechende Sanskrit-Motto lautet: *sarvam dukkham*, „alles ist leidvoll". Die materielle Welt oder zumindest die Identifikation mit der materiellen Welt wurde zu *Maya* erklärt, zur Illusion, die es fortan zu überwinden galt. Die griechisch-europäische Welt reagierte an derselben Stelle völlig anders und betrieb die materielle Konkretion der Wirklichkeit kraftvoll voran.

Die Idee eines elementaren Materieteilchens hat eine gewaltige Wirkung entfaltet und in der rationalen Praxis setzte sich der Materialismus schließlich weitgehend durch. Erscheint die Welt in der mythischen Wirklichkeit als eine unablässig werdende, so begegnet sie dem rationalen Menschen nun als materiell seiende. Die physikalischen Gesetze, die eine solche Welt beschreiben, erscheinen dadurch ebenfalls als unveränderlich.

Das zweite zentrale Elementarteilchen des rationalen Bewusstseins ist das rationale Ich, das als autonomes Ich-Selbst perspektivisch in einer Objektwirklichkeit steht. Die Geschichte der Selbst-Formen im Wandel der Bewusstseinsformen ist zentral, so dass ich sie in einem separaten Kapitel darstelle (*Selbstzentrierung und Loyalitätsbezüge* ab S. 86).

Das dritte Elementarteilchen des rationalen Bewusstseins, das hier nun noch beleuchtet werden soll, ist die abstrakte Zahl. Sie ist im fundamentalen rationalen Dualismus von Materiellem und Geistigem gewissermaßen der mentale Gegenpart zum materiellen Atom. Das gilt für die *abstrakte* Zahl. Die *Zahl* selber ist viel älter und wurzelt im mythischen Bewusstsein. Erste Darstellungen von Zahlen stammen aus Mesopotamien und Ägypten aus der mythischen Blütezeit rund 3.000 v. Chr. Das *Zählen* ist noch einmal viel älter. So mag ein Besitzer von Schafen am Morgen für jedes Tier, das er auf die Weide führt, einen Kieselstein in einen Beutel legen und am Abend, wenn er die Herde wieder zurückholt, nimmt er für jedes Tier einen Kiesel aus dem Beutel. Wenn der Beutel leer ist, hat er alle Schafe beisammen. Dieser Schäfer kann also zählen, ohne Zahlen oder gar abstrakte Zahlen zu kennen.

Die Zahlensysteme der mythischen Epoche werden oft als *hieratisch*, heilige Bräuche betreffend, bezeichnet, denn abgesehen neben dem Einsatz in Handelsgeschäften dienten sie vor allem den Priestern. So ging es etwa den mythischen Astronomen der Maya oder der Ägypter nicht in erster Linie um die Bewegungen von Himmelskörpern, sondern um die Interpretation der Bewegungen in einem göttlichen und beseelten Kosmos. In einem solchen zeigten die Berechnungen Saatzyklen an und gaben Hinweise auf die Gunst der Götter. Von diesem Interesse getrieben, hatten die mythischen Gelehrten, wie man weiß, mit einer ungeheuren Präzision Berechnungen über riesige astronomische Zyklen durchgeführt. Wir staunen heute zu Recht über die Präzision der Beobachtungen, die den Berechnungen zugrunde liegen musste. Aber ebenso erstaunlich ist die Tatsache, dass die Berechnungen überhaupt durchgeführt werden konnten. Mit den unhandlichen mythischen Zahlensystemen konnte man nämlich nicht „auf dem Papier" rechnen. Die Berechnungen waren extrem aufwändig und mussten mit externen Hilfsmitteln, mit Stäben, Steinchen, Schnüren, dem Abakus oder dem Rechenbrett durchgeführt werden. Um abstrakt, das heißt „auf dem Papier" zu rechnen brauchte es noch sehr viel mehr: die Null, ein Positionssystem und abstrakte Ziffernzeichen. All das wurde mehrmals erfunden: in Babylonien, in Ägypten, in Indien und in einer separaten Entwicklung bei den Maya. Derartige Parallelen sind oft ein Hinweis auf das Wirken von Bewusstseinsformen, die an mehreren Orten und bei mehreren Kulturen in ähnlicher Weise zum Ausdruck drängen.

Im Abendland dauerte es dann noch bis zur Renaissance (befruchtet durch arabische Einflüsse im Mittelalter) bis sich abstraktes Rechnen auf dem Papier für wenige Spezialisten und hoch Gebildete etablieren konnte. Dann aber war die Pforte zur abstrakten Mathematik geöffnet. Die enorme Abstraktionsleistung, die zum *abstrakten* Rechnen auf dem Papier führte, ist nur auf der Basis einer Mutation von der mythischen zur rationalen Bewusstseinsform möglich, denn die Zahlen und Ziffern mussten dafür ihrer „hieratischen" (priesterlichen) Bedeutungen entledigt werden. Weil die mythische Bewusstseinsform eine durch und durch bedeutungsvolle Wirklichkeit formt, konnte sie eine derartige Abstraktion, eine Loslösung von tieferem Sinn, nicht vollziehen.

Auf diese Weise entfesselt, entwickelten sich seit dem 16. Jahrhundert die Felder der Mathematik, Erkenntnistheorie und Logik enorm. Zahlen, Formeln, mathematische Gesetze, Logiken und Theorien sind heute die einzigen akzeptierten Mittel der empirischen Wissenschaften. Sie liefern dem rationalen Menschen die Grundlagen, um Dinge zu tun, an denen der mythische noch gescheitert war: Mit unseren Raketen bringen wir Menschen auf den Mond und zurück, während Phaëton mit dem Sonnenwagen seines Vaters nur abstürzen konnte. Mit Flugzeugen reisen wir sicher von einem Ort zum anderen, während es noch unvermeidlich war, dass Ikarus die angeklebten Federn verlieren würde. Unsere Wolkenkratzer überragen den angefangenen Turm zu Babel um ein Vielfaches. Nicht nur die griechischen Götter, auch der jüdische und christliche Gott sah sich von den menschlichen Fähigkeiten bedroht und brachte Verwirrung, indem er ihnen unterschiedliche Sprachen brachte.[20] Im babylonischen Sprachengewirr fungieren nun aber gerade die abstrakte Mathematik und die mathematisch formulierten Theorien als einheitliche sprachliche und mentale Basis.

Man mag die Werke des rationalen Bewusstseins durchaus kontrovers beurteilen. Gerade durch die dreifache Atomisierung als Atom, Individuum und abstrakte Zahl sind indessen enorme Entwicklungen möglich geworden, die Anerkennung verdienen, selbst wenn man nach zweitausend Jahren auch feststellen kann, dass auch diesem Fortschritt Grenzen gesetzt sind. So bemerkt der Philosoph Alfred North Whitehead gegen Ende der rationalen Epoche: „Der ursprüngliche Stoff oder die Materie, von welcher eine materialistische Philosophie ausgeht, ist keiner Entwicklung fähig."[21]

2.4.3 Perspektive

Der rationale Mensch ist ein Beobachtermensch. An die Stelle eines seelischen, traumhaften Selbsts, das sich in vielfältigen Bedeutungszusammenhängen findet, tritt mit dem rationalen Bewusstsein ein denkendes, waches Ich in einem räumlichen Kontext. Der Raum bietet sich dem Ich als ein Äußerer dar. Für den Menschen bedeutet die rationale Mutation ein Bewusstwerden seiner Individualität und ein Heraustreten aus der mythischen Kreisfläche. Er nimmt nun eine perspektivische Position ein. Doch mit der Perspektive werden die Dinge auch komplizierter. Narziss, der in der Wasseroberfläche sein Spiegelbild erblickt, steht hier stellvertretend für alle rationalen Menschen, die sich selber zum ersten Mal selber erkennen.

Abbildung 8 – Narziss' Seelenschau

Im Wasser erblickt und erkennt Narziss seine Seele, was nur möglich ist, wenn er eine perspektivische Distanz einnimmt und nicht mehr in ihr aufgeht. Doch wer ist nun „er selber"? Ist er der Beobachter im Kopf, der auf die Wasserfläche blickt? Oder ist er die Seele, die er im Spiegelbild erblickt? Im Bild des Narzissusmythos, wie ich ihn lese, ist er beides: ein Ich-Selbst, das sein eigenes Seelen-Selbst erblickt. Der rationale Mensch erscheint sich selber und dabei droht er sogleich in verschiedene Selbste zu zerfallen: das Kopf-Ich und das Seelenselbst des

Herzens. In einer Variante des Mythos sorgen die Götter dafür, dass sich Narziss in sich selber verliebt, so dass der Zerfall der Selbste in jenem Moment immerhin durch Selbstliebe kompensiert scheint. Wenn sich die rationale Bewusstseinsform weiter entfaltet, setzt sich das beobachtende Ich allerdings durch. Das rationale Bewusstsein akzentuiert sich schließlich im Kopf und in dieser Konfiguration formt es eine distanzierende Instanz, ein Ich, das auf ein inneres Selbst blickt.

Es entsteht eine komplizierte perspektivische Situation, die unauflösbare Paradoxien enthält. So blickt das „innere" mentale Ich aus dem Kopf heraus „nach außen" nicht nur auf eine objektive Welt, sondern auch auf sich selber (seinen Körper). Und dann schaut es als „äußeres" Ich auch „nach innen" auf eine subjektive Seele. Der rationale Mensch ringt intensiv mit Perspektive und Distanz, mit Objektivität und Subjektivität, und er erarbeitet sich im Laufe vieler Jahrhunderte eine Vorstellung einer Außenwirklichkeit.

Als in der Renaissance um 1500 die griechische und römische Antike wieder auflebte, bedeutete das auch einen weiteren Impuls für das rationale Bewusstsein, das sich ja in eben jener Antike in einem ersten Schub entfaltet hatte. In der Renaissance wurden die Konzepte des abstrakten Rechnens und die Idee eines autonomen Individuums weiterentwickelt. Zudem wurde in der Malerei die räumliche Perspektive erarbeitet, die die mythische Bedeutungsperspektive, die auch im europäischen Mittelalter noch gepflegt wurde, ablöste. Die großen Meister der Malerei entwickelten schrittweise und nicht selten parallel (abermals ein Hinweis darauf, dass es sich nicht um die spontane Idee eines einzelnen Menschen, sondern um den intersubjektiv wirkenden Ausdruck einer Bewusstseinsform handelte) die Theorien der Perspektive, wie sie schließlich auch heute noch gelehrt werden. Folgerichtig bedient sich die rationale Perspektive des Individuums, welches als betrachtendes Subjekt auftritt (während sich die mythische Perspektive an der Bedeutsamkeit des Dargestellten ausrichtet). In der Zentralperspektive wird das Auge des rationalen Individuums zum ersten Referenzpunkt einer Wahrnehmung, in der die Welt im Raum als eine Äußere gesehen wird und sich dem Menschen aufzudrängen scheint. Der zweite Referenzpunkt heißt dagegen sinnigerweise „Fluchtpunkt"; er steht für das rationale Dilemma, dass sich derselbe Raum dem rationalen Subjekt gleichzeitig immer auch zu entziehen scheint.

Noch relevanter als die technische Bewältigung der Perspektive in der Malerei, die ja eigentlich ein Zurückbinden des Raumes in die (mythische!) Fläche darstellt, ist aber die Frage nach der Position des Menschen im Raum und in der Welt. Allmählich wird Gott aus dem physikalischen Raum heraus gedrängt und in eine transzendente Sphäre der Metaphysik verschoben. Ist der Raum nicht mehr durch Gott oder die Seele besetzt, wird er frei für den rationalen Menschen. Deshalb wird dem rationalen Menschen die *Raumfahrt* so wichtig.

Die Raum-Mutation als Teil der rationalen Mutation ist alles andere als trivial. Letztlich geht es darum, dass der Raum nach der Mutation nicht mehr zum Menschen gehört. Aber es ist natürlich nicht so, dass der Raum vor der Mutation „innerhalb des Menschen" gewesen wäre wie ein Häftling im Gefängnis. Es ist vielmehr so, dass der Raum als äußerer Raum durch die rationale Mutation überhaupt erst entsteht. Im tief magisch-mythisch Bewusstsein gibt es keine räumliche Bewältigung einer Distanz. Diese Bewusstseinssituation lässt sich für uns heute am ehesten im Traum nachvollziehen. Wenn jemand im Traum verfolgt wird und flieht, dann sind Gefühle von Bedrohung, Angst oder Mut bedeutsam, denn dies sind Inhalte des Traumbewusstseins. Die zurückgelegte Distanz kann dabei aber ebenso gut zwei Kilometer oder zwei Millimeter betragen, ohne dass dies auch nur die geringste Bedeutung hätte. Bedeutungsvoll ist im mythischen Bewusstsein nicht der Raum und die Distanz, sondern das, was erlebt und erfahren wird.

Erst mit einem imaginären subjektiven Referenzpunkt hinter den Augen, wie er im Narzissusmythos skizziert wurde, erweiterte sich das Bewusstsein um das Räumliche. Heute gilt für fast alle von uns der Zwang zur Perspektive. Am Ende des 20. Jahrhunderts kann der Philosoph Daniel Dennett ohne weitere Begründung schreiben: „Wo immer ein bewusster Geist ist, gibt es einen Standpunkt. Dies ist eine der fundamentalsten Ideen über Geist – oder über Bewusstsein – die wir haben."[22] Das stimmt natürlich, aber wie im Verlauf dieses Buches immer wieder sichtbar wird, ist der Zwang zur Perspektive nur für das *rationale* Bewusstsein derart unzweifelhaft.

2.4.4 Zeit

Kürzlich kam mir folgende kleine Anekdote zu Ohren: Ein australischer Aboriginal fragte den Stammesältesten, wann er denn geboren sei. Dessen Antwort war: „Im Sommer". Offensichtlich ist für den mythischen Aboriginal die Verankerung auf der Kreislinie des Jahresverlaufs relevanter als die Verortung auf einem Zeitpfeil mit Jahreszahlen. Dies ändert sich mit dem gerichteten Denken des rationalen Bewusstseins. Die zyklische Zeithaftigkeit der mythischen Bewusstseinsform wird von einer Zeitlinie abgelöst, die offen und gerichtet ist. Aristoteles, der große Philosoph des 4. vorchristlichen Jahrhunderts und einer der einflussreichsten Denker des aufkommenden rationalen Bewusstseins, erörterte die Zeit anhand verschiedener Veränderungsformen, von denen er das Entstehen, das Vergehen, das Wachsen, die Eigenschaftsveränderung und die Ortsbewegung unterschied.[23] Die ersten vier dieser Veränderungsformen verweisen durchaus noch auf das mythische Bewusstsein. Doch schließlich diskutierte Aristoteles die Zeit vor allem als Ortsbewegung zusammen mit dem Raum im gleichen Kapitel. Für Aristoteles sind Bewegung und Zeit untrennbar verbunden. Das korrekte Verhältnis von Zeit und Bewegung liege im Messen: „Denn eben das ist Zeit: Die Maßzahl von Bewegung hinsichtlich des ‚davor' und ‚danach'"[24], schrieb er in seiner berühmten Abhandlung zur Physik. Und weiter bedeute „In-der-Zeit-Sein" so viel wie „mittels-der-Zeit-gemessen-Werden"[25].

Bei Aristoteles finden sich die wichtigsten Merkmale des rationalen Zeitkonzeptes:

1. Zeit ist das, was an einer Veränderung/Bewegung *messbar* ist
2. Das Modell für Zeit ist eine *offene* Linie (Zeitstrahl)
3. Der Zeitstrahl ist gerichtet im Hinblick auf *Zukunft*
4. Der Zeitstrahl ist gerichtet im Hinblick auf *Vergehen* (Entropie)

Messbarkeit ist der erzrationale Kern des rationalen Zeitbewusstseins. Der rationale Mensch *kann* messen und er *will* messen (nicht nur die Zeit) und als eine messbare baut er seine gesamte objektive Wirklichkeit letztlich auf.

Es ist allerdings nicht die Linearität, die eine Zeitvorstellung rational macht, denn ein Zeit-Punkt kann ja schließlich auch auf einer Kreislinie oder Spirale linear verschoben werden. Das Modell einer linearen Zeit ist nur insofern spezifisch rational, als die Linie geöffnet ist. Das mythische Zeitempfinden ist zyklisch, weil seine Zeitlinie wieder in sich selber zurückführt. Das lässt sich unschwer an den alten Mythen der Weltentstehung erkennen, die ungeniert eine Welt voraussetzen, wenn sie erklären, wie die Welt entsteht. Hier erschafft die eine Welt die andere. So ist die Welt nach den Inuit von einem Raben geschaffen worden.[26] Oder nach den Hopi gab es am Anfang nur Tawa, den Sonnengott, und Spinnenfrau, die Erdgöttin, welche sich zu teilen begannen und so die Vielfalt in der Welt schufen.[27] Diese Ansicht ist für einen rationalen Menschen in höchstem Maße unbefriedigend, weil er vor dem Hintergrund der offenen Zeitlinie reflexartig fragt, woher denn der Rabe oder die göttlichen Urahnen gekommen waren. Für den mythischen Menschen ist diese typisch rationale Suche nach Erst- oder Letztbegründung nicht wichtig, weil er in seiner zyklischen Wirklichkeit sowieso „irgendetwas" war und sein wird. Was für den rationalen Menschen eine Schöpfung aus dem Nichts darstellen muss, ist für den mythischen einfach der Beginn eines neuen Zyklus.

Mythische Aufmerksamkeit gilt dem, was wird oder vergangen ist und vor allem dessen Bedeutung für das aktuelle Leben. So ist mythisches Messen stets ein Mittel zu einem praktischen oder heiligen Zweck, während rationales Messen ein tiefes Bedürfnis des Bewusstseins selber ausdrückt. Auch die theoretische Frage nach einem absoluten Anfang oder Ende ist durch die mythische Bewusstseinsform *a priori* gelöst (beziehungsweise gar nicht gegeben), denn jedes Ende von etwas ist im zyklischen Zeitbewusstsein der Anfang von etwas anderem. Der offene Zeitstrahl des rationalen Bewusstseins wirft hier eine Frage auf, die nur für das rationale Bewusstsein ein Problem ist und zudem – so denke ich – vom rationalen Bewusstsein nicht gelöst werden kann. Doch in der Suche nach Antworten ist das rationale Bewusstsein ungemein produktiv und kreativ.

Mit der konsequenten Mathematisierung der Physik im 19. Jahrhundert fand die bereits bei Aristoteles angelegte Verknüpfung von Raum und Zeit durch Bewegung ihren formalen Ausdruck. Einsteins Untersuchungen im Zusammenhang mit der Relativitätstheorie vor hundert Jahren vereinigte die drei Raum- und die eine Zeitdimension zu einer vierdimensionalen Raumzeit. Seine Überlegungen wurden aber erst fruchtbar, als er eine nichteuklidische Geometrie einsetzte, welche erst kurz zuvor entwickelt worden war. Bei einer nichteuklidischen Geometrie sind die Koordinatenachsen nicht mehr unbedingt senkrecht aufeinander stehende Geraden, sondern sie können auch gekrümmt sein. So entstand mit Einsteins Relativitätstheorie die Formulierung vom „gekrümmten" Raum und von der „gekrümmten" Zeit. Das kann man sich zwar unmöglich vorstellen, aber die Theorie führt zu überprüfbaren Voraussagen. Sie ist zweifellos das Beste, was heute zu diesem Thema denkbar ist. Die Formulierung zeigt aber auch, dass das Konzept des „gekrümmten Raumes" aus der erklärenden Mathematik stammt und nicht aus der zu erklärenden „Realität". Rationale Erklärungen stellen etwas Objektives nicht einfach nur dar, sondern sie schaffen es auch.

Die rationale Bewusstseinsform erzeugt eine äußerst robuste Wirklichkeit. Die Welt wird als mathematisch geordneter Kausalkosmos gedacht und deskriptiv erfasst. Indem er stets „eine allgemeine Annahme über das Ähnliche bildet"[28] ist die Haltung des rationalen Menschen abstrahierend. Die abstrakte Zahl, das Messen und die Theorie bilden seine wichtigsten Instrumente im Umgang mit der Welt in seiner Wirklichkeit. In der rationalen Wirklichkeit wirkt nicht mehr eine Vielzahl von Elementar-, Ahnen- und Naturkräften sondern es gibt genau vier physikalische Wechselwirkungen, inklusive der Hoffnung diese in einer „Grand Unification Theory" sogar noch auf eine einzige Kraft zu reduzieren. So könnte man eigentlich annehmen, dass in der rationalen Wirklichkeit alles zum Besten stünde. Doch dem ist nicht so.

2.4.5 Negative Aspekte: Maßlosigkeit, Ich-Verlust

Die Erklärung gehört zum Rationalen wie die Erzählung zum Mythischen. So ist es völlig folgerichtig, wenn das rationale Bewusstsein die Erklärungshoheit im Zugang zur Welt beansprucht. Keine andere Bewusstseinsform würde die Welt überhaupt erklären *wollen*. Motiviert durch die technischen Erfolge hat die rationale Gesellschaft die Erklärungshoheit jedoch ausgeweitet und zur Welterschließungshoheit umgedeutet. Während das rationale Bewusstsein mit der Erklärungshoheit eigentlich nur den Anspruch erhebt, rational zu erklären, was sich erklären lässt, so deklariert es mit der Welterschließungshoheit, dass nur der erklärende Weltzugang legitim sei. Im ersten Fall beschränkt es sich selber auf sein Spezialgebiet (jene Sphäre der Welt, die sich für Erklärungen hergibt), im zweiten beschränkt es die Welt auf sein Spezialgebiet.

Mit der rationalen Deutungshoheit werden die Wirksamkeiten der älteren Bewusstseinsformen negiert. Das Aufbäumen gegen Zauberei und Bilderflut zu Beginn der rationalen Mutation war eine aktive Abgrenzung vor überbordenden magisch-mythischen Wirksamkeiten und damit deren faktische Anerkennung. Dagegen bedeutet die spätrationale Abgrenzung unter der Prämisse rationaler Welterschließungshoheit deren völlige Negation. Wurde ursprünglich ein *Zuviel* an magisch-mythischer Wirksamkeit bekämpft, so wird schließlich ihre *Nicht-Existenz* behauptet. Und das wird nun tatsächlich zum Problem, weil damit den negativen Wirksamkeiten der ignorierten, aber dennoch weiter bestehenden Bewusstseinsformen Tür und Tor geöffnet werden. Der wichtigste negative Ausdruck des rationalen Bewusstseins ist vielleicht, dass es den Defekten der *früheren* Bewusstseinsformen eine Plattform bietet.

Ist der magische Handlungsantrieb auslösend, so ist der rationale auftürmend. Zusammen bilden die Beiden ein *Power Couple*, das in seiner gesunden Ausrichtung enorme Gestaltungskraft entwickeln kann, in seiner ungesunden Ausrichtung aber einfach besitzen will. Ob Besitz in Form von Geld, Immobilien, Einfluss, Ruhm oder auch Beachtung; stets ist negatives rationales Besitzstreben grenzenlos, wie der Bewusstseinsraum, in dem es stattfindet. Auch dadurch wird eine Ökonomie möglich, die Besitz trotz aller Beteuerungen über den Menschen stellt und Lebenskraft als Mittel zum Besitzerwerb einsetzt, statt umgekehrt Besitz zum Verbessern der Lebenssituation. Eine Folge ist ungezügelter Opportunismus, wenn sich die Möglichkeit zur Selbstbedienung ergibt. Selbst Entschädigungen für Topmanager, die jeder Kalkulation spotten (Kalkulationen sind ja rationale Mittel), werden in einem Umfeld möglich, das sich rational gibt, es aber nicht ist. Wenn das Konzept eines Leistungslohns schon delikat ist, weil es vorgibt, messen zu können, was in den meisten Fällen nicht messbar ist, so ist es doch immerhin ein gesunder Ausdruck rationalen Bewusstseins, das nicht alle gleich, aber doch gleichwertig zu entschädigen trachtet. Dagegen ist das faktische Konzept einer maximal möglichen Entschädigung in einem asymmetrischen Machtumfeld schlicht pervers.

Es ist eine große Schwäche des rationalen Bewusstseins, qualitative Aspekte des Daseins nicht angemessen erfassen zu können, weil ihm dafür letztlich nur deren Umwandlung in quantitative Größen zu Verfügung steht. Die Transformation qualitativer in quantitative Größen ist aber nur in einem Rahmen wirklich überzeugend, in dem sie eigentlich gar nicht nötig ist. Denn die Fähigkeit, die nötig ist, um die Angemessenheit der Umwandlung zu beurteilen, könnte ja auch direkt eingesetzt werden, um die qualitativen Größen selber zu bewerten. Fehlt diese Fähigkeit – und dem rationalen Bewusstsein fehlt sie – dann nützt auch die Transformation nichts. Die pluralistische Bewusstseinsform wird bereits einen gesünderen Umgang mit dem Qualitativen pflegen und die integrale wird ihn perfektionieren, doch die rationale findet sich damit nicht zurecht.

Das spätrationale Ich ist weit weg vom grandiosen Individuum der Renaissance, das sich an seiner eigenen Größe erfreute. Als psychologisiertes Ich hat es auch einiges von jenem Selbstbewusstsein eingebüßt, das noch den aufgeklärten Menschen nährte. Und als Arbeits- und Konsum-Ich droht es ob aller Profilierung gesichtslos zu werden. Wie alle rationalen Elementarteilchen kommt auch das Ich letztlich sich selber abhanden. Entgegen der urrationalen Vision führt Atomisierung schließlich nicht zur Identifikation einer elementaren Einheit, sondern zu neuen Vielheiten, die nun aber nicht mehr ganz zum rationalen Bewusstsein zu gehören scheinen. In der Physik zerfällt das Atom in eine Vielzahl weiterer Teilchen. Und die subatomaren Prozesse sind nur noch statistisch und nicht mehr kausal, wie es dem rationalen Bewusstsein behagt. In der Psychologie zerfällt das Ich in Krankheitsbilder und verborgene Antriebe.

Im Kapitel *Selbstzentrierung und Loyalitätsbezüge* weiter unten werde ich zeigen, dass dies nur eine Seite der Medaille ist, die eine durchaus positive Seite hat. Hier interessieren jedoch die negativen Aspekte des Rationalen, welches in seiner Spätphase starke Tendenzen zum Ich-Verlust aufweist. Dem rationalen Ich wird heute viel abverlangt und auch das fähigste Individuum kann nicht immer alles einlösen. Als autonomes Ich steht es nun aber allein da. Seiner Seele beraubt, fehlen ihm die sinnstiftenden Bezüge, wie sie für das mythische Selbst noch in der Bewusstseinsform angelegt waren. Das ist aber kein psychologisches Krankheitsbild, sondern eine Phase in der Entwicklung der Bewusstseinsformen und der Entwicklung der Menschen. Wird akzeptiert, dass es auch noch andere Bewusstseinsformen gibt, dann stellt auch ein möglicher Ich-Verlust eine einigermaßen harmlose Etappe dar, die durch seelische Bezüge ohne weiteres kompensiert werden kann. Bloß ist es während einer Mutation, wie sie gegenwärtig im Gang ist, nicht einfach, negative Effekte von sich fernzuhalten. Ich-Verhärtung und Ich-Vereinsamung sind deshalb realistische Szenarien für viele Menschen.

Der Wunsch eines so bedrohten Individuums, den Anschluss an eine Gruppe zu suchen, ist nur allzu verständlich. Selbst wenn das nur als Teil einer Spaßcommunity im Internet oder eines Kundensegments ist. Auch ein Zielgruppencluster ist ein Kollektiv, ein oberflächliches jedoch, weil unbeseelt und empathielos. Ungesunde Identifikation bedeutet für das Individuum, dass es sich aus einem unerfüllbaren Bedürfnis heraus einem Kollektiv anschließt und sich mit der konsumorientierten oder medialen Spiegelung identifiziert. Ich bin, weil ich mich in der Webcam zeige. Ich bin, was mir die Zielgruppenwerbung schmackhaft macht. Ich bin, was mir die verlinkten Freunde an Textbrocken hinwerfen. Doch das tiefrationale Ich-Selbst kann sich im Prinzip nur mit sich selber identifizieren und deshalb ist es ständig davon bedroht, sich selber zu entgleiten, in einer Wirklichkeit, in der es den mythischen Stamm nicht mehr und die teilnehmende Gemeinschaft des Pluralistischen noch nicht hat.

Das unvermeidliche Pendant zur Isolation des Individuums ist die Massengesellschaft. Massenphänomene sind namentlich im Konsumverhalten zu beobachten, vor allem im Konsum von solchen Gütern, die einen Community-Charakter vermitteln. Dazu gehört das Konsumieren im Kraftfeld von Prominenz aller Art und der erhoffte Merkmalstransfer von der Celebrity auf das Individuum. Schon die vedischen Schriften prognostizierten Massenphänomene des *Kali-Yuga*. Dies sei das vierte, letzte und düstere Zeitalter eines großen Zyklus. „Im *kali-yuga* ist die Wahrheit unter Finsternis und Unwissenheit begraben. Deshalb erscheinen dauernd neue Meister und passen die zeitlose Lehre wieder den schwachen Möglichkeiten einer gefallenen Menschheit an."[29]

Vermassung des Individuums wird im rationalen Bewusstsein des 20. Jahrhunderts tatsächlich zum Phänomen in allen erdenklichen Bereichen. Ich teile die Düsternis der Kali-Yuga-Prophezeiung allerdings nicht. Wenn ich Massenphänomene konstatiere, dann nicht in Erwartung einer Endzeit, sondern in der Überzeugung, dass sich die rationale Depression mit ihren negativen Ausdrucksformen schließlich auswachsen wird. In den Massenphänomenen ergibt sich eine erstaunliche Parallele zur vermeintlichen Überbevölkerung in der Schlussphase der historischen mythischen Bewusstseinsform und vermutlich reagieren die Menschen heute ebenso übertrieben wie damals. Tatsächlich bricht mit dem pluralistischen Bewusstsein auch eine weitere Phase an, die neue Modelle bereit hält.

2.5 Transzendentes Bewusstsein, Metaphysik, Spiritualität, Mystik, Religion

Bevor wir uns dem pluralistischen Bewusstsein zuwenden, muss an dieser Stelle noch die Entstehung des transzendenten Bewusstseins beleuchtet werden. Das Transzendente ist ein bedeutsamer Spezialfall im Verhältnis von rationalem und mythischem Bewusstsein, denn in der rationalen Mutation ist nicht nur das rationale Bewusstsein aus dem mythischen hervorgegangen, sondern auch das transzendente. Dazu eine kleine Sequenz aus dem *Evangelium der Maria Magdalena*. Das Evangelium gehört zu jenen apokryphen (verborgenen) Schriften, die nicht in den biblischen Kanon aufgenommen worden sind und lange verschollen waren.

Maria Magdalena berichtet von einer Vision, in der sie kurz nach dessen Tod Jesu begegnet sei. Sie nutzte die Gelegenheit und stellte ihm eine methodische Frage: „Ich sprach zu ihm: 'Herr, wird die Vision durch die Seele oder durch den Geist gesehen?"[30] Die Seele hatte in mythischer Zeit schon lange als der Sitz von Wahrnehmung und Denken gegolten, doch an der Schwelle zum rationalen Bewusstsein war das Vertrauen in die Verlässlichkeit der Seele ziemlich angeschlagen. Eine Feststellung, die angesichts des mythischen Übermaßes jener Zeit nicht erstaunen kann. So scheint es, dass es Maria Magdalena lieber gewesen wäre, eine Vision durch den „Geist" zu erhalten als durch die „Seele". Mit „Geist" ist in dieser Passage der Heilige Geist (*Spirit*) gemeint. Die Antwort, die sie erhielt, muss eine Überraschung gewesen sein, denn sie lautete wie folgt: „Er sieht weder durch die Seele noch den Geist, sondern durch seinen Verstand, welcher zwischen diesen beiden steht – das ist es, wie man eine Vision sieht."[31]

2.5.1 Nous und Noumenales

Die dialektische Auflösung eines Gegensatzes durch ein Drittes ist typisch für das rationale Bewusstsein. Und dieses Dritte, der „Verstand", ist die eigentliche Neuerung der rationalen Mutation. Es ist allerdings schwierig zu fassen. Ich habe mir verschiedene Übersetzungen der Textstelle angeschaut und bin auf folgende Begriffe gestoßen: Verstand, Verstehen, Gemüt oder Sinn. Die englischen Übersetzungen benutzen alle den Begriff *mind*. Die Theologin Esther De Boer verwendet in der detaillierten Diskussion aber das griechische Wort *nous* (ausgesprochen: Nus). Nach dem Duden bezeichnet Nous allgemein das „Geistige im Menschen".

Ich selber sehe im Nous immer auch einen Bezug zum Gewissen. In dieser Bedeutung als gewissenhafte und gefühlvolle Vernunft bildet das Nous auch den Kern des Begriffs des „Noumenalen" (s.a. S. 119), wie ich ihn in diesem Buch verwende. Im erweiterten Modell von Wirklichkeiten ist das Nous die individuelle geistige Fähigkeit, einen Bezug zu sämtlichen Wirklichkeiten herzustellen. Das Nous ist der vernunftgemäße Ausgang aus der rationalen Wirklichkeit. Mit dem Nous steht das Individuum mit sämtlichen Wirklichkeiten in Kontakt. Man könnte auch sagen, das Nous trage die Erinnerung in sich, dass „da noch etwas ist".

Nun aber zurück zu Maria Magdalena und der Geometrie, die in ihrer Vision an der Schwelle zum rationalen Bewusstsein aufscheint. Anhand des Mythos von Narziss wurde gezeigt, wie ein perspektivisches Ich aus dem Seelenselbst hervorgebrochen ist. Mit dem Nous, der individuellen gewissenhaften Vernunft, bricht nun ein intellektuelles aus einem seelischen Denkvermögen hervor. Damit wird der einzelne Mensch enorm aufgewertet. Denn mit dem Nous ist er imstande, spirituelle Verbindungen einzugehen, oder im Falle von Maria Magdalena, göttliche Visionen zu empfangen. Das rückt ihn in die Nähe des Heiligen. Gleichzeitig wird der Mensch aber auch vom Heiligen abgetrennt, mit dem er vormals als Seele viel enger verbunden war. Denn dass eine Seele mit etwas Höherem verbunden ist, ist im Mythischen selbstverständlich. Die tiefmythische Seele greift ja noch weit über das Individuelle hinaus.

Nun aber eröffnet sich mit dem Nous, der individuellen Vernunft, eine vermittelnde Instanz zwischen Einzelnem und Allgemeinem. Dadurch werden das Heilige, das Spirituelle und das Allgemeinste aus dem Menschen herausgelöst und in einen Bereich verschoben, der je nach Interessenlage als transzendent, mystisch, spirituell, religiös oder metaphysisch bezeichnet wird.

Das Mystische als Erfahrung einer höchsten Wirklichkeit hat ohne die urrationale Mutation keine Bedeutung. Mystik ist enger mit dem Rationalen verwandt als mit dem Mythischen (obwohl die Wörter mystisch und mythisch täuschend ähnlich sind). Eine spezifisch *mystische* Erfahrung ist in der tief *mythischen* Wirklichkeit nicht möglich, weil jede tief mythische Erfahrung automatisch eine höhere Wirklichkeit anspricht. Das hat sich erst in der spätmythischen Zeit geändert, als die mythischen Priester und Führer im Vorlauf auf die rationale Mutation angefangen haben, Zwischenschichten einzubauen und ihre Vermittlerdienste anzubieten. Mythische und mystische Erfahrungen sind gleich, insofern sie *Erfahrungen* sind, d.h. *subjektive* Phänomene. Doch sie sind ungleich, insofern die mythischen Erfahrungen zu einer seelischen und die mystischen zu einer geistigen Wirklichkeit gehören. Mystik und mystische Spiritualität verweisen auf eine geistige Transzendenz im Außen.

In einer schönen Deutung stellt die Theologin Elaine Pagels Adam und Eva an die rationale Schwelle zwischen Individuum und Transzendenz, wenn sie schreibt: „Das Apokryphon gibt zu verstehen, dass die Erzählung von der Geburt Evas aus Adams Seite vom Erwachen dieser spirituellen Fähigkeit handelt."[32] Am Eingang zur rationalen Wirklichkeit steht Adam also nicht so sehr für den Ursprung der Menschheit, als vielmehr für den Ursprung des *vernünftigen* Menschen. Und Eva steht für die gleichzeitige Einsicht, dass der Mensch nicht nur vernünftig sein kann. „Eva ist hier also Sinnbild der spirituellen Einsicht, die uns instandsetzt, wie unvollkommen auch immer transzendente Wirklichkeit zu denken."[33]

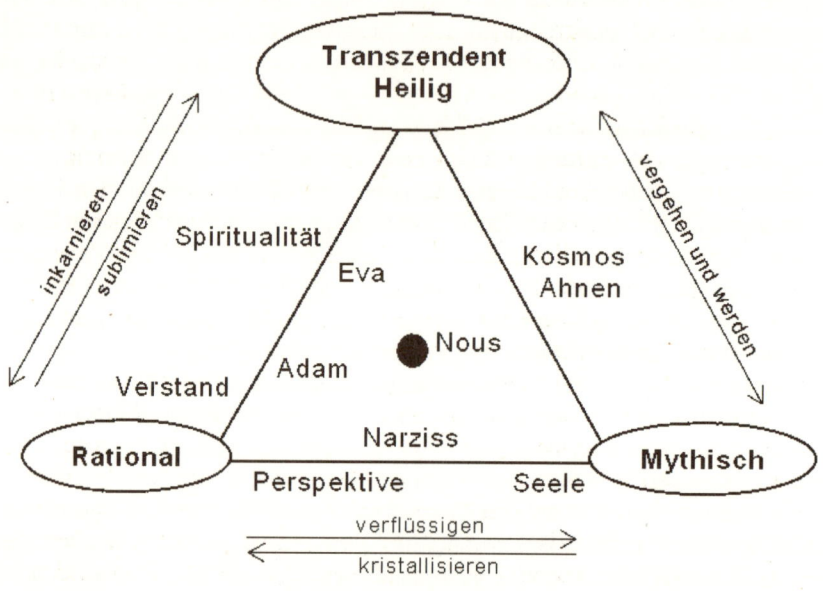

Abbildung 9 – Transzendenzdreieck

So erhebt sich das rationale Bewusstsein symbolisch in den Figuren von Narziss, Adam und Eva. Narziss verkörpert das rationale Herauswachsen von individuellem Geist aus der Seele. In ihm zeigt sich das Mentale zum ersten Mal als das perspektivische Ich, das seiner eigenen Seele gewahr wird. Narziss steht für die Beziehung des Rationalen zum Mythischen. Adam und Eva verkörpern die Auftrennung von individueller Vernunft (Geist = *mind*) und heiligem Geist (*Spirit*). In Adam realisiert sich das Mentale als die rationale Vernunft, die mit Eva eines Bezuges zu einer höheren Vernunft bedarf. Adam und Eva stehen für die Beziehung des Rationalen zum Transzendenten.

Die rationale Mutation ist strukturell eine hochkomplexe Angelegenheit. Sie war begleitet von zahlreichen Inkarnationen. Gott wurde als Jesus Mensch. Buddha, Krishna und Rama waren die bekanntesten Inkarnationen Vishnus, und generell sind *Avatare* (Sanskrit: „Herabkunft") Inkarnationen von Aspekten göttlichen Bewusstseins auf der Erde. Diese Inkarnationen zeugen von der mythischen Idee einer Verbundenheit des Menschen mit heiligen Mächten, sind aber gleichzeitig rational, indem sie sogar den allergeistigsten Mächten einen materiellen Körper geben. Inkarnationen gehören mehreren Wirklichkeiten an.

Diese Inkarnationen weisen den Menschen den Weg. Ich denke aber, dass ihre Aufgabe weniger darin bestand, den Weg ins Transzendente zu ebnen, als den Menschen ganz lebenspraktisch den Einstieg in die rationale Bewusstseinsform zu erleichtern. Es müssen für unsere Gepflogenheiten teilweise furchtbare Gegebenheiten geherrscht haben vor zwei- bis dreitausend Jahren. Die Sitten und Gebräuche müssen rückblickend von einer unvorstellbaren Rohheit und Gefühlskälte gewesen sein. Das alttestamentliche „Auge um Auge, Zahn um Zahn" stand im historischen Zusammenhang nicht etwa für eine dumpfe Rachepraxis, wie es heute erscheinen mag, sondern für den damals größtmöglichen moralischen Fortschritt. Als Vergeltung für einen Diebstahl durfte dann nicht mehr eine ganze Familie niedergemacht werden, sondern es wurde nur noch die Zufügung eines „gleichartigen" Übels gefordert: zum Beispiel das Abhacken der rechten Hand. Wenn solche Regelungen heute im Zusammenhang mit der muslimischen Scharia zu Recht in Frage gestellt werden, so waren sie damals in höchstem Maße fortschrittlich. Wenn Jesus oder Buddha von Liebe sprachen, dann ging es in der Praxis des menschlichen Alltages nur allzu oft um die allerbanalsten Regeln eines einigermaßen unblutigen Umgangs miteinander.

Dieser Aspekt der Ent-Emotionalisierung und Ent-Dramatisierung des menschlichen Zusammenlebens durch die rationale Bewusstseinsform wird meines Erachtens nicht immer angemessen gewürdigt. Rationalisierung war in jenen Zeiten automatisch auch Moralisierung. Entsprechend haben Adam und Eva ja auch nicht vom Baum der Erkenntnis gegessen, sondern vom Baum der Erkenntnis *von Gut und Böse*. Der Verstand, das gewissenhafte Nous, diente auch dazu, die Betriebstemperatur aufgeheizter Seelenwelten zu senken oder, wie es de Boer ausdrückte, um „die Turbulenz der Seele zu ordnen."[34]

2.5.2 Metaphysik und Psychologie

Transzendenzbereiche sind ohne das rationale Bewusstsein nicht möglich. Angefangen hatten die strukturierten Überlegungen zu Themen der Transzendenz mit den großen Philosophen des antiken Griechenland, des Nahen Ostens, Indiens und Chinas. Metaphysik, d.h. rationale Erörterungen des Allgemeinsten und Grundlegendsten, war bis ins 18. Jahrhundert die eigentliche Königsdisziplin der Philosophie. Auch alle großen Religionen sind in der rationalen Mutation entstanden, und es ist gewiss nicht falsch zu sagen, dass das rationale Bewusstsein mit und durch die Entwicklung der großen Religionen entscheidend gefördert wurde. Paradoxerweise sind Religionen Erfindungen des rationalen Bewusstseins und auch heute besteht der erhabene Teil des theologischen Geschäfts darin, Transzendenzen zu organisieren. In ihrer praktischen Struktur sind Religionen aber komplexe Verbindungen aus rationaler Argumentation mit mystischer Absicht vor mythischem Hintergrund. Gerade die christlichen Kirchen scheinen sich in diesem hybriden Setup ziemlich verstrickt zu haben. Vielleicht ist der Buddhismus die rationalste aller Religionen und möglicherweise erklärt das auch, wieso er für westliche Menschen gegenwärtig so attraktiv ist. Allerdings scheinen nicht wenige dem Buddhismus zugeneigte Menschen die Überwindung des Ichs im Buddhismus mit der Zelebrierung des Ego in ihrer eigenen Kultur zu verwechseln.

Doch so sehr das Rationale des Transzendenten bedarf und in seinen Ursprüngen selber geschaffen hat, so sehr ist die Geschichte der rationalen Bewusstseinsform auch die Geschichte einer Abgrenzung davon. Diese Abgrenzung und schließlich Negation ist ein Versuch, der von Anbeginn an mit dem zutiefst menschlichen Wissen um „etwas Übermenschliches" kollidierte. So musste das rationale Bewusstsein in der Erkenntniswirklichkeit eine Zone finden, wo dieses Wissen abgelegt werden konnte. Das war zunächst die Metaphysik und später die Psychologie. Die finale Lösung wurde mit der Erfindung des Unterbewusstseins erreicht. Dabei wurde das im Nous zugängliche *Wissen um* etwas Übermenschliches zum *Bedürfnis nach* etwas Übermenschlichem. Die heiligen, die höheren und all die anderen „übersinnlichen" Phänomene wurden dadurch gleichsam in den Untergrund des menschlichen Subjekts hineingezogen, von wo aus sie fortan als Projektionen irrlichtern. Ich kann mir einen leicht ironischen Ton nicht verkneifen, bin aber gleichzeitig ein großer Bewunderer dieses Vorgangs. Mit der Psychologisierung des Subjekts konnten die störenden Sphären des Magischen, Mythischen und Transzendenten in die rationale Wirklichkeit hineingestülpt und gleichzeitig die gesamte Erkenntniswirklichkeit konsistent gehalten werden. Nun konnten (fast) alle Phänomene dieser Welt als Phänomene der rationalen Wirklichkeit erklärt werden und die anderen Wirklichkeiten wurden (scheinbar) überflüssig.

Ich will den Wert der psychologischen Disziplinen nicht mindern, denn im Lebensalltag bieten sie unzähligen Menschen großartige Hilfe. Aus Sicht der Bewusstseinsformen stellt die Psychologisierung eine Art „Insourcing" von Phänomenen dar, als – wie Gebser schrieb – „das Denken das Geistige zu usurpieren begann."[35] Aus objektiven Prozessen werden dabei subjektive. Ein Traum kann danach nicht mehr als Ausflug der Seele in mythische Gefilde, eine Vision nicht mehr als Botschaft einer überindividuellen Kraft gelesen werden. Aus objektiven Entitäten werden psychische. Dieses Insourcing ist ein wahrhaft kreativer Schachzug mit nachhaltiger Wirkung. Viele hoch intelligente Menschen sind tatsächlich davon überzeugt, dass es die hineingestülpten Bereiche nicht mehr gebe und auch nicht mehr brauche, weil mit dem Insourcing die Erkenntniswirklichkeit konsistent und vollständig erscheint.

Doch natürlich erschöpft sich das rationale Bewusstsein nicht in Usurpation und Abgrenzung, sondern erreicht wichtige Ausformungen einer positiven Erkenntniswirklichkeit. Das aller Bezüge und Eigenschaften entledigte Ich wird zur Grundform für alle späteren und echten Kollektive, die auf Freiwilligkeit beruhen. Die rational erkennbare Wirklichkeit von Materie/Energie ist die Basis für eine unvergleichliche Sicherheit und Vorhersehbarkeit des Alltagslebens in der westlichen Welt. Dazu mehr weiter unten. Ich bin also ein großer Fan der Erkenntniswirklichkeit, wie sie die rationale Bewusstseinsform erzeugt, und werde sie weiterhin passioniert verteidigen. Aber sie ist eine Wirklichkeit unter anderen. Ihr Insourcing von Aspekten anderer Wirklichkeiten in eine subjektive Psyche ist genial, aber ungesund, wenn es mit einem rationalen Exklusivitätsanspruch verbunden ist. Deshalb plädiere ich für einen erweiterten Begriff von Verstand: Als Nous sollte der Verstand eine individuelle Brücke am Brennpunkt des Rationalen, des Magisch-Mythischen und des Mystisch-Transzendenten bilden dürfen. Hier hatte Maria Magdalena schon recht, als sie sagte: „Im *Nous* ist der Schatz."[36]

2.6 Pluralistisches Bewusstsein

So hat sich also mit der rationalen Mutation eine recht komplizierte Situation ergeben, in der das transzendente Bewusstsein auf eine eigentümliche Weise quer zum mythischen und rationalen Bewusstsein steht. Doch die Entwicklung geht weiter und wir erleben gerade die Entfaltung einer neuen Bewusstseinsform: der pluralistischen. Das pluralistische Bewusstsein ist dem rationalen allerdings ziemlich ähnlich. Für beide ist das kausale Denken, verbunden mit der Annahme einer starken physikalischen Außenwelt, wichtig. Ebenso gehen beide von einem individualisierten (atomaren) Ich aus. Doch das pluralistische schafft einen gewissen Ausgleich zum Messen und Quantifizieren des rationalen Bewusstseins und gewichtet qualitative Aspekte des Daseins höher. Ich betrachte das pluralistische deshalb als eine Art Übergangsbewusstsein und Sprungbrett zum integralen Bewusstsein.

2.6.1 Perspektivenwechsel

Wie die rationale Bewusstseinsform das autonome Individuum hervorbringt und ins perspektivische Zentrum der Welt stellt, so entwickelt die pluralistische Bewusstseinsform eine Lust am Perspektiven*wechsel*. In vielerlei Hinsicht gilt es innerhalb des Rationalen als Tugend der Kontinuität, wenn ein einmal eingenommener Standpunkt beibehalten wird. Der rationale Leuchtturm der Erkenntnis mag seinen Lichtstrahl verstärken und immer weitere Radien beleuchten, doch in aller Regel bleibt er selber an Ort und Stelle. Keine Bewusstseinsform ist so beharrlich im Einhalten des einmal gewählten Zentrums wie die rationale. Für das pluralistische Bewusstsein wird der Perspektivenwechsel dagegen zu einem tiefen Bedürfnis.

Die Hippiebewegungen der 1960er und 1970er Jahre haben den Perspektivenwechsel richtiggehend zelebriert. Dabei setzten die Hippies auch ungeniert praktische Hilfsmittel ein, um den Wechsel zu erleichtern: Drogen, Musik, Partner- und Ortswechsel. Ihr äußeres Symbol für Beweglichkeit und Bewegung war die Busfahrt, der umgebaute Schul- oder VW-Bus. Was dem mythischen Bewusstsein die Schifffahrt (die Seereise als Seelenreise), dem rationalen die Raumfahrt (die Eroberung des Welt-Raums) ist dem pluralistischen die Busfahrt, der *road trip* als äußere Bewegung und Positionswechsel. Wenn die Merry Pranksters um Ken Kesey 1964 mit ihrem aufgepeppten Schulbus quer durch die USA fuhren, dann hatten sie nur vordergründig ein geografisches Ziel. Wie kaum einmal sonst dürfte hier der Weg das Ziel gewesen sein. Wie Tom Wolfe in *The Electric Kool-Aid Acid Test* berichtet, soll sich Neal Cassady, der illustre Fahrer mit dem Spitznamen *Sir Speed Limit*, an einem gewissen Punkt der Reise vorgenommen haben, den Bus einen respektablen Berg in den Appalachen hinabzufahren, ohne auch nur einmal die Bremse zu betätigen.[37] Die Busfahrt diente hier der rasenden Neuerfindung der Individuen und ihrer Gemeinschaft. Und ihre Destination war weniger der geografische Zielort, denn die eigene Bestimmung.

Kesey und seine Mitreisenden nannten sich die *intrepid travelers*[38] (die „unerschrockenen Reisenden"). Dabei wird eine wiedergewonnene Nähe ersichtlich zur mythischen Reise, die ja oft auch eine Heldenreise ist, und zum Schamanen, der auch ein unerschrockener Reisender ist. Unter umgekehrten Vorzeichen allerdings: Der Schamane bedient sich eines veränderten Bewusstseinszustandes, um auf seinen zuweilen abenteuerlichen Reisen in andere Wirklichkeiten Wirkungen zugunsten der hiesigen Wirklichkeit zu erzeugen; bei den Pranksters dient die Abenteuerreise dagegen eher dazu, einen veränderten Bewusstseinszustand überhaupt erst zu erreichen. Diese Modellumkehr dokumentiert einen Wechsel, in dem der veränderte Bewusstseinszustand vom Mittel zum Zweck wird. Dennoch darf der pluralistische Wunsch nach Bewusstseinserweiterung nicht einfach nur als eine spirituelle Flucht interpretiert werden. Er ist auch ein Ausdruck dafür, wie einengend der wache, rationale Bewusstseinszustand empfunden wird, wenn es nur diesen geben darf. Der pluralistische Orts- und Perspektivenwechsel, wie er sich in der drogengestützten Busfahrt der Merry Pranksters zeigt, ist auch ein absichtlich induzierter Wechsel der Bewusstseinsform.

Während die rationale Bewusstseinsform die bewusste Aufmerksamkeit beharrlich auf eine äußere Wirklichkeit richtet, besteht das menschliche Bedürfnis, an einer inneren Wirklichkeit teilzuhaben, offenbar weiter. Die pluralistische Bewusstseinsform entwickelt im Perspektivenwechsel einen Antrieb, um die Aufmerksamkeit zumindest zeitweise wieder auf andere Wirklichkeiten zu richten. Darin wird erkennbar, wie sich der Exklusivitätsanspruch des Rationalen im Pluralistischen abschwächt.

2.6.2 Gemeinschaft

Im inneren Kreis der Merry Pranksters entwickelte sich über viele Monate hinweg ein intensives gemeinsames Verständnis, das sie *cloud, synch, the Unspoken Thing* oder auch *Cosmic Control* nannten.[39] Dachte eine Person, das Fenster sollte geschlossen werden, stand gerade jemand auf und tat in diesem Moment genau dies. In zahlreichen Situationen wurde ein gemeinschaftliches Verständnis unter den Gruppenmitgliedern erfahrbar, das die Grenzen zwischen dem einzelnen Ich und einem wolkenartigen Bewusstsein eines kollektiven Selbsts verwischte. Es waren interpersonale Erfahrungen, die stark an telepathische Verbindungen mythischer Menschen erinnern. Die zahlreichen Experimente mit Drogen hatten ihre Wirkung entfaltet und den Zugang zu den alten Bewusstseinsformen und ihren Wirkmechanismen wieder eröffnet.

Historisch brach sich das pluralistische Bewusstsein nach der Mitte des 20. Jahrhunderts Bahn, als beispielsweise die jungen Menschen der westlichen Welt neue Lebensformen ausprobierten. Sie taten dies in respektablem Abstand zu den Schrecken des Zweiten Weltkrieges und in einer Phase beispiellosen ökonomischen Aufschwungs, was zweifellos einen Weltzugang erleichterte, der nicht in erster Linie durch Sicherheitsvorkehrungen geprägt sein musste. Das und die rationale Atomisierungstendenz begünstigte nach dem zweiten Weltkrieg auch die Kleinfamilie. Diese mochte in sich durchaus noch in der Art der mythischen Vaterautorität begründet sein, doch als Kleinfamilie war sie nun sehr weit von der Stammesstruktur entfernt, aus welcher das mythische Bewusstsein seine Kraft schöpft.

So scheint in den 1960er Jahren ein Schwellenwert erreicht, jenseits dessen neue Lebensformen ausprobiert werden konnten. So wie ich das sehe, sind die großen Bewegungen jener Jahre des Aufbruchs, eingeschlossen die der 1968er-Generation, weniger grandiose Errungenschaften der jungen Menschen, die der Elterngeneration neue Freiheiten abgetrotzt hätten, als vielmehr das Resultat stillschweigender Ermächtigung von spätrationalen Eltern, die ihren eigenen Rechtfertigungen nicht mehr vertrauten. Die inhaltlichen Visionen mussten aber von der nächsten Generation kommen, die nun in den 1960er Jahren eine Bewegung weg von der Familie hin zur Kommune erprobte. Kurzfristig konnten solche Experimente nur scheitern, denn die alten Bewusstseinsformen wirkten ja weiter, aber ein früher Ausdruck der erwachenden pluralistischen Bewusstseinsform sind sie allemal.

Während das rationale Bewusstsein die Autonomie des Individuums betont, fördert das pluralistische die Gemeinschaft der Individuen und bringt damit ein empathisches Element zur Geltung, das dem rationalen Bewusstsein abgeht. Während das rationale Bewusstsein durch Abstraktion eine quantitative Universalität etabliert, erreicht das pluralistische eine qualitative, d.h. empathisch angereicherte, Universalität. Im Zentrum steht nun die mitgestaltete Gemeinschaft und nicht mehr die Gesellschaft, in der man sich als rationaler Mensch durch Geburt faktisch wiederfindet, in die man mit einem Wort von Sartre „geworfen" ist.

Im Übergang vom rationalen zum pluralistischen Bewusstsein vollzieht sich ein Übergang vom Quantitativen zum Qualitativen. Auf der Ebene der sozialen Bezüge bedeutet dies einen Wandel von der Gesellschaft zur Gemeinschaft. Erst innerhalb der empathischen Gemeinschaft auf pluralistischer Basis werden Menschenrechte wirklich möglich. Die frühen Menschenrechte auf rationaler Basis waren noch *Männerrechte*. In der *United States Declaration of Independence* von 1776 waren überhaupt erst die Männer explizit erwähnt: „All men are created equal". Dasselbe in der französischen *Déclaration des droits de l'homme et du citoyen* von 1789: „Les hommes naissent et demeurent libres et égaux en droits". Natürlich werden Linguisten einwenden, dass sowohl im Englischen als auch im Französischen *men/ homme* nicht nur „Mann" bedeutet, sondern als Oberbegriff auch „Mensch". Demnach seien die Frauen „mitgemeint". Doch die Geschichte hat gezeigt, dass diese unbestreitbare sprachlogische Tatsache ohne alltagspraktische Konsequenzen blieb. Mit dem Anheben eines pluralistischen Bewusstseins wurden diese Mängel in der „Allgemeinen Erklärung der Menschenrechte" der UNO von 1948 korrigiert und explizit werden seither alle Menschen genannt: „All human beings are born free and equal in dignity and rights", heißt es nun in der englischen Version.

Dadurch dass die Menschenrechte als ein pluralistisches Konzept (auf der Grundlage der jahrhundertelangen egalisierenden Tendenzen des rationalen Bewusstseins) erkannt werden, wird auch einsichtig, wieso Menschen, Staaten und Kulturen mit einem anderen als dem pluralistischen Hauptbewusstsein nicht wirklich etwas damit anfangen können. Insbesondere das mythische Bewusstsein kann die Idee eines universellen Menschen nicht aufnehmen. In der mythischen Bewusstseinsform ist jeder Mensch durch bedeutungsvolle Bezüge gebunden, vor allem durch seine Stammes- oder Familienzugehörigkeit. *Den* Menschen ohne Ansehen der Person und Herkunft gibt es im mythischen Bewusstsein schlicht nicht. Bei Menschenrechtsdiskussionen zwischen Kulturen mit unterschiedlichem Hauptbewusstsein sind Missverständnisse unvermeidlich, wenn die Voraussetzungen, die in den unterschiedlichen Bewusstseinsformen stecken, unerkannt bleiben oder ignoriert werden.

Charakteristisch für den Übergang vom rationalen zum pluralistischen Bewusstsein ist also die faktische Erweiterung der Grundgesamtheit der „gemeinten" Menschen: der pluralistische Mensch meint nun wirklich *alle* Menschen, wenn er von Menschen spricht.

Das pluralistische Bewusstsein formt die Wirklichkeit in einer Art, dass die Gleichwertigkeit aller Menschen von Geschlecht, Rasse, Nationalität, Kultur, sexueller Ausrichtung, Leistungsfähigkeit oder weiteren Eigenschaften unabhängig ist. Einen Menschen mit pluralistischem Hauptbewusstsein muss man nicht überzeugen, dass alle Menschen gleichwertig sind, denn das ist aufgrund der Bewusstseinsform jederzeit und *a priori* klar. Gleichwertigkeit aller Menschen gehört zu den tiefliegenden Prämissen des pluralistischen Bewusstseins. Das rationale Bewusstsein formt die Wirklichkeit in einer Art, dass die Gleichheit von Menschen im Prinzip gegeben ist. Einen Menschen mit rationalem Hauptbewusstsein kann man überzeugen, dass alle Menschen gleichwertig sind, doch diese Einsicht *a posteriori* wird für ihn immer wieder von anderen Einsichten und Bedürfnissen angefochten. Das mythische Bewusstsein formt die Wirklichkeit in einer Art, dass die Gleichwertigkeit aller Menschen nicht einsichtig ist. Ein Mensch mit mythischem Hauptbewusstsein wird abhängig von seiner Persönlichkeit ohne weiteres einen respektvollen Umgang mit allen Menschen pflegen, die er antrifft, doch die Menschen aus seinem Loyalitätskreis stehen ihm jederzeit so viel näher, dass universelle Gleichheit, Gleichwertigkeit oder Gleichbehandlung kein Thema sein kann. Das magische Bewusstsein formt die Wirklichkeit in einer Art, dass Wirkungen von Kräften wahrgenommen werden. Streng genommen gibt es für den ausschließlich magischen Menschen (der heute jedoch nur hypothetisch existiert) gar keine Menschen, es sei denn als bewusst wahrgenommene Kraft. Ein Mensch mit magischem Hauptbewusstsein wird wiederum abhängig von seinem Temperament einen Umgang mit anderen Menschen an den Tag legen, der uns respektvoll erscheint, doch sein Bewusstsein wird sich nicht damit befassen.

Während das rationale Bewusstsein durch seine innere Struktur eine Form von universeller Toleranz hervorbringt, die zuweilen an Gleichgültigkeit grenzt, erreicht das pluralistische Bewusstsein eine verbindende Toleranz. Jenseits einer passiven wird nun allmählich eine aktive Solidarität möglich. Viele Hippies und Kommunenbewohnerinnen und -bewohner haben dies gespürt, in der Regel wohl unbewusst. Als „Anfänger" in Sachen pluralistischer Bewusstseinsform haben sie sich zudem oft in rückwärtsgewandter Gesellschaftskritik verzettelt. Dennoch waren viele von ihnen Pioniere eines neuen Bewusstseins, das die empathische Gemeinschaft und die Pluralität von Gemeinschaften betont.

2.6.3 Ökologie

Die empathische Haltung des pluralistischen Bewusstseins favorisiert ökologische Bewegungen. Naturschutz als empathische Ökologie ist ohne pluralistische Grundlagen nicht denkbar. Naturschutz als Tier- oder Naturliebe lehnt sich dagegen dem mythischen Bewusstsein an.

Vergegenwärtigen wir uns nur das Bild des archetypischen Einsatzes im Zeichen des Naturschutzes: Ist das nicht das Gummischnellboot von Greenpeace, das sich halsbrecherisch durch schäumende Wellen zwischen Walfangschiff und Wal manövriert? Hier wird nichts anderes zelebriert als die mythische Meeresreise in einer abenteuerlichen Variante. Die Meeresoberfläche bildet die Grenze zwischen außen und innen und sie ist aufgewühlt im prekären Getöse eines ungleichen Kampfes um Würde und Überleben des Seelischen, das in Gestalt des Wales nur einmal kurz auftaucht, um Luft zu holen, und in diesem Moment seine ganze Verletzlichkeit offenbart. Der Kampf des kleinen Bootes gegen die Bedrohung in Form des Walfängers enthält alle Ingredienzen der mythischen Heldentat.

Doch man sollte sich nicht täuschen lassen; Greenpeace ist keine mythische Organisation. Sie ist pluralistisch und verfügt daher auch über sämtliche Mittel der pluralistischen und rationalen Bewusstseinsformen. Das Bild vom mutigen Kampf für das gefährdete Geschöpf gibt es nur, weil da auch eine Kamera ist und ein Bild vermittelt, das das mythische Bewusstsein ansprechen soll. Das tut es schon allein dadurch, dass es ein Bild ist, das darüber hinaus eine urmythische Szenerie abbildet. Doch das Kamerabild ist kein inneres. Es ist ein äußeres und somit perspektivisch, einen bestimmten Ausschnitt ein- und den ganzen Rest ausschließend. Zudem ist es ein pluralistisch motiviertes Bild, von einem Bewusstsein, das die Natur und die Tiere nicht unbedingt als beseelt ansieht und dennoch um eine Verbindung weiß. Dadurch, dass die Auseinandersetzung auf die mythische Ebene gezogen wird, sollen mythische Reaktionen ausgelöst werden: Loyalität und Verbundenheit mit dem Lebendigen (mythisch) sollen zu Protest, Spenden und einer Veränderung der Zustände (pluralistisch) führen. Doch die Verbindung mit dem Mythischen birgt auch Risiken: Aus Walfängern und Naturschützern, die in der pluralistischen Wirklichkeit bloß eine andere Perspektive haben, werden in einer mythischen Polarität leicht Gegner, die dann unter Umständen als solche reagieren, so dass ein Boot auch mal harpuniert wird. Das begünstigt leider den Auftritt von Extremisten auf beiden Seiten.

Die zuneigende Haltung gegenüber einem Kosmos, der im Pluralistischen durchaus als materiell gedacht wird, weist auch auf ein sich subtil veränderndes Verhältnis zur Zeit hin. Die rationale Zukunft ist ein unvermeidliches Faktum. Und während das Faktum im Rationalen den Charakter von etwas Selbstverständlichem hat, wird die Situation im Pluralistischen komplizierter. Klar ist ihm wohl noch, *dass* es eine Zukunft geben wird, aber die Gewissheit, dass das automatisch eine gute sein würde, ist erschüttert. Hans Jonas warf in den 1970er Jahren Fragen auf, die sich aus einem pluralistischen Bewusstsein ergeben. Etwa ob die Zukunft eine menschliche und menschenwürdige sein solle. Jonas versuchte eine Ethik zu begründen, „die durch freiwillige Zügel seine Macht davor zurückhält, dem Menschen zum Unheil zu werden."[40] Dem „Prinzip Hoffnung", das meines Erachtens auf der prinzipiellen Unbegrenztheit rationaler Dimensionen fußt, stellte er das „Prinzip Verantwortung" gegenüber, das von der Begrenztheit von Systemen ausgeht. Solche Systeme können die Erde, die Menschheit, belebtes Leben oder andere sein.

Jonas überlegte sehr grundsätzlich, ob menschliches Leben sein solle oder nicht, ob der Mensch die Pflicht habe, das Überleben der eigenen Gattung zu sichern oder ob er es auch aufs Spiel setzen dürfe. Seine Überlegungen mündeten in eine „Pflicht zur Zukunft."[41] Aber nicht irgendeine Zukunft wird gefordert, sondern a) eine Zukunft der Menschen und b) eine Zukunft der Menschen in der Natur. Eine rein physikalische Zukunft als Zukunft des Universums mit oder ohne Menschen zu akzeptieren, ist für Jonas unmoralisch. Deshalb baute er eine Ethik der Verantwortung auf, die sich auf die nachhaltige Existenz des Menschen in der Natur ausrichtete.

Es ist bemerkenswert, dass Jonas zugestand, dass eine Existenzberechtigung oder eine Existenzpflicht des Menschen mit den akzeptierten Mitteln des rationalen Bewusstseins allein nicht begründet werden kann, weshalb letztlich ein Rückgriff auf Metaphysik unvermeidlich werde. So schrieb er: „Die Begründung einer solchen Ethik, die nicht mehr an den unmittelbar mitmenschlichen Bereich der Gleichzeitigen gebunden bleibt, muss in die Metaphysik reichen, aus der allein sich die Frage stellen lässt, warum überhaupt Menschen in der Welt sein sollen: warum also der unbedingte Imperativ gilt, ihre Existenz für die Zukunft zu sichern."[42]

In der Darstellung der Geschichte der Bewusstseinsformen bildet die Frage nach der Existenzberechtigung der Menschen ein trauriges Déjà-vu. Waren nicht auch die griechischen Götter verzweifelt ob dem Menschengeschlecht, das die Erde mit einer Überbevölkerung plagte? Wie gegen Ende der mythischen stellt sich gegen Ende der rationalen Epoche wieder die Frage nach der Daseinsberechtigung der Menschheit. Mit dem Unterschied, dass sich der Mensch heute selber auslöschen kann, während dies damals in der Hand der Götter lag. Diese haben sich letztlich mit einer Dezimierung der Menschheit in den Trojanischen und anderen Kriegen begnügt und von einer Auslöschung abgesehen. Hoffen wir, dass es an der gegenwärtigen Schwelle mindestens ebenso glimpflich ablaufen wird. Aus Sicht der Bewusstseinsformen schaffte damals die rationale Welterklärung Linderung von dem mythischen Weltschmerz. Ob heute das pluralistische Übergangsbewusstsein allein zu einer solchen Neubewertung führen oder ob diese erst mit dem integralen Bewusstsein erfolgen kann, lässt sich nur schwer einschätzen. Ich neige zu Letzterem, weil sich das Pluralistische dazu vermutlich nicht stark genug vom Rationalen unterscheidet.

2.6.4 Systemische Ganzheiten

Die Studie „Die Grenzen des Wachstums" des Club of Rome sprach 1972 erstmals für eine breitere Öffentlichkeit wahrnehmbar von den Grenzen der Belastbarkeit der Erde. Würde man eine Liste der Dinge aufstellen, die dem rationalen Bewusstsein zuwider sind, dann würde darauf der Begriff „Grenze" bestimmt weit oben stehen. Die rationale Grundkonzeption ist die einer *grenzenlosen* Welt aufgespannt durch den unendlichen Raum und den geöffneten Zeitstrahl. Die rationale Reaktion auf die Begrenztheit in einer Dimension besteht darin, die Grenze abzustreiten und, falls das nicht funktioniert, auf die Unbegrenztheit einer anderen Dimension auszuweichen. Als der Club of Rome auf die Endlichkeit der irdischen Ölvorkommen hinwies, wurde die Nachricht zunächst negiert, bis dies durch die Ölkrise 1973 unmöglich wurde. Danach wurde prompt auf andere Ressourcen verwiesen, mit deren Hilfe die Energieversorgung sichergestellt werden würde: Atomkraft, Biotreibstoffe, Sonnenenergie usw. Es ist meines Erachtens eine faszinierende Stärke des rationalen Menschen, dass er sich sogleich aufmacht, diese neuen Bereiche zu entwickeln, von denen er glaubt, dass sie Grenzen überwinden.

Der pluralistische Mensch geht anders an die Dinge heran. Mit dem Bericht des Club of Rome wurde über die *ganze Erde* nachgedacht. Damit näherte sich auch hier das pluralistische Denken wieder etwas dem mythischen an, das die *Mutter Erde* wie eine Person anspricht (beispielsweise in einer schamanischen Reise), sie um Unterstützung bittet und Unterstützung anbietet. Dergleichen kommt für das rationale Bewusstsein natürlich gar nicht infrage und ist auch für das pluralistische gewöhnungsbedürftig.

Das pluralistische Bewusstsein begünstigt aber *systemtheoretische* und *systemische* Ansätze. Dadurch, dass die Erde als ein System gefasst und studiert wird, kann sie gleichzeitig ein Ganzes darstellen, ein Teilsystem von etwas sein und selber Teilsysteme umfassen. Auf der Stufe „System Erde", stellt die Erde ein Ganzes dar, dem der pluralistische Mensch durchaus empathisch begegnen kann. Als Systemtheoretiker werden diese Forschenden kaum von der „Mutter Erde" sprechen, es sei denn metaphorisch, und sich auch nicht direkt mit ihr unterhalten wollen. Sie werden ihre perspektivische Distanz und ihre erkenntnistheoretischen Grundsätze, welche rational sind, beibehalten wollen. Doch ihre *Haltung* gegenüber dem „System Erde" verändert sich trotzdem. Als systemischem Ganzem können der Erde viel leichter bestimmte Eigenschaften zugeschrieben werden, wie etwa limitierte Ressourcen oder sogar Eigeninteressen. Und wer dieses systemische Ganze zudem als einen Organismus betrachten mag, wie es beispielsweise Hans Jonas tut, wer bereit ist, vom „Organismus Erde" zu sprechen, wird ihn noch einmal anders betrachten können. Die Abbildung unten zeigt unterschiedliche Zugangsweisen zu einer systemischen Einheit wie der „Erde":

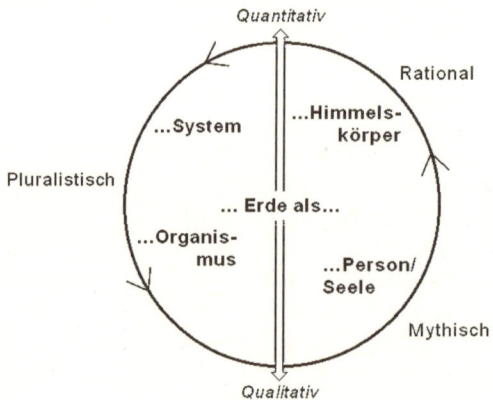

Abbildung 10 – Bild der Erde

Das pluralistische Bewusstsein hat eine materialistische Ontologie. Dennoch gewinnt es über die Hinwendung zum Qualitativen eine neue Nähe zum mythischen Bewusstsein. Das wurde in einigen Beispielen angesprochen. Bei den ethischen Betrachtungen von Hans Jonas, in den Bereichen von Ökologie und Naturschutz, aber vor allem auch im Entstehen empathischer Gemeinschaften. Was in dieser Hinsicht den Kern der Merry Pranksters ausmachte, war nicht die sich verändernde Liste der Leute, die mitmachten, sondern *the synch* und *Cosmic Control* zwischen ihnen. Dessen unsichtbare Bande bestimmten, ob jemand „on the bus" ist und nicht das Belegen eines Sitzes. Als sich auf der legendären Busreise einer der Pranksters beklagte, er sei beinahe zurückgelassen worden, soll ihm Ken Kesey dies erwidert haben: „Nun, du bist entweder auf dem Bus oder nicht. Wenn du auf dem Bus bist und zurück bleibst, wirst du ihn wieder finden. Wenn du aber sowieso nicht auf dem Bus bist – dann spielt es keine verdammte Rolle."[43] In dieser pluralistischen Konstellation tritt das Mitglied einer Gemeinschaft nicht mehr in seiner individuellen Großartigkeit auf, sondern in seinem Beitrag zum *Synch*. Wie in der mythischen Stammesgemeinschaft steht die Gemeinschaft über dem Individuum. Doch anders als in der Stammesgemeinschaft kann der pluralistische Bus jederzeit ohne das Mitglied abfahren, wenn es nicht mehr richtig dazu gehört.

2.6.5 Negative Aspekte: Kritiktaubheit, Prä-Post-Problematik (PPP)

Das pluralistische Bewusstsein hat mit seiner wendigen Lust am Perspektivenwechsel einen Hang zur Beliebigkeit. Die positiven pluralistischen Aspekte des teilnehmenden Wir-Gefühls und des Perspektivenwechsels kippen dann zuweilen in extremen Relativismus über. Jeder Perspektivenwechsel bedeutet stets auch einen Wechsel des Wertesystems und birgt die Gefahr eines unreflektierten Wertrelativismus, nach dem jede, jeder und alles „irgendwie" gut und richtig ist. Doch wer den Standpunkt allzu leicht wechselt, hat am Schluss vielleicht keinen mehr: *There is no view from nowhere.*

Der Tendenz zu übertriebenem Relativismus entspricht eine seltsame Kritiktaubheit, so als ob auch der eigene Standpunkt automatisch „irgendwie" gut wäre. Hier sind beispielsweise unerschütterliche Öko-Fundamentalisten gemeint oder auch extreme Vertreterinnen des Feminismus; Leute, die mit Vehemenz eine gute Sache vertreten, selber aber äußerst sensibel auf Kritik reagieren. Wir haben sicher alle schon erlebt, wie ein anregender Gedankenaustausch zu pluralistischen Themen wie Ökologie oder Feminismus entweder abrupt endete, weil eine Partei beleidigt war oder die Diskussion unvermittelt in Rechthaberei kippte. Das sind eigentlich harmlose Ereignisse, kaum eine Randnotiz, wenn sie nicht eine militante Verlängerung hätten. Denn woher stammt die Gewaltbereitschaft mancher Globalisierungskritiker, die ja oft von einer pluralistischen Warte aus argumentieren? Wie kommt es dazu, dass sich innerhalb der pluralistischen Naturschutzbewegung eine kleine, aber wirksame Minderheit als Ökoterroristen definiert? Wie war es möglich, dass die für eine pluralistische Gesellschaft kämpfenden Mitglieder der Roten Armee Fraktion (RAF) im Deutschland der 1970er und 1980er Jahre derart martialisch und skrupellos vorgehen konnten? Wie kann es sein, dass junge Menschen aus mittlerer und gehobener Stellung und mit hervorragender Bildung, die pluralistisch argumentieren, so dass man eigentlich ein teilnehmendes Wir-Gefühl erwarten würde, zum Molotow-Cocktail, zur Brandbombe und zum Maschinengewehr greifen und diese auch einsetzen? Das sind ja nicht Befreiungskämpfe wie beispielsweise in Nordirland oder im Baskenland, an deren Ursprung ein missverstandenes mythisches Stammesdenken steht. Pluralistische Gewaltbereitschaft hat eine andere Struktur.

Um diese Struktur zu verstehen, können wir auf ein Modell zurückgreifen, das der Psychologe Lawrence Kohlberg in der 1950er Jahren im Bereich der Moralentwicklung vorgeschlagen hat und das sich sehr schön übertragen lässt. Nach Kohlberg durchläuft der Mensch Stadien präkonventioneller, konventioneller und postkonventioneller Moral. Im präkonventionellen Stadion befinden sich die meisten Kinder unter neun Jahren, denen es um Lust-Schmerz-Orientierung oder einfache Kosten-Nutzen-Optimierung geht. Im konventionellen Stadium befinden sich Jugendliche und die meisten Erwachsenen, die moralische Entscheidungen aufgrund gegenseitiger interpersoneller Erwartungen oder entsprechend ihrem sozialen System fällen. Und schließlich finden sich im postkonventionellen Stadium einige Erwachsene, die ihre moralischen Entscheidungen an komplexen und universellen ethischen Prinzipien orientieren. Kohlberg fiel nun auf, dass Menschen im prä- und im postkonventionellen Stadium oft dieselbe Entscheidung treffen. Weil dies aber auf einer völlig unterschiedlichen Grundlage geschieht, dürfen die Menschen beider Gruppen nicht in denselben Topf geworfen werden. Tut man das trotzdem, begeht man eine „pre/post fallacy", ein Prä-Post-Fehlurteil.

Ken Wilber beschreibt ein Beispiel[44] von Carol Gilligan, einer Schülerin von Kohlberg, die präkonventionellen, konventionellen und postkonventionellen Frauen die Fragen stellte: „Hat eine Frau ein Recht auf Abtreibung?" Und sie erhielt diese Antworten: Ja, Nein und Ja. Das präkonventionelle Ja könnte etwa so begründet gewesen sein: „Ja, sie hat ein Recht auf Abtreibung, weil ich es halt so sage." Ein konventionelles Nein könnte mit dieser Begründung erfolgen: „Nein, sie hat kein Recht auf Abtreibung, weil das Gesetz/die Bibel/die Gesellschaft das verbietet." Und ein postkonventionelles Ja könnte nun wieder so begründet werden: „Ja, unter gewissen Umständen könnte es angezeigt sein, das kleinere Übel zu wählen." Interessanterweise glauben viele präkonventionelle Menschen von sich selber, dass sie ihre Entscheidung auf postkonventioneller Grundlage fällten!

Kohlbergs Unterscheidung betrifft die Moralentwicklung der einzelnen Menschen. Wilber wendet sie auf Stufen des Bewusstseins, d.h. der persönlichen spirituellen Entwicklung an. Im erweiterten Modell von Wirklichkeiten entspricht das konventionelle Stadium zwanglos der rationalen, das postkonventionelle Stadium entspricht der pluralistischen und das präkonventionelle der mythischen Bewusstseinsform. Mit dem Wirksamwerden der pluralistischen Bewusstseinsform ergeben sich vielfältige Prä-Post-Phänomene, die je nachdem eigentliche Prä-Post-*Probleme* sind (PPP kann für beides stehen).

Ein derartiges Prä-Post-Phänomen ist die grundsätzliche Affinität des pluralistischen mit dem mythischen Bewusstsein, die sich aus der teilnehmenden Haltung beider ergibt. Oben wurde gezeigt, wie sich die pluralistische Sichtweise einer Erde als Organismus und die mythische als Mutter Erde annähern, ohne dass sich die Unterschiede aufheben würden. Die Kombination positiver Elemente aus unterschiedlichen Bewusstseinsformen ist selten problematisch und in der Regel sogar erwünscht, weil dadurch ein umfassenderer Weltzugang und eine ganzheitlichere Selbstdefinition möglich werden. Die Prä-Post-Affinität von Pluralistischem und Mythischem begünstigt aber auch den Import negativer Elemente. Das gilt insbesondere, wenn eine Person ein Hauptbewusstsein noch unvollständig erworben hat. Bei pluralistischen Menschen, die ja an einem noch jungen Menschheitsbewusstsein partizipieren, trifft dies öfter zu.

In der Regel ist ein Mensch nicht homogen von einer bestimmten Bewusstseinsform beeinflusst: Weiter unten (S. 187) werden deshalb mehrere „Lebensaspekte" unterschieden. Kognitiv, als intellektueller Mensch, mag jemand pluralistisch sein. Das sagt dann aber noch nichts aus über andere Lebensaspekte: der moralische, die Handlungsebene und so fort. Weil in der individuellen Persönlichkeitsentwicklung der kognitive Bereich vorangeht, kann es ohne weiteres so sein, dass ein Mensch intellektuell pluralistisch ist, die Dinge systemisch sieht, die Solidaritäten erkennt, eine pluralistische Empathie entwickelt, dabei in seinen Handlungsaspekten aber mythisch oder magisch ist. Seine Empathie gilt dann eher einer Idee als den Wesen. Ein solcherart unausgewogener Tierschützer setzt sich dann eher für die Idee eines Tierschutzes ein als für die Tiere; eine in diesem Sinne heterogene Globalisierungskritikerin engagiert sich dann eher für das Konzept von Verteilungsgerechtigkeit als für die Menschen; ein ebensolcher politischer Terrorist kämpft dann eher für das Konzept einer gerechten Gesellschaft als dass er sich um gerechte Vorgehensweisen bemüht.

Aus Sicht der Bewusstseinsformen liegt die irritierende Gewaltbereitschaft von RAF-Mitgliedern, Ökoterroristen oder anderen Extremisten meines Erachtens oft in einem heterogenen Bewusstseinsprofil, wenn einzelne Lebensaspekte auf postrationaler und anderen auf prärationaler Stufe sind. Das ist eine Prä-Post-Problematik mit beträchtlicher Fallhöhe. Bei Menschen, die nach der Maxime *fiat justitia, pereat mundus* („Gerechtigkeit geschehe und möge die Welt dabei untergehen") agieren, dürfte es erhellend sein zu überprüfen, ob sie nicht in einer Prä-Post-Problematik gefangen sind und beispielsweise im kognitiven Lebensaspekt pluralistisch argumentieren und auf Handlungsebene magisch agieren. Hier sei aber noch einmal darauf hingewiesen, dass keine Bewusstseinsform *per se* gewalttätiger oder friedvoller ist als andere.

In seiner Gesamtheit ist das pluralistische Bewusstsein charakterisiert durch lebhafte Perspektivwechsel, systemische Empathie und verbindende Toleranz. Es ist teilnehmend, wo das rationale auftürmend, das mythische ausgleichend und das magische Wirkungen auslösend ist. Dadurch bringt es vermehrt qualitative Aspekte ins Spiel. Wenn das rationale Bewusstsein eines Korrektivs bedarf, dann ist das pluralistische genau richtig dafür.

2.7 Integrales Bewusstsein

Mit der archaischen, magischen, mythischen, rationalen, transzendenten und pluralistischen Bewusstseinsform ist nun also die historische Gegenwart erreicht. Noch während das pluralistische Bewusstsein das rationale abrundet, macht sich bereits das integrale bemerkbar. Wie jede Mutation erfolgt auch diese in einem Umfeld, das geprägt ist von Verunsicherung und Übertreibungen. Die integralen Spuren sind noch sehr fein und im Bestreben, sie aufzuspüren kann man sich leicht von Fantasie und Wunschvorstellungen verleiten lassen. Künftige Generationen werden aber zweifellos über veränderte Bewusstseinsgrundlagen und -möglichkeiten verfügen; es gibt keinen Grund zu glauben, dass sich das Bewusstsein nicht weiter verändern würde und damit der menschliche Zugang zur Welt und somit die Art, Wirklichkeit zu erzeugen.

Der Begriff „integral" hat etwas Abschließendes, und so wird er von den beiden großen Autoren des integralen Bewusstseins und der integralen Spiritualität, Jean Gebser und Ken Wilber, auch verstanden. Ich sehe selber keine Anzeichen, dass wir vor einer wie auch immer gelagerten Vollendung stehen würden. Weder als Menschheit noch als einzelne Menschen. Weder optimistisch als Erlösung noch pessimistisch als Apokalypse. Ich verstehe den Begriff „integral" somit nicht abschließend, sondern einfach als die nächste Etappe in der Geschichte der Bewusstseinsentwicklung des Menschen und aller anderen Wesenheiten. Wie eine übernächste Etappe aussehen könnte, entzieht sich mir völlig. Unterscheidungen zwischen integral und indigo mögen für die persönliche spirituelle Entwicklung einzelner Menschen interessante Aspekte aufzeigen, im Zusammenhang mit der Bewusstseinsentwicklung der Menschheit oder zumindest der westlichen Kultur kann ich mir nicht vorstellen, wie subtile Unterscheidungen zwischen integral und indigo prospektiv erfasst werden sollten.

Für mich ist die integrale Bewusstseinsform diejenige, die sich mit dem Integrieren der früheren Bewusstseinsformen Bahn zu brechen vermag. Dann aber ist sie als *integrale* deutlich mehr als die Summe der *integrierten* Teile und wird einige starke Gewohnheiten radikal infrage stellen. Dies betrifft insbesondere die Rolle des Selbst im Kosmos, die Konzeptionen von Zeit, die Haltung gegenüber Materie im Raum sowie die Möglichkeiten, Wirkungen zu erzeugen.

2.7.1 Evolutionäres Universum

Mit Darwin wird die Gattung Mensch zum Objekt von Geschichte. Auch das Menschsein unterliegt einem Wandel. Das war damals ein völlig neuer und empörender Gedanke. Und nicht nur der Mensch, sondern auch die Erde, das System, innerhalb dessen sich die Menschheitsgeschichte abspielt verändert sich dauernd. Die Idee, dass sich die grundlegendsten Elemente unseres Weltverständnisses verändern könnten, ist erstaunlich jung. Erst im 19. Jahrhundert begann man, sich über die „geistige Entwicklung des Menschengeschlechts" (Wilhelm von Humboldt) Gedanken zu machen. 1859 publizierte Charles Darwin sein Werk über „Die Entstehung der Arten". In der Geologie ist die Idee, dass sich die Erdkruste bewegen könnte, erst nach den 1960er (!) Jahren allgemein akzeptiert worden.

Wenn also in der Schlussphase des rationalen Bewusstseins derartige Fixismen nach heftigem Widerstand überwunden werden, so mag man sich fragen, wohin das führen wird, wenn mit dem pluralistischen und dem integralen Bewusstsein viel flexiblere Weltzugänge möglich werden. Ich denke es wird allmählich das Konzept eines evolutionären Universums selbstverständlich werden, nach dem selbst das Universum und seine universellen Grundlagen nicht mehr als unveränderlich gedacht werden.

Eine Evolution des Universums kann auf verschiedene Arten gefasst werden:

(1) *Die Theorien und Beschreibungen des Universums verändern sich mit dem Fortschritt der Forschung.* Demnach sind die Naturgesetze und Naturkonstanten seit dem Urknall fest. Wenn sich die Theorien über das Universum ändern, dann deshalb, weil es besser verstanden wird und neue Aspekte entdeckt oder neue Modelle entwickelt werden, die das gegebene Universum besser abbilden. Das ist der gegenwärtige Standpunkt der Naturwissenschaften (vielleicht mit Ausnahme der Teilchenphysik, der das fixierte Universum immer wieder entgleitet) und es ist auch das Alltagsverständnis des aufgeklärten Menschen. Weil rationales Bewusstsein die Mathematik als ewig denkt, denkt es auch das Universum als ewig und umgekehrt. Ewig heißt hier: unveränderlich zwischen Big Bang und Big Crunch.

(2) *Unser fundamentales Verhältnis gegenüber dem Universum verändert sich.* Davon handelt der erste Teil dieses Buch von der archaischen bis zur integralen Bewusstseinsform. Die unterschiedlichen Bewusstseinsformen bieten unterschiedliche Zugangsweisen zur Welt und eröffnen dadurch unterschiedliche Wirklichkeiten. Im Gegensatz zu (1) wird dabei kein Fortschrittsgedanke formuliert. Der rationale Wirklichkeitszugang ist nicht besser als der mythische und der mythische wird mit den Entdeckungen des rationalen nicht überflüssig. Die Evolution der Bewusstseinsformen ist in diesem Sinne keine Verbesserung, sondern einfach eine Veränderung. Sie ist auch nicht in jedem Fall eine Ausweitung der Möglichkeiten. Erst ihre Integration führt zu einer Erweiterung. Doch Integration liegt im freien Ermessen jedes einzelnen Menschen und ist kein zwingendes Element einer Bewusstseinsform.

(3) *Die Naturgesetze ändern sich mit den Veränderungen des Universums selber.* Schon gegen Ende des 19. Jahrhunderts hat der Philosoph William James auf das letztlich Unvermeidliche hingewiesen: „Wenn man die Evolutionstheorie wirklich ernst nimmt, sollte man sie nicht nur auf Gesteinsschichten, Tiere und Pflanzen anwenden, sondern auch auf die Sterne, die chemischen Elemente und die Naturgesetze."[45] Damit regte James an, auch das „System der Systeme" als evolutionär zu denken. Das ist nun die Sichtweise des integralen Bewusstseins, wie es in diesem Buch vorgestellt wird. Demnach wird das Universum selber verändert durch

marginale Veränderungen, die seine „Bewohner" bewirken. Diese Bewohner werden dadurch auch zu Schöpfern des Universums (nicht nur zu Schöpfern der Beschreibungen des Universums).

Man kann die Widerstände gegen eine Überwindung der diversen Fixismen psychologisch deuten und als Angst vor großen Kränkungen der Menschheit betrachten. Aus Sicht der Bewusstseinsformen werfen sie darüber hinaus auch ein Licht auf das, was in einer bestimmten Bewusstseinsform verstehbar sein kann und was nicht. Gerade das rationale Bewusstsein hat eine beharrliche Resistenz dagegen, seine Variante von etwas Ewigem, von einer Instanz, die nicht mehr dem Wandel unterliegen müsse, aufzugeben. Bei Aristoteles war der „unbewegte Beweger" als denknotwendiges letztes Paradoxon dieses Ewige. Die moderne Rationalität verankert es schließlich in der Mathematik der Naturgesetze und Naturkonstanten. Nach der Urknall-Theorie sind diese in der unglaublich kurzen Planck-Zeit von 10^{-43} Sekunden nach dem Urknall entstanden und seither bestehen sie unveränderlich fort. Seit diesem Zeitpunkt entwickelt sich das Universum gemäß diesen Gesetzen und der rationale Forscher entdeckt und entschlüsselt immer mehr davon. Stets ist für den rationalen Forscher aber klar, dass das Universum mit seinen fundamentalen Mechanismen „gegeben" ist und sich alle Evolution innerhalb dieses Rahmens abspielt. Das rationale Bewusstsein verteidigt sich also mit der Idee einer ewigen Mathematik und Physik gegen die Idee eines evolutionären Universums. Ihm ist die Idee eines evolutionären Universums nicht wirklich zugänglich. Das Grundproblem des Ewigen und Absoluten bleibt aber logisch unlösbar und wird mit Formeln wie der des „unbewegten Bewegers" oder mit der Metapher des „Urknalls" auf eine ästhetische Ebene verschoben.

In der mythischen Bewusstseinsform ist der stete Wandel im Kosmos eine Grundcharakteristik, die kaum hinterfragt wird und im Grund auch nicht hinterfragt werden kann. Ihm sind Fragen von absolutem Anfang und absolutem Ende nicht wichtig. Das mythische Bewusstsein steht der Idee eines evolutionären Universums deshalb ziemlich indifferent gegenüber. In mythischer Polarität wandelt sich das Äußerste sowieso zum Innersten und umgekehrt und so weiter.

In der Wirklichkeit der integralen Bewusstseinsform dürfte es keine Mühe mehr machen zu akzeptieren, dass sich der gesamte Kosmos fundamental verändert. Es wird dann möglich, zu denken, dass der rationale Mensch auch Zusammenhänge entdecken wird, die er selber angelegt hat. Damit sind aber nicht seine materiellen oder immateriellen Erzeugnisse gemeint; es geht nicht um die Entdeckung einer Venusfigur, die in Urzeiten von einem unbekannten Menschen geschaffen wurde. Es geht vielmehr um den Gedanken, dass sich das Universum unter Umständen an Gesetze *hält*, die der Mensch aufgestellt hat, einfach deshalb, *weil* er sie aufgestellt hat und sie eine gewisse Wirksamkeit erreicht haben.

In der Wirklichkeit der integralen Bewusstseinsform sind die Rollen von Schöpfer und Geschöpfen, von Schaffenden und Geschaffenen nicht mehr eindeutig getrennt. Das System der Systeme kann evolutionär werden, weil die integrale Systematik nicht mehr hierarchisch gedacht zu werden braucht. Es gibt darin kein „äußerstes" oder „oberstes" System mehr. Auch das Geschaffene schafft das Schaffende.

2.7.2 Kopräsenz, Achronien, Déjà-vécus

Im integralen Bewusstsein geraten auch extrem starke rationale Fixismen wie Zeit, Materie oder das Ich in Bewegung. Einstein hat bereits einige Zeit-Fixismen überwunden, insbesondere die Vorstellung der Zeit als geradem Zeitstrahl. Die Einsteinsche Zeit kann nun immerhin gekrümmt gedacht werden, aber sie bleibt dabei linear und gerichtet. Doch wie wird es hundert Jahre nach Einstein mit dem Zeitkonzept weiter gehen? – Carlo Rovelli, Physik-Professor an der Universität Marseille, hält die Zeit für ein Truggebilde: „Auch wenn ich es nicht beweisen kann, bin ich überzeugt, dass Zeit nicht existiert. Ich glaube, dass es eine Möglichkeit gibt, das Funktionieren der Natur zu beschreiben, ohne die Begriffe Zeit und Raum zu benutzen."[46] Der Philosoph Thomas Metzinger vermutet, dass „andere bewusste Wesen in anderen Teilen des Universums [...] vielleicht vollständig andere Formen des Zeiterlebens entwickelt"[47] haben. Auch Aristoteles klassierte die Zeit nicht als etwas Seiendes, wie einen Gegenstand, sondern als etwas vom Bewusstsein Geschaffenes, denn „es ist unmöglich, dass es Zeit gibt, wenn es Bewusstsein davon nicht gibt."[48] Aristoteles fasste die Zeit also nicht als ein beobachtbares Phänomen auf, sondern als das Produkt eines Bewusstseins.

Angesichts der Tatsache, dass sich die Zeiterfahrung mit den bisherigen Bewusstseinsformen jeweils massiv verändert hat, scheint es doch sehr wahrscheinlich, dass sie sich weiter verändern wird. Die integrale Bewusstseinsform hält neue Formen bewusster Zeiterfahrungen bereit.

Dabei mag es nützlich sein, die Rolle der Bewusstseinsformen noch einmal kurz hervorzuheben. Mir geht es nicht um eine Definition von physikalischer Zeit oder von psychologischem Zeitempfinden, von denen wir wissen, dass sie stark divergieren können: eine gemessene kurze Zeitspanne kann als unendlich lang empfunden werden und umgekehrt. Es geht hier um die Frage, welche Form von Zeitbewusstsein eine Bewusstseinsform als zutiefst plausibel darstellt. Die Hypothese lautet nun dahin gehend, dass im integralen Bewusstsein Zeitformen plausibel sein werden, die wir heute als unmöglich erachten oder doch zumindest als sehr irritierend, wenn nicht pathologisch, empfinden würden.

So soll hier nach „Achronien", neuartigen Zeitphänomenen, Ausschau gehalten werden, die im integralen Bewusstsein eine Rolle spielen könnten. Könnte es sein, dass die bewusst erlebte Zeit ihre Richtung wechselt (Retrochronie) oder sogar in beide Richtungen läuft (Bichronie)? Ist es für ein neues Bewusstsein denkbar, dass die bewusste Zeit zerstückelt wird und die Chronologie von Ereignissen nicht mehr als Sequenz erfahren wird (Heterochronie)? Bietet eine neue Bewusstseinsform die Möglichkeit, dass die bewusste Zeit selber mehrdimensional wird und in mehreren Dimensionen wahrgenommen werden könnte (Multichronie)?

Auf jeden Fall kann schon einmal festgestellt werden, dass gerade in diesen Jahren das Angebot an Kinofilmen und TV-Serien, die achronische Zeitphänomene durchspielen, beinahe überquillt. Next (2007), Inception (2010) oder die Fernsehserie Lost (seit 2004) mögen hier als Beispiele unter vielen dienen, in denen Phänomene von sprunghaftem Erleben zeitlicher Abläufe dargestellt werden.

Auch in der Malerei der klassischen Moderne gibt es zahlreiche Werke, die sich mit achronischen Effekten beschäftigen. Angeregt durch die Chronofotografien in der damaligen Frühzeit der Filmkunst setzte sich Marcel Duchamp mit der Sequenzierung von Bewegungen auseinander. In *Nu descendant un Escalier* (1912) überlagerte er Körperpositionen beim Herabschreiten über eine Treppe zu unterschiedlichen Zeitpunkten.

Abbildung 11 – Nu descendant un Escalier, Marcel Duchamp 1912

War es der Renaissance-Malerei vordringlich um das Problem gegangen, dreidimensionale Gegebenheiten in geeigneter Weise auf eine zweidimensionale Leinwand zu übertragen, so bestand die Herausforderung nun darin, mehrere Zeitpunkte der vierten Dimension auf ein einziges Bild zu bringen. Picasso zeigte Gesichter aus mehreren Perspektiven und vereinigte Farbgebung und Schattenwurf zu verschiedenen Tageszeiten auf ein und demselben Bild. Veränderungen des Blick- und des Zeitpunktes sind dabei gleichwertig, denn ob man sich die räumliche Bewegung oder den zeitlichen Ablauf beim Verändern des Blickpunktes vergegenwärtigt, ist in einem relativistischen Raum-Zeit-Kontinuum unerheblich.

Einerseits sind diese Arbeiten also frühe Äußerungen eines pluralistischen Bewusstseins, das mehrere Perspektiven einsichtig macht. Doch darüber hinaus verweisen sie meines Erachtens bereits auch auf das integrale Bewusstsein, indem sie die Frage aufwerfen, wie es wohl aussieht, wenn man sich ein Gesicht *gleichzeitig* aus mehreren Blickwinkeln oder eine Landschaft *gleichzeitig* zu verschiedenen Tageszeiten bewusst macht. Die integrale Bewusstseinsform dürfte nun aber genau diese *Kopräsenz* mehrerer Perspektiven erlauben, welche nichts anderes ist als die Kopräsenz mehrerer Zeitpunkte an einen Raumpunkt.

Es ist klar, dass ein Bewusstsein, das dies *wirklich* – und nicht nur scheinbar, wie in den erwähnten Kunstwerken – erreicht, eine gewaltige Intensivierung des Erlebens erzeugt. Und es stellt sich dabei sogleich die Frage, inwieweit eine solche Kopräsenz (gleichzeitige Präsenz mehrerer Perspektiven im Bewusstsein eines Subjekts) pathologisch ist, denn strukturell ist die Kopräsenz mehrerer Perspektiven ja nichts anderes als die Aufteilung eines beobachtenden Selbsts. Wenn ich ein fremdes Gesicht von zwei Seiten *gleichzeitig* betrachte, dann muss mein Standpunkt ja tatsächlich geteilt sein. Das ist eine schizoide Situation, die natürlich auch krankhaft sein kann.

Mitentscheidend für eine gesunde Kopräsenz oder eine gesunde Aufteilung des Selbst ist aber auch das Selbst-Verständnis, das sich mit dem integralen Bewusstsein ebenfalls verändert. Wie im Kapitel *Selbstzentrierung und Loyalitätsbezüge* dargestellt wird, nimmt die Ich-Fokussierung des integralen Selbsts ab, womit auch die Gefahr eines pathologischen Splits abnimmt. Im integralen Bewusstsein erwächst bezüglich Selbstzentrierung und Selbstaufteilung eine ähnliche Situation wie im mythischen (wieder eines der vielen Prä-Post-Phänomene): das Selbst ist eine „weiche Einheit" und die Gefahr eines pathologischen Selbstverlustes ist kleiner als für eine krankhafte Spaltung des scharf umgrenzten rationalen Ichs. Schamaninnen und Schamanen praktizieren seit Jahrtausenden die „Verdoppelung" ihres Selbsts und die gesunde Reintegration dieser Subselbste. Ihre Techniken bieten einen reichen Erfahrungsschatz, um sich auf integrale Phänomene vorzubereiten.

Die Paradeform eines heterochronischen Zeitphänomens, bei dem die eigene Geschichte vom Bewusstsein nicht als kontinuierlich wahrgenommen wird, ist das *Déjà-vécu*. Stellen sie sich vor, sie wachen eines Morgens auf und merken, dass sie diesen Tag schon einmal erlebt haben. Als rationaler Mensch würden sie das Erlebnis vermutlich pathologisieren und sich in der Psychiatrie melden. Oder vielleicht würden sie zu sich sagen, sie hätten bloss ein Déjà-vu; eine unbewusste Assoziation würde Erinnerungen so verwischen und vermischen, dass es *scheint*, sie hätten die Situation schon einmal erlebt. Stellen sie sich nun vor, sie merken in einem integralen Flash, dass sie den Tag *tatsächlich* schon gelebt haben. Sie überlegen: Was nun? Wird der Tag übersprungen, weil er ja bereits gelebt ist, oder leben sie den Tag ein zweites Mal? Und wenn sie ihn ein zweites Mal leben, leben sie ihn dann genau gleich oder anders? Stellt das Déjà-vécu eine zweite Chance bereit, um etwas besser zu machen oder sind sie dazu verdammt, dasselbe noch einmal zu erleben? Dies sind logische und psychologische Fragen, die sich einem reiferen integralen Bewusstsein stellen werden. Das Déjà-vécu bezeichnet eine kurze oder längere Lebensphase, die bereits gelebt ist, aber nicht in der Vergangenheit liegt.

Mythisch fundierte Déjà-vécus gründen auf Zyklizität und Bedeutungshaftigkeit. Sie sind ein Fluch, wenn sie die Protagonisten in einer Zeitschleife gefangen halten, wie etwa im Film *Und täglich grüßt das Murmeltier* (2002), als Bill Murray den gleichen Tag in Varianten immer und immer wieder erleben muss. Sie sind ein Segen, wenn sie schließlich zu einem Ende führen und die Protagonisten den Zyklus verlassen können, wie in demselben Film, der schließlich ein Happy End hat. Die Bedeutungshaftigkeit besteht in der seelischen Entwicklung, die im Zyklus stattfindet. Oder nicht.

Den meisten von uns ist eine vor-integrale Variante dieses Déjà-vécus als psychologische „Wiederholungsfalle" bestens bekannt. Oft aus eigener Erfahrung. Das betrifft etwa die Frau, die sich immer wieder in denselben Typ Mann verliebt, obschon sie längst weiß, dass er nicht gut für sie ist. Oder es betrifft den Mann, der sich immer wieder auf ein neues Projekt stürzt, obwohl ihm schon lange klar ist, dass er sich auch diesmal wieder übernehmen wird. Hier wiederholt sich der Zyklus aber nicht als echtes integrales Déjà-vécu, sondern als Sequenz auf einer Zeitachse, bis die innere Ursache überwunden ist.

Rational fundierte Déjà-vécus haben einen eher ökonomischen Charakter. Die bereits gelebte Phase, das Déjà-vécu also, kann in diesem Fall von einem integralen Bewusstsein „einfach" integriert werden. Das heißt: als bereits gelebte Phase bewusst gemacht und der Erinnerung und dem Vergessen anheimgestellt werden. So könnte es einem wahrhaft integralen Menschen geschehen, dass er eines Tages an einen Punkt kommt, an dem er einer Lebenskatastrophe gewahr wird, die auf der Lebenslinie in der unmittelbaren Zukunft liegt, die er aber bereits gelebt hat. Nun kann er sie „überspringen". Er muss nicht mehr alles durchleben, sondern er kann das bereits Gelebte, die Schmerzen, die Hoffnungen, die Handlungen, die Misserfolge und die Konsequenzen in sein Bewusstsein integrieren. Es könnte natürlich auch sein, dass ein Mensch sich eines Morgens bewusst wird, dass er die Steuererklärung, die er sich am Vorabend vorgenommen hat, bereits ausgefüllt hat und dass er die Arbeit nun bequem integrieren kann ohne sie noch einmal erledigen zu müssen. Von derartigen Déjà-vécus träumen wir alle.

Es gibt vor-integrale Ausprägungen, welche bereits heute einen feinen Hinweis darauf geben, dass Déjà-vécus tatsächlich möglich sein können. Dazu gehören die kleinen alltäglichen Dinge, die wir unbewusst tun: das beiläufige Aufschließen der Haustüre oder das automatisierte Schalten in den nächsten Gang beim Autofahren. Auch diese Handlungen sind immer schon vollzogen, was das Bewusstsein betrifft. Wir empfinden sie nicht als „vor uns liegend", einfach deshalb, weil sie dem Bewusstsein nicht wichtig genug sind, um in einen bewussten zeitlichen Ablauf gebracht zu werden. Oft ist nicht einmal das handlungsauslösende Moment (die „Entscheidung") wichtig genug, um ins Bewusstsein zu gelangen. Es sind *Low Interest*-Handlungen, bei denen es unser Bewusstsein nicht für nötig erachtet, eine bewusste zeitliche Ordnung festzulegen. Und so ist das Déjà-vécu nichts anderes als eine Ausweitung dieser Fähigkeit unseres Bewusstseins, gewisse Erlebensmomente nicht in eine bewusste zeitliche Reihenfolge zu bringen. In Déjà-vécus werden auch *High Interest*-Situationen vom integralen Bewusstsein nicht oder erst nachträglich in eine zeitliche Sequenz gebracht.

Gemälde, Romane und Filme zeigen, dass Geschichten nicht unbedingt linear *erzählt* werden müssen. Ein Ausblick auf das integrale Bewusstsein zeigt darüber hinaus, dass Sequenzen vom Bewusstsein nicht unbedingt linear *erlebt* werden müssen. Es ist klar, dass die rationale Bewusstseinsform in diesem Punkt eine äußerst starke Vorgabe macht und mit integralen Achronien nicht umgehen kann. Sie verweist entsprechende Szenarien in den Bereich der Fantasie. Fantasie ist neben dem Unbewussten und dem Zufall einer der großen Töpfe, in den das rationale Bewusstsein all das entsorgt, das sich ihm nicht erschließt. Ein Ausblick auf das Integrale darf sich damit aber nicht begnügen und muss die Möglichkeiten ernstnehmen.

2.7.3 Überkreuzungslogik

Wer sich mit dem integralen Bewusstsein beschäftigt, sucht bald auch nach Spuren neuer Logiken, die mit integralen Bewusstseinsphänomenen umgehen können. Gebser hat sich mit „paradoxalem Denken" befasst und führt einen schönen Satz von Blaise Pascal an, der diese Stoßrichtung verdeutlicht. Pascal schreibt in den *Pensées*: „Du würdest mich nicht suchen, wenn du mich nicht gefunden hättest."[49] Gebser interpretiert diese Aussage perspektivisch-geometrisch und konstatiert ein Vertauschen von Vergangenem und Zukünftigem sowie von Ursache und Verursachtem. Dadurch – so Gebser – erhält etwas durch Spiegelung über den Kreuzungspunkt hinaus einen Sinn, den er im rational analysierten Satz nicht haben kann. Die Spannung, die in der Aussage liegt, kann im integralen Bewusstsein aufgelöst werden, nicht jedoch in der rationalen.

Ein analoges Beispiel ist die Aussage: „Es würde niemand Feuer machen, wenn es keinen Rauch gegeben hätte."

Offensichtlich hängen suchen und finden bei Pascal, Feuer und Rauch, die Zeitpunkte A und B so zusammen, dass A in der rationalen Wirklichkeit B vorausgeht. Wenn A zu Zeitpunkt t_1 und B zu Zeitpunkt t_2 geschieht, dann gilt: $t_1 < t_2$.

In rationaler Logik gilt:

t_1	<	t_2
A	vor	B
suchen	kausal vor	finden
Feuer	kausal vor	Rauch

Mit Gebsers paradoxaler Logik entsteht zunächst eine Umkehrung:

t_2	<	t_1
B	vor	A
finden	erfolgt vor	suchen
Rauch	erfolgt vor	Feuer

An der strukturellen Oberfläche werden hier Haupt- und Nebensatz (A und B) sowie das übliche Vorher und Nachher (t_1 und t_2) vertauscht und es resultiert eine wahrhaft paradoxe Aussage:

„Weil jemand Feuer gemacht hat, gibt es Rauch."

„Wenn es keinen Rauch gegeben hätte, würde niemand Feuer machen."

Das ist bereits eine *Überkreuzungslogik*, aber nur in zeitlicher Hinsicht. Sie ist noch unvollständig, weil sie die physikalische Kausalität als einzigen Wirkmechanismus beibehält. Es ist ja auch denkbar, den Wirkmechanismus zu vertauschen und die zeitliche Abfolge stehen zu lassen, so dass t_2 weiterhin nach t_1 liegt.

Mit integraler Überkreuzungslogik entsteht dann:

t_2	>	t_1
B	nach	A
finden	bedingt	suchen
Rauch	bedingt	Feuer

Diese *integrale Überkreuzungslogik* lässt nun also einen logischen Schluss von etwas Zukünftigem auf etwas Gegenwärtiges zu, indem die Konklusion die Bedingung aktiviert.

„Weil jemand Feuer gemacht hat, gibt es Rauch."

„Weil es Rauch geben wird, muss Feuer sein."

In dieser Struktur *verlangt* der Rauch nach dem Feuer. Das bereits realisierte Déjà-vécu verlangt, dass die Bedingungen, die zum ihm führen, konkretisiert werden.

Hier wird aber nicht einfach die Zeit umgedreht, ein Film rückwärts abgespult und die Kausalität negiert. Denn jedem vernünftigen Menschen ist klar, dass aus Rauch physikalisch-kausal kein Feuer wird. Es wird vielmehr ein Bewusstsein skizziert, das sich der Welt viel aktiver nähert als das rationale in seiner Beobachterperspektive. Statt sich von den physikalischen „Gesetzen" vom Zeitpunkt t_1 zum Zeitpunkt t_2 treiben zu lassen und das Erlebte mehr oder weniger passiv zu dokumentieren, greift integrales Bewusstsein in die Bedingungen eines bestimmten Zeitpunktes ein. Ein Bewusstsein, das für Überkreuzungslogik in einer gewissen Intensität offen ist, kann sich von der physikalischen Zeit als zwingender Grundlage für das Erzeugen von Wirklichkeit lösen.

Dieses Bewusstsein ist dann zugänglich für achronisch-bewusstes Erleben. Beispielsweise in der Form von Retrochronie, in dem es bestimmte Sequenzen auch als von der Zukunft in die Vergangenheit reichend *erlebt*, wie hier den Zusammenhang von Rauch und Feuer. Die Bedingtheit des Feuers durch Rauch (dass der Rauch der Zukunft ein Feuer in der Vergangenheit *fordert*) ist für die bewusste Aufbereitung dieser narrativen Sequenz wichtiger als die Zeitlichkeit der Abläufe. Das integrale Bewusstsein kann sich seine Bewusstseinskontinuität auch entlang dieser Bedingtheit aufbauen, statt wie gewohnt entlang der Zeitachse.

Erst für ein solches Bewusstsein dürfte ein Satz von Arthur Eddington, einem Astrophysiker und einem der versiertesten Interpreten von Einsteins Arbeiten, seine volle Bedeutung entfalten. Der Satz lautet: „Die Ereignisse kommen nicht; sie sind da, und wir begegnen ihnen auf unserem Wege. Die ‚Formalität' des Stattfindens ist ganz einfach der Hinweis, dass der Beobachter an dem in Frage stehenden Ereignis vorübergekommen ist, und diese ‚Formalität' ist nicht von Wichtigkeit."[50] Auf eine eigentümliche Weise verbindet sich in diesem Bild die Relativitätstheorie mit uralten indischen Texten von denen Eliade berichtet: „Die Wirkung ist ein Seiendes, also existiert sie vor der verursachenden Tätigkeit."[51]

Überkreuzungslogik übt auf den ersten Blick erheblichen Druck auf das rationale Verständnis einer im Zeitstrahl gebundenen Kausalität aus. Doch es wird nicht die Kausalität in Frage gestellt, sondern bloß die starke Gewohnheit, die *bewusste* Wirklichkeit über physikalische Kausalmechanismen entlang der Zeitachse zu erzeugen. Integrales Bewusstsein erhält durch die Struktur ihrer Bewusstseinsform neue Möglichkeiten der Wirklichkeitserzeugung.

Überkreuzungslogik vertauscht Standpunkte und stellt sich auf zwei (oder mehr) Standpunkte *gleichzeitig*. In zeitlicher Hinsicht führt dies zur Möglichkeit von Déjà-vécus und anderen Achronien. Doch auch in räumlicher Hinsicht sind Neubewertungen zu erwarten. Bei einem Kreis scheint die Zuordnung von innen und außen eindeutig und problemlos, legen wir den Kreis jedoch auf einen Torus (einen Schwimmring oder „Doughnut"), dann liegt innen auch außen und umgekehrt. In diesem Anschauungsbeispiel spielt die Überkreuzungslogik gewissermaßen die Rolle des Torus. Dadurch wird die Situation jeweils komplizierter. Was eindeutig war, ist nun ambivalent, denn innen und außen lassen sich nicht mehr einfach unterscheiden.

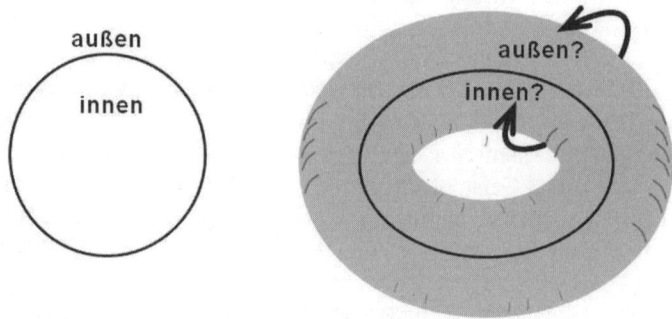

Abbildung 12 – Innen - Außen

Ähnlich eröffnet Überkreuzungslogik ein Mehr an Möglichkeiten, wenn man bildlich gesprochen von innen nach außen gelangen kann, ohne je hinauszugehen. Disziplinen, die sich mit spiritueller Lebensführung befassen, sind reich an rhetorischen Figuren, die mit scheinbaren Widersprüchen tiefere Wahrheiten auszudrücken suchen. Ein Beispiel ist die Formel: „Weniger ist mehr". Viele derartige Sprüche sind zu spirituellen Gemeinplätzen verkommen, und zwar in dem Moment, in dem sie ihren Bezug zu ihren tieferen Quellen verloren haben. Das ist sehr oft in der rationalen Mutation der Fall. Was in einem vorrationalen Bewusstsein durch die strukturelle Verbundenheit von allem mit allem einen tiefen Sinn gehabt hatte, degenerierte an der Schwelle zum rationalen Bewusstsein oft zu sinnentleerten Sprüchen. In einem integralen Bewusstsein können Aussagen, wie „weniger ist mehr" oder „innen ist wie außen" dank der Überkreuzungslogik wieder eine Bedeutung entfalten, die über die eines gefälligen Stilmittels hinausgehen. Die integrale Bedeutung ist indessen eine andere als die mythische (PPP!), aber es ist wieder eine tiefe und wirksame.

Die Achronien des integralen Bewusstseins, welche Abweichungen vom linearen, offenen und nach vorne gerichteten Zeitlauf sind, stellen tatsächlich so etwas wie ein „Ende der Zeit" dar. Das bedeutet aber nicht, dass damit die Apokalypse nahen und das Leben aufhören würde. Das Gegenteil ist der Fall, weil damit eine beträchtliche Intensivierung des Lebens einhergeht.

2.7.4 Materielles, Geistiges und Wirkungen

Für das rationale Bewusstsein zerfällt die Welt in eine materielle und eine geistige Dimension. Das ist eine Unterscheidung, welche im mythischen Bewusstsein keine besondere Rolle spielt. Der mythische Mensch ist in seiner Seelenhaftigkeit jederzeit in einer geistigen Dimension geborgen. In der rationalen Wirklichkeit entsteht dagegen eine Dichotomie, eine strenge und prinzipielle Trennung von geistiger und materieller Welt. Die Seele als verbindendes Element verschwindet allmählich aus dem ernsthaften Diskurs und wird allenfalls noch als schöngeistige Metapher verwendet.

Nach dem philosophischen Materialismus ist Materie ursprünglich. Aus ihr geht seit dem Urknall unter dem Regelwerk der Naturgesetze alles andere hervor. Schließlich auch Leben und individueller Geist (*mind*) als ein Produkt von neuronalen Prozessen im menschlichen Gehirn. Nach der Emergenztheorie „emergiert" Bewusstsein und Geist aus den materiellen Grundlagen. Doch es gibt auch den umgekehrten Ansatz, den philosophischen Idealismus. Hier wird zuerst eine geistige Instanz (*spirit* oder *Spirit*) angenommen, die eine materielle Welt erzeugt, zu der auch der Mensch gehört.

Beide Ansätze haben ihre ganz spezifischen Probleme und ungelösten Fragen. Der Materialismus kann beispielsweise nicht wirklich erklären, wie eine höhere Organisationsstufe (Leben, Bewusstsein) aus einer niedrigeren hervorgehen kann. Und der Idealismus kann nicht befriedigend darlegen, wie Geist auf Materie Einfluss nehmen kann.

Hier sollen aber nicht die Vor- und Nachteile der Positionen diskutiert, sondern untersucht werden, wie die unterschiedlichen Bewusstseinsformen mit dem Gegensatz umgehen. Das rationale Bewusstsein will den Dualismus auflösen, denn die Ansätze schließen sich gegenseitig aus. Entweder hat die Welt materielle Grundlagen oder geistige. Es kann nicht beides gelten. Der rationale Mensch ist gezwungen Stellung zu beziehen. Er ist dann entweder Materialist oder Idealist. Seit dem letzten Jahrhundert haben die Materialisten gerade Oberhand. Im pluralistischen Bewusstsein kann je nach Perspektive mal die eine oder andere Position plausibel oder nützlich sein.

Wenn das integrale Bewusstsein nun aber gleichzeitig mehrere Standpunkte einnehmen kann (Kopräsenz der Perspektive), dann wird es auch damit umgehen können, dass die Welt sowohl materielle wie auch geistige Grundlagen haben kann. Das integrale Bewusstsein kümmert sich nur noch insofern um die Auflösung des Widerspruches als es das rationale Bewusstsein weiterhin umfasst. In seinem integralen Wesen wird es sich jedoch auch mit den Möglichkeiten befassen, die sich ergeben, wenn beide Positionen gleichzeitig gelten. Auch das ist Überkreuzungslogik, diesmal nicht in zeitlicher oder kausaler, sondern in logischer Hinsicht.

Überkreuzungslogik toleriert logische Widersprüche an bestimmten Stellen logischer Systematiken. Das ist auch gar nicht völlig neu. Kurt Gödel hat mit seinem *Unvollständigkeitssatz* bewiesen, dass logische Systeme einer gewissen Komplexität immer einen defekten Satz beinhalten, der nicht widerlegt und auch nicht bewiesen werden kann (das ist ein Satz, der genau dann wahr ist, wenn er falsch ist). Und die Axiomatik hat gezeigt, dass kein logisches System ohne willkürliche Setzungen (die Axiome) auskommt. Es gibt also bereits in rationalen Logiken Ausnahmen und Sonderfälle. Ich könnte mir vorstellen, dass integrale Überkreuzungslogik hier massiv weiter gehen wird. Dann können die fundamentalen Positionen, die sich beispielsweise aus dem rationalen Gegensatz von Materie und Geist ergeben haben, in der integralen Wirklichkeit gleichzeitig als wahr gelten, obwohl sie sich in der rationalen Wirklichkeit widersprechen.

Ein wichtiger rationaler Einwand auf eine derartige Aussicht liegt auf der Hand: es ist der Vorwurf der Beliebigkeit. Wenn wir das zulassen – wird man sagen – dann wird alles möglich, dann kann plötzlich alles wahr sein und eine vernünftige Debatte über die Welt wird sinnlos. Doch der Einwand trifft schon deshalb ins Leere, weil die rationale Debatte in der rationalen Wirklichkeit nicht aufgehoben wird und weiterhin möglich ist. Und auch die integrale Wirklichkeit wird nicht in relativistischer Beliebigkeit und im Chaos versinken, weil sich ihr durch den doppelten Zugriff, der sich aus der Kopräsenz eines materialistischen und eines idealistischen Ansatzes ergibt, ein ganz anderer Weltzugang eröffnet. Die Ansätze laufen dann in der integralen Wirklichkeit nicht mehr auseinander und schaffen eine materielle und geistige Dimension, die inkompatibel sind. Sie laufen vielmehr zusammen und erzeugen im Brennpunkt eine Intensität des Weltzugangs, die jedem Ansatz einzeln nicht möglich ist. Dazu eine Aussage mit einer materiellen und einer geistigen Dimension:

„Ich bin Materie in einer spezifischen Organisation und Form."

„Ich bin Form durchflutet von Materie."

In dieser Struktur bedeutet Überkreuzung gleichwertige Gültigkeit der Sätze. Der Weltzugang über den ersten Satz ist uns allen geläufig: er eröffnet die rationale Erkenntniswirklichkeit, in der Wirkungen über physikalische Kausalmechanismen gängig sind. Darin hat die Evolution der Arten zu einer Form geführt, in der die Menschen dieser Erde auftreten. In der Rekombination der Gene meiner Eltern ist meine persönliche Körperform entstanden, die ich mit meinem Verhalten weiter konkretisiere, so dass ich schließlich die Sammlung von Atomen und Elementarteilchen darstelle, die meinen Körper in seiner spezifischen Form zu einem bestimmten Zeitpunkt ausmachen. Darin sitzt auch ein Gehirn, das mir ein Bewusstsein von alledem präsentiert. In dieser Wirklichkeit weiß ich, welche Wirkungen ich erzeugen kann: ich weiß ungefähr, wie dick ein Ast sein kann, damit ich ihn zu brechen vermag; ich weiß, dass ich bei einem herannahenden Auto lieber zur Seite trete; ich weiß, wie sich Essen oder Sex anfühlen. Die Wirklichkeit, die sich über diesen materialistischen Ansatz entfaltet, ist sehr komplex und reichhaltig. Doch sie scheint nicht die einzige Wirklichkeit zu sein.

Der Weltzugang über den zweiten Satz, „ich bin Form durchflutet von Materie", ist naturgemäss weniger vertraut, es sei denn zuweilen in einer esoterischen *feel good*-Variante, mit der ich mich hier aber nicht beschäftigen möchte. Ich schlage vor, den Satz wörtlich zu nehmen. Dabei ist die Form primär und zieht Atome wie Elementarteilchen tatsächlich an. In dieser materiellen Ausstattung werden dieselben Handlungen und Erfahrungen möglich, wie ich sie eben für die rationale Wirklichkeit erwähnt habe. Die Grundlage und Essenz des Daseins besteht in der dadurch erzeugten Wirklichkeit aber nicht in den psychophysischen Anlagen, sondern in der Form selber, also in etwas Geistigem.

Was Form eigentlich ist, wird seit Jahrtausenden diskutiert, und wie immer bei solchen „letzten" Fragen kennt niemand die Antwort. Wie immer gibt es unterschiedliche Vorschläge. Bei Aristoteles ist die Form als Potential in der Materie eingeschlossen. Ein Bildhauer legt die Silhouette einer Statue nur frei, ohne sie zu schaffen. Platon vertritt dagegen einen idealistischen Ansatz, nach dem die ewigen Ideen Formen sind und mit ihrer materiellen Manifestation ein unvollkommenes irdisches Abbild erhalten. Dieselbe Grundidee liegt auch den großen Weltreligionen zugrunde: ein transzendenter Gott schafft sich ein Abbild im Menschen. Nach dem Biologen Rupert Sheldrake sind die Formen der lebenden Organismen in morphischen Feldern angelegt, die eine Art Gewohnheitsgedächtnis der Natur darstellen. Morphische Felder haben eine ähnliche Funktion wie Platons Ideen, sind aber nicht ewig und keine transzendenten Entitäten einer fremden Wirklichkeit.

Die integrale Überkreuzungstechnik stört sich nicht an der Tatsache, dass die Wirkweise von Form auf Materie bzw. von Geist auf Materie bisher rational-kausal nicht erklärt worden ist. Vielleicht wird es einmal rational akzeptierbare Erklärungen geben. Vielleicht aber auch nicht. Dann liegt die Wirkweise von Geist auf Materie nicht in der rationalen Wirklichkeit. Dass es Wirkungen außerhalb der rationalen Wirklichkeit gibt, ahnt der pluralistische Mensch, wenn er den *Synch* in einer Gemeinschaft bestaunt. Der tiefmythische und magische Mensch kennt vorrationale Wirkweisen sowieso. Und für den integralen Menschen werden weitere nach-rationale Wirkweisen vertraut werden. Spezifisch integrale Wirkung wird durch die gesteigerte *Intensität* erzeugt, die sich am Brennpunkt der Linien der Überkreuzungsfigur ergibt, wenn Geist auch Materie beeinflusst und nicht nur umgekehrt.

Der amerikanische Logiker, Mathematiker und Philosoph Charles Sanders Peirce war vielleicht etwas zu pessimistisch, als er zu Anfang des letzten Jahrhunderts schrieb: „Materie ist nichts anderes als abgestorbener Geist, abgestorben durch die Entwicklung von Gewohnheiten bis zu einem Punkt, wo es kaum noch möglich ist, sie wieder aufzubrechen."[52] Materie ist mit dem rationalen Bewusstsein kristallisiert und hat sich tatsächlich in einem Ausmaß verfestigt, das einem den Schreck in die Glieder treiben kann. Ich halte es aber für wahrscheinlich, dass integrales Bewusstsein das Primat des Materiellen wieder abschwächt ohne deswegen aber gleich das Primat des Geistes zu proklamieren. Geist ist nicht lebendiger als Materie und Materie nicht weniger lebendig als Geist. Wirkungen vom einen auf das andere werden dann selbstverständlich.

Während das pluralistische Bewusstsein den Perspektivenwechsel zelebriert, verbindet das integrale mehrere Perspektiven zur Kopräsenz. Indem sie Wirksamkeiten überkreuzt, erzeugt sie eine Wirklichkeit mit hochgradig gesteigerten Intensitäten. Wirkungen von Geist auf Materie scheinen dadurch nicht mehr ausgeschlossen. Integrales Bewusstsein lässt sich nicht mehr allein durch die Zeit treiben, sondern entwickelt Bewusstseinskontinuitäten, die sich nicht mehr ausschließlich an der zeitlichen Chronologie ausrichten, wodurch Achronien, Zeitphänomene mit Abweichungen vom sukzessiven Zeitlauf, möglich werden.

2.8 Selbstzentrierung und Loyalitätsbezüge

Der klassische Träger von Bewusstsein, den wir hier betrachten, ist das menschliche Individuum, das menschliche Selbst. Weil das Selbst von derart zentraler Bedeutung ist, wurde es in den Darstellungen der Bewusstseinsformen jeweils nur gestreift, so dass es hier nun mit der gebotenen Aufmerksamkeit separat betrachtet werden kann. Es wurde bereits erkennbar, dass im Wandel der Bewusstseinsformen unterschiedliche Formen des Selbst vorkommen. Das Selbst sei dabei der Oberbegriff, mit dem jede bewusste Vorstellung von sich selber unabhängig von der Bewusstseinsform bezeichnet wird. Die Seele steht für die Selbstwahrnehmung der mythischen Bewusstseinsform. Das Ich bezeichnet diejenige der rationalen und pluralistischen Bewusstseinsformen, mit dem Ego, seinem eher negativen und anhäufenden Zwilling.

2.8.1 Magisch – Kraft – man

In der Literatur wird das Verhalten eines Menschen mit magischem Bewusstsein von vielen Forschenden als egoistisch, narzisstisch, egozentrisch oder ähnlich beschrieben.[53] Ich denke, dass diese Beschreibungen nicht angemessen sind und das Wesen des magischen Bewusstseins verfehlen. Die Zuschreibungen scheinen mir eine Rückwärtsprojektion aus der rationalen Bewusstseinsform zu sein, in der es tatsächlich ein Ego gibt. Doch wenn ein magischer Mensch sich typischerweise *self-protecting* verhalten mag, wenn er sich verteidigt, so kann er doch ein „Selbst" nur schützen, wenn er eines hat. Dabei ist ein *bewusstes* Selbst gemeint, denn davon handelt ja diese Untersuchung. Dass der magische Mensch seine vorbewusste physische Integrität instinktiv so vehement verteidigt, dass es aussieht, als ob er egozentrisch, narzisstisch und asozial wäre, ist eine ganz andere Geschichte, die auf der Wahrnehmungs- und Handlungsebene abläuft, nicht aber auf der Bewusstseinsebene. Ich glaube deshalb, dass die Klassierung magischen Verhaltens als egozentrisch ein Prä-Post-Fehlurteil ist.

Das magische Bewusstsein ist undifferenziert. Eine Zentrierung des Bewusstseins auf ein Selbst ist ebenso undeutlich und wolkenhaft wie Loyalitäten mit einem Anderen. Unbewusste Wahrnehmung mag beim magischen Menschen sehr viel ausgeprägter als beim rationalen sein, vielleicht gerade, weil sein Hirn weniger mit Bewusstseinsarbeit beschäftigt ist als das rationale. Der magische Mensch ist also alles andere als blind. Die Wahrnehmung seiner äußeren Sinne gelangt zunächst bloß kaum ins Bewusstsein. Erst der späte magische Mensch erlangt ein diffuses Bewusstsein eines Selbst, mit dem er anfängt, mit Kraft und Kräften absichtsvoll umzugehen. Doch auch diese Vorform eines Selbst-Bewusstseins des späten magischen Menschen ist alles andere als ego-zentrisch. Es ist *nicht-zentrisch* und kann auch keine bewussten Loyalitäten oder Aversionen aufbauen. Wo kein Ich ist, da ist auch kein Du.

Deshalb vermag ein magischer Mensch einem anderen Menschen ohne viel Aufhebens den Kopf einzuschlagen. Ein kleines Kind wirft ein schwächeres ohne Zögern zu Boden, um an dessen Spielzeug zu kommen. Ein unreifer und in die magische Erlebenswelt regredierender Mann lässt sich ohne viel Aufwand als Selbstmordattentäter anheuern, ausbilden und verwenden. Gemeinsam ist in all diesen Beispielen, dass eine Handlung ohne Rücksicht, Anteilnahme oder Empathie erfolgt. Der historische magische Mensch, das kleine Kind und der regredierende Attentäter können keinen Loyalitätsbezug herstellen, weil ihnen die Bewusstseinsstruktur für einen Gegensatz zwischen einem Selbst und einem Anderen gar nicht oder im Moment nicht zur Verfügung steht. Sie alle sind nicht-zentriert und ohne echten Loyalitätsbezug, obwohl ihre Handlungen von außen gleich aussehen wie diejenigen eines egozentrierten und sehr egoistischen Menschen.

Ganz anders ist die Lage nämlich beispielsweise bei einem ruchlosen Mörder oder einem verblendeten Fanatiker. Beide sind fähig zu hochgradig kalkulierten Aktionen, deren Wirkung sich am *eigenen* Erfolg misst. Hier löscht die extreme Egozentrierung den sehr wohl bestehenden Loyalitätsbezug aus. Von außen beobachtet können Handlungsabläufe genau gleich aussehen, ob sie nun in einem nicht-zentrischen oder einem egozentrischen Kontext erfolgen (ein sehr markantes Prä-Post-Phänomen), in der Bewusstseinsstruktur unterscheiden sie sich aber ganz entscheidend: In einer nicht-zentrischen Wirklichkeit gibt es weder das bewusst agierende Ich, noch ein Gegenüber, und deshalb auch keine Loyalität, die verletzt werden könnte. In der egozentrischen Wirklichkeit wird das Gegenüber missachtet oder aus welchen Gründen auch immer nicht wahrgenommen, was im sozialen Kontext einer Verletzung der Loyalität gleichkommt.

Dieses nicht-zentrierte Vor-Selbst passt ganz gut zum deutschen Personalpronomen „man". Wenn *man* etwas tut, dann tut man das in der Regel relativ automatisch, unreflektiert und unbewusst. Man kann ebenso gut Singular sein, wie auch ein undeutliches Kollektiv. Das Man hat kein Gegenüber wie das Ich im Du, es hat keine Entsprechung wie das Er im Sie und das Sie im Er. Das Man verkörpert all die magischen Unbestimmtheiten in Hinsicht auf ein handelndes Selbst ebenso wie die Unschärfen in Hinsicht auf Loyalitäten. Das magische Man handelt, aber Antriebe und Umstände bleiben ihm selber weitgehend verschlossen.

Die Struktur der magischen Bewusstseinsform lässt egoistisches Verhalten nicht zu, weil es ein Ego darin nicht gibt. Dennoch ist in dieser Bewusstseinsform ein Element angelegt, das viele negative Auswirkungen produzieren kann. Das ist aber nicht ein vermeintlich magisches Ego, sondern ein magischer Drang, durch die Kräfte zu wirken und sie zu beherrschen. Hier geht es um Macht. Machtanspruch und Machtausübung erhalten jedoch erst dann eine besondere Bedeutung, wenn sie mit einem ausgeprägten Selbst zusammenkommen, und das ist erst im mythischen und im rationalen Bewusstsein der Fall.

2.8.2 Mythisch – Seele – uns

Wenn sich heute Menschen kryonisch in größter Kälte konservieren lassen, um später wiedererweckt zu werden und um in der Zukunft vom medizinischen Fortschritt profitieren zu können, dann erhält die Konservierung des Gehirns die grösste Aufmerksamkeit. Für rationale Menschen ist klar, dass die Essenz ihres Wesens, ihres Menschseins und ihrer Persönlichkeit im Gehirn liegt. In der rationalen Erkenntniswirklichkeit tut sie das auch tatsächlich. Nicht so aber in der mythischen Erfahrungswirklichkeit: hier wird die Essenz im Herzen lokalisiert. Entsprechend musste das Herz an seinem Ort belassen werden, wenn die alten Ägypter einen Körper einbalsamierten. Dem Gehirn schenkten sie dagegen wenig Beachtung.

Hat der magische Mensch noch kaum eine bewusste Wahrnehmung eines Selbsts, so verdichtet sich diese im mythischen Menschen allmählich zu einem echten Selbst-Bewusstsein. Der mythische Mensch erfährt sich zunehmend als beseelter Mensch mit einem individuellen Körper. Ein sich allmählich vollziehender Prozess, der sich in der altägyptischen Mythologie sehr schön nachvollziehen lässt. Die ursprünglichere und ältere Seelenform des *Ka* war noch ziemlich unspezifisch. Sie wird oft als „Lebenskraft" bezeichnet, und man kann sie sich leicht als jene magische Kraft vorstellen, die einen Körper belebt. Später, in mythischer Zeit, entwickelte sich eine individuellere Seelenform, der Seelenvogel *Ra*. *Ra* entstand im Körper und verließ diesen beim Tod himmelwärts ziehend, blieb aber mit dem mumifizierten Körper verbunden. Die dritte und jüngste Seelenform des alten Ägypten war schließlich *Ach*, eine Seele, die nach dem Tod im Jenseits erst noch zu verdienen war. Diese spätmythische Seelenform verweist bereits auf distanzierte Transzendenzbereiche.

Das mythische Selenselbst ist jedoch alles andere als isoliert, denn mit der mythischen Bewusstseinsform erweist sich alles als bedeutungsvoll verbunden. In ganz besonderem Maße gilt diese Verbundenheit jedoch mit dem Stamm und den Ahnen. Die lebenspraktische Abhängigkeit in der Abstammungs- und Heiratsgemeinschaft wird mit der strukturellen Loyalität der mythischen Bewusstseinsform noch verstärkt. Das mythische, seelische Selbst kann sich nicht anders denken als eingebunden in die Loyalitäten des Stammes, in die Wirkungen der Ahnen, in das göttliche Gefüge und in den Weltenkreis. Der Stamm, die Sippe, der Clan oder die Familie erweist sich als der eigentliche bewusstseinsmäßige Lebensmittelpunkt eines typisch mythischen Menschen und nicht er selbst als Individuum. Und so ist es angemessen, dieses Selbst als *ethnozentriert* zu bezeichnen, obwohl der Begriff der Ethnie im Sinne von Volk oder Population erst in späten Phasen der mythischen Zeit wirklich passend wird. Bis weit in die mythische Spätphase ziehen die Menschen in kleinen Gruppen durch die Gegend, stets auf der Spur der Nahrung, die sie jagen und sammeln. Diese Gruppen dürften den innersten Kreis der vom mythischen Bewusstsein gestifteten Loyalität bilden. Alles, was geschieht, betrifft diesen Loyalitätskreis. Was aus Sicht des mythischen Selbsts geschieht, geschieht also weniger „mir als einem Mitglied der Gruppe", sondern in erster Linie *„uns als Gruppe"*.

Das mythische Selbst ist sich seiner so stark bewusst, dass es seine Handlungen absichtsvoll und sehr logisch gestalten kann. Und gleichzeitig ist es sich seiner selbst so wenig und dafür seines Loyalitätskreises so stark bewusst, dass kollektive Handlungen „wie von selbst" gelingen. In einer grandiosen Dynamik entstehen so in einem geografischen Bogen von Nil bis Zweistromland die ersten großen Städte und die ersten Hochkulturen der Menschheit.

2.8.3 Rational – Ich – ich/wir

Dieses innerliche und ethnozentrierte Seelen-Selbst der mythischen Bewusstseinsform ist offensichtlich ein Erfolgsmodell. Es entwickelt sich weiter, indem es mehr Bewusstsein an sich zieht und sich vom Herzen in den Kopf ausdehnt. So geschieht es im Übergang zum rationalen Bewusstsein schließlich, dass Narziss an einem See sitzen und in der Wasseroberfläche sich selbst erblicken kann. Die glatte Wasseroberfläche ist die Pforte zum Seelischen. Wie der Seelenvogel in vielen Kulturen für das Leichte und Flüchtige des Seelischen steht, so auch das Wasser für seelische Innerlichkeit. Im Doppelcharakter der Wasseroberfläche zeigt sich eine neue Duplizität, denn für Narziss ist die Welt zerfallen in zwei Wirklichkeiten: Die rationale Erkenntniswirklichkeit, die ihm ein Spiegelbild seiner selbst liefert und die mythische Erfahrungswirklichkeit, in der das Wasser als Pforte zum Innerlichen nichts anderes ist als der Zugang zu der Welt des Seelischen.

In der perspektivischen Distanz des rationalen Bewusstseins erhebt sich Narziss über die mythische Fläche und sieht mit seinen äußeren Sinnen und mit wachem Bewusstsein sein physikalisches Spiegelbild. Aber noch viel mehr wird er dabei seines Seelenbildes gewahr, das nun als *seine eigene* Seele erscheint. In diesem perspektivischen Akt der Selbsterkenntnis zerreisst das mythische Gewebe und das ethnozentrierte wird zum ichzentrierten Selbst.

Narziss erlebt die Aufteilung seines Selbsts in ein Ich und eine Seele. In dieser Situation reagiert Narziss traditionell, das heißt mit einem Mechanismus des mythischen Bewusstseins: er verliebt sich. Und wir mögen uns fragen, ob er sich tatsächlich in sein Spiegelbild verliebt, wie die rationale Analyse uns lehrt, oder nicht vielmehr in sein Seelenbild, das ihm nun, nachdem er es als von sich getrennt erfährt, immerhin noch sehr nahe ist. Eine vielsagende Version des Narzissusmythos berichtet, er habe sich mit dem Spiegelbild vereinen wollen und sei dabei ertrunken. Versucht er da nicht die Trennung der beiden prototypischen Formen seines Selbsts, das Herauswachsen des Ichs aus der Seele, rückgängig zu machen? Als Einzelner ist er noch nicht bereit anzuerkennen, dass die Mutation der Bewusstseinsformen bereits im Gang ist und er ein früher Träger des neuen Bewusstseins ist.

Im Ursprung des seiner Seele entfremdeten Ichs steht bei Narziss Zuneigung. Es ist kein Geheimnis, dass sich dies im Laufe der Zeit ändert und das rationale Ich-Selbst das eigene seelische Selbst zunehmend ablehnt. Die rationale Bewusstseinsform grenzt sich ab und etabliert seine Erkenntniswirklichkeit als äußere Wirklichkeit. Weiter oben interpretiere ich dies auch als Reaktion auf ein ungesundes Übermaß an mythischen und magischen Machenschaften. Für zahlreiche Übel jener Epoche, in der das mythische Bewusstsein jener Zeit reif, überreif und übermäßig wird, bringt das rationale Bewusstsein tatsächlich eine Verbesserung. Es immunisiert den historischen Menschen gegen die Exzesse des mythischen Bewusstseins und etabliert die Erkenntniswirklichkeit als exklusive und sichere Zone. Das rationale Selbstmodell formt das Ich des Kopfmenschen, der sich mit der Idee eines autonomen Individuums erfolgreich gegen die unzähligen Verstrickungen der Herz- und Bauchmenschen schützt.

Das losgelöste Ich entsteht nicht über Nacht. Der wunderbare Mythos von Narziss löst keinen plötzlichen Dammbruch aus, sondern ist wohl eher ein Flash, in dem ein Prozess vorweggenommen wird, der in Wahrheit weit über zweitausend Jahre dauern wird und immer noch anhält. Wenn im Bild des Narziss der rationale Mensch den Kopf über die Fläche erhebt, dann errichtet er mit dieser Bewegung die dritte Dimension. Er schafft den Raum und gleichzeitig definiert er die Perspektive als einzig mögliche Zugangsweise zum Welt-Raum. Von nun an wird die Welt von einem einzigen Punkt aus wahrgenommen: vom rationalen Ich aus. Herausgetreten aus dem ethnozentrierten Selbst, präsentiert sich das ichzentrische Selbst zunehmend als autonome und im eigentlichen Sinn des Wortes selbstbewusste Einheit.

Das ist eine Geschichte der Entfremdung, wie wir wissen, und trägt auch den Keim zur Selbstüberhöhung in sich. Die gesunde Struktur der rationalen Bewusstseinsform selber lenkt das Ich aber auch in eine völlig andere Richtung. Kaum erhebt der frühe rationale Mensch nämlich den Kopf, organisiert, nivelliert und egalisiert er sich mindestens ebenso sehr wie er sich erhöht. Im rationalen Bewusstsein geht die Entwicklung des Ichs einher mit dessen Reglementierung in gesellschaftlichen, rechtlichen, politischen oder militärischen Organisationssystemen. Im Zusammenhang mit der Entstehung der hellenischen Polis und der griechischen Staatsidee sprach Jacob Burckhardt von der „völligen Unterordnung des Einzelnen unter das Allgemeine."[54] Eine der zentralen Errungenschaften des rationalen Bewusstseins ist also bereits früh erkennbar: die Einsicht in die *Gleichheit* der Individuen. Das führt zur „freien Persönlichkeit", deren Auftreten Burckhardt zu Recht als „welthistorisch" bezeichnet. Grundlage dafür war die individuelle Unabhängigkeit vom tyrannischen Staat, vom Klerus, von Priestern und Magiern und von Stamm und Familie.

Dieses losgelöste Ich kann sich entlang den tiefen Strukturen der rationalen Bewusstseinsform weiter entwickeln, und das bedeutet im positiven Sinne eine gewisse Anonymisierung und Egalisierung. Das rationale Ich wird in dieser Abstraktionsbewegung zu einem reinen Selbst *ohne Ansehen der Person*. Letztlich wird es zur reinen Abstraktion, zum eigenschaftlosen Massepunkt, zur masselosen Zahl. Das Ich wird wie das Atom und die Zahl zum Elementarteilchen. Das heißt aber nichts anderes, als dass in seinem rationalen Kern ein Mensch gleich ist wie jeder andere auch.

Strukturell gesehen können Ich-Selbst und Seelen-Selbst in vier Konfigurationen auftreten:

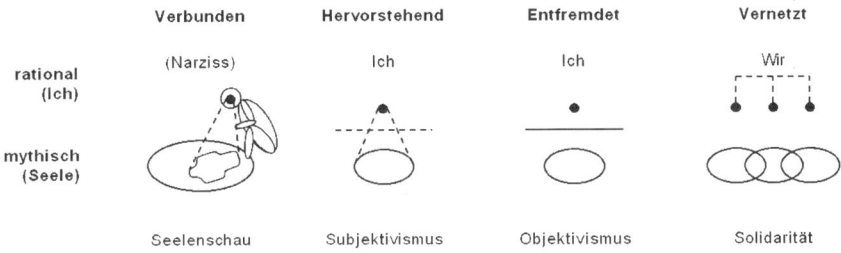

Abbildung 13 – Konfigurationen des Selbst

Die erste Konfiguration zeigt das mit seiner Seele tief *verbundene* Ich. Oben ist die Situation des Narziss dargestellt, der noch an seiner Ich-Haftigkeit zweifelt. Das dürfte ähnlich die Befindlichkeit vieler pluralistischer Menschen sein, die sich den alten Bewusstseinsformen wieder zuwenden und ihre mythische Seele wiederentdecken. Sie alle werden im vorliegenden Buch hoffentlich genügend Anregung finden, um das Bild einer Seele nicht einfach preiszugeben, aber dennoch ihr rationales Bewusstsein weiterzuentwickeln.

In der zweiten Konfiguration bildet das prominente, das *hervorstehende* Ich, die Spitze eines Daseinskegels und im positiven Sinn den Ausgangspunkt für ein jubilierendes, selbstbewusstes Individuum, ganz ähnlich wie es die Renaissance zelebrierte. Dieses Ich weiß insgeheim um seine seelische Verbundenheit, sieht sich gleichzeitig aber auch im Zentrum der Welt. Seine Herangehensweise an die Welt geschieht dann aus dieser Perspektive heraus und begründet einen Subjektivismus, wie ihn auch Descartes pflegte, wenn er selbstbewusst sagte: „*Ich denke, also bin ich.*"

Die Idee einer Seele ist auch aus dem rationalen Diskurs nie ganz verschwunden, selbst wenn der subjektivistische Weltzugang in der heutigen rationalen

Wirklichkeit einen schweren Stand hat. Descartes hat ihn gepflegt, aber auch philosophische Phänomenologen wie Edmund Husserl im 20. Jahrhundert oder spirituelle Philosophen wie Ken Wilber. Es ist natürlich genau diese subjektivistische Konfiguration, die am ehesten dazu neigt, das Ich in prahlender Manier zu überhöhen, wenn es sich dem anhäufenden und krallenden Ego ausliefert. Aber das eigentliche rationale Ich, das ja egalisierend und abstrahierend ist, und somit bescheiden, braucht diese Konfiguration, um sich seiner selbst zu vergewissern. Das Ich leistet hier eine Gratwanderung zwischen Selbstüberhöhung und Selbstvergewisserung, aber wenn sie gelingt, dann ist das die Grundlage zum größten Beitrag des rationalen Bewusstseins an die Entwicklung des Menschen: Freiheit.

Die dritte Konfiguration ist die des *entfremdeten* Ichs, das die Trennung des Ichs vom seelischen Selbst und von der ganzen Welt praktiziert. Das entfremdete Ich steht in Opposition zu einer äußeren Welt, die es in der Forschung wieder zu entdecken gilt. Seine Herangehensweise an die Welt ist objektivistisch, ganz besonders gepflegt von den modernen Naturwissenschaften. Der Preis der Entfremdung ist hoch. Die Existenzialisten sagen denn auch, der Mensch sei „in die Welt geworfen"[55]. Hier erscheint das rational isolierte Ich als ein evolutionärer Fehltritt, der möglichst rasch rückgängig gemacht werden sollte. Viele Menschen denken tatsächlich so. Zahlreiche spirituelle Praktiken beziehen ihre Daseinsberechtigung und Nahrung aus der Kritik am entfremdeten rationalen Ich.

Doch ich sehe das individuelle „Geworfensein" im Rationalen auch als eine Phase hin zu echten, qualitativen und auf Freiwilligkeit gründenden Kollektiven, denn im abstrahierten Ich liegt nicht nur der Kern des isolierten Individuums, sondern auch der Keim für ein freiwilliges Wir, welches wiederum als Basis einer empathischen Wir-Pluralität wirkt.

Diese Wir-Pluralität zeigt die vierte Konfiguration: diejenige des *vernetzten* Ichs. Es bietet auf den ersten Blick ein paradoxes Bild, ist darauf doch ein auf wundersame Weise neu verbundenes Subjekt zu erkennen, nachdem es eben seines Bezuges zur eigenen Seele und dadurch seiner Bezüge zur Welt beraubt worden war. Man darf diese Bewegung durchaus als ein kleines rationales Wunder betrachten. Und so funktioniert es: Die Abstraktionsfähigkeit des Ich-Menschen entledigt ihn letztlich von allen Zuschreibungen. Gerade dadurch, dass das rationale Ich in dieser Atomisierung auch die letzte Eigenschaft verliert, entsteht Gleichheit. Radikale und rationale Gleichheit entsteht also nicht durch Gleichheit der Eigenschaften, sondern durch abstrakte Eigenschaftslosigkeit. Erst nach diesem Abstraktionsschritt entsteht durch Hinzunahme irgendeiner, auch der trivialsten Eigenschaft automatisch ein Kollektiv von Ichs, die diese Eigenschaft gemeinsam haben. Durch Hinzunahme einer anderen Eigenschaft entsteht ein anderes Kollektiv, durch Kombination ein weiteres, und so fort. Das ist der Schritt vom Ich zum *Wir*, den nur das rationale Bewusstsein bewerkstelligen kann, weil nur das rationale Bewusstsein die hohe Kunst des Abstrahierens beherrscht.

Das rationale *Wir* ist vom mythischen *Uns* völlig verschieden. Das Uns besteht aus ethnozentrischen Selbsten und stiftet eine nicht hinterfragbare Loyalität innerhalb einer Herkunfts- und Heiratsgemeinschaft. Das Wir aber besteht aus ichzentrischen Selbsten und etabliert wechselnde Solidaritäten, zu denen das individuelle Ich seine Zustimmung erteilen oder verweigern kann. Das mythische *Uns* kommt stets *vor* dem Seelenselbst; das mythische Kollektiv ist also primär. Dagegen kommt das rationale *Wir nach* dem Ich. Das rationale Kollektiv ist sekundär, etabliert durch Konsens einer Anzahl sich ihrer selbst bewussten Individuen. Nach meiner Einschätzung ist dieser Schritt vom Ich zum Wir durch Zustimmung DIE fundamentale kulturelle Leistung des rationalen Bewusstseins.

Doch das rationale Ich hat natürlich nicht nur positive Geschichten geschrieben. Der problematische Zwilling des rationalen Ichs ist das rationale Ego, das sich gegen die abstrahierenden Tendenzen des Rationalen sträubt und allerlei Eigenschaften an sich heranzieht, um der rationalen Entblößung zu entgehen. Damit wird das Ego zum Regisseur all jener Dramen, in denen es den Menschen abwechselnd als Täter, Opfer und Retter auftreten lässt. Alle Konfiguration des Ich-Selbsts bieten Nährboden für allerlei Verirrungen eines Egos, das an sich zieht, was es kann. Selbstüberforderung in der Einschätzung, allein zu sein und letztlich alles allein machen zu müssen, oder Selbstüberschätzung in der Ansicht, alles allein machen zu können, sind nur zwei Spielarten.

2.8.4 Im Ich-Zentrum

Betrachten wir den Weg des Selbst-Bewusstseins von nicht- über ethno- zu ichzentriert, so erweist sich dessen Entwicklung als eine markante Zuspitzung mit der das Ich unausweichlich im Zentrum der Welt steht.

Doch das Ich wird immer auch angefochten. Es muss die kopernikanische Kränkung hinnehmen und erkennen, dass es eben doch nicht im Zentrum des Universums steht. Es muss die Darwinsche Kränkung erleiden, als es erkennen muss, dass es von Gott nicht in der Weise bevorzugt behandelt worden ist, wie es immer dachte. Und noch übler ist die Freudsche Kränkung, nach der das Ich nicht einmal „Herr im eigenen Haus" ist.

Schließlich eliminieren die Neurowissenschaften auch noch den letzten Rest eines Ichs. Metzinger braucht für seine Theorie kein Ich mehr, denn das Ego (Metzinger unterscheidet nicht zwischen Ich und Ego) ist nach ihm „lediglich ein komplexes physikalisches Ereignis – ein Aktivierungsmuster in unserem zentralen Nervensystem"[56], nichts anderes als „dynamische Selbstorganisation. [...] Es scheint, als müssten wir der Tatsache ins Angesicht schauen: Wir sind selbst-lose Ego-Maschinen."[57] So entgleitet sich das Ich im Zentrum der rationalen Wirklichkeit selber immer mehr, bis es sich – die ultimative und definitiv nicht mehr zu überbietende neurophilosophische Kränkung – selber auflöst. Der Kulturphilosoph Robert Pfaller hat so gesehen schon recht, wenn er vom „Nichts als Gipfel des Menschentums"[58] spricht.

Bloß gut also, dass die Geschichte des Menschentums und des Selbst hier nicht zu Ende ist an diesem Punkt, an dem sich das Ich selber abhandenkommt. Die

Entwicklung der Bewusstseinsformen geht weiter und mit ihr weitet sich der Horizont wieder.

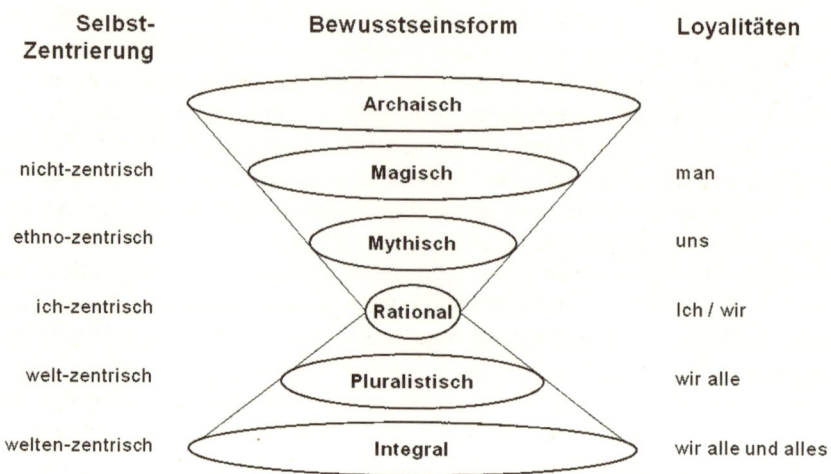

Abbildung 14 – Selbst-Zentrierung und Loyalitäten

2.8.5 Pluralistisch – Ich – wir alle

Während es die große Leistung des Rationalen ist, unter den punktförmigen Ichs mit schon fast mathematischer Lakonik Wir-Solidaritäten zu stiften, so ist es die große Leistung des Pluralistischen, Solidaritäten wieder zu Loyalitäten zu veredeln. Das Pluralistische Ich ist weniger ausgrenzend als das rationale oder gar das mythische Uns-Selbst. Das pluralistische Bewusstsein steht nun tatsächlich für *wir alle*. Ständige Perspektivenwechsel sind in der pluralistischen Bewusstseinsform angelegt, so dass Solidaritäten und Loyalitäten universeller werden. Im einen Fall sind sie sprunghaft, tentativ und relativierend und im nächsten fließend, tief und umfassend. Das pluralistische Selbst wird dabei *weltzentrisch*.

Die pluralistische Form des Selbst ist immer noch das Ich, doch der strukturelle Zwang zum Selbstbezug schwächt sich ab. Luthers rationales Ich ruft noch: „Hier stehe ich, ich kann nicht anders." Das pluralistische Ich kann nun aber durchaus auch anders. Es ist sich seiner selbst wohl bewusst, aber nicht mehr so ausschließlich auf sich selbst zentriert. Das pluralistische Selbst vermag jederzeit weitere Perspektiven einzunehmen und tut dies offensichtlich auch gerne. Menschen wie Daniel Cohn-Bendit, der einen deutschen Pass besitzt und für Frankreich im Europäischen Parlament sitzt, sind beredte Beispiele für pluralistische Crossovers. So verliert auch die Nation, jene rationale Ersatzkonstruktion für die verlorene mythische Stammesgemeinschaft, viel von ihrer Ordnungskraft. Nationalität ist eben kein vollwertiger Ersatz für Gemeinschaft.

Als sich 1989 die Leipziger Montagsdemonstrationen aufbauten, lautete der Ruf nicht: „Ich will raus", sondern: „Wir sind das Volk". Dieser frischen pluralistischen Kraft vermochte der geschwächte rationale Apparat nicht mehr zu widerstehen und der Staat kollabierte. Nach dem Zusammenbruch der DDR setzte sich das Rationale allerdings wieder durch, als die kalkulierende Rationalität des Ostens und individualisierende Rationalität des Westens sich vereinigten. Auch eine Prä-Post-Problematik ist schon im Slogan angelegt, wenn das pluralistische „Wir" und das mythische „Volk" gemeinsam marschieren. Wo PPP ist, besteht immer das Risiko regressiven Verhaltens, leider allzu oft in Form spontaner oder organisierter Gewalt. Dass dies beim Mauerfall nicht geschah, ist ein kleines Wunder, das die pluralistische Kraft, die in dieses Ereignis floss, verdeutlicht. Vielleicht ist es gar nicht so schlecht, dass nach diesem pluralistischen Flash von 1989 die Zügel wieder von einem reifen rationalen Bewusstsein gehalten werden. Das pluralistische Bewusstsein ist ja noch jung und wird noch viele Spuren hinterlassen.

Mit dem pluralistischen Bewusstsein schwächt sich auch die beharrliche rationale Abgrenzung von den älteren Bewusstseinsformen ab. Davon zeugen die zahlreichen spontanen Visionen und Initiationen in die alten Bewusstseinsformen, welche viele Menschen heute erleben, da sich das pluralistische Bewusstsein auf einer breiteren Basis auszubreiten beginnt. Das ist für diese Menschen zuweilen etwas verwirrend und gerade für Männer in unserem kulturellen Kontext nicht immer einfach zu akzeptieren. Mir selber ist es jedenfalls so ergangen und in meiner schamanisch-noumenalen Arbeit treffe ich immer wieder auf Menschen, denen es auch so ergeht. Dieses Buch ist ja ursprünglich aus einer ebensolchen Verunsicherung heraus entstanden. In seinem Ablauf entfaltet es nun eine entspannte Sicht, wie sich Rationalität und Spiritualität verknüpfen lassen. Das ist erst für das pluralistische Bewusstsein möglich.

2.8.6 Integral – wir alle und alles

Das integrale Selbst ist auch ein Ich; eine hochgradig fokussierte Einheit, auf die sich perspektivisch alles und jedes beziehen lässt. Oder genauer müsste es heißen: Das integrale Selbst *kann auch* die Form des Ich-Selbsts annehmen. Aber strukturell ist das integrale Selbst wieder stärker durch äußere Loyalitätsbeziehungen geprägt als durch den Selbst-Bezug. Das integrale Wir ist ein *Wir-alle-und-Alles* und begründet eine Art kosmischer Loyalität. Somit wird das integrale Bewusstsein die Menschenrechte nicht mehr verbessern wollen, wie es das pluralistische gegenüber dem rationalen tat. Es wird die Menschenrechte vielmehr zu universeller Gültigkeit erweitern wollen. Aus „alle Menschen sind frei und gleich an Würde und Rechten geboren" wird dabei „alle Wesen sind frei und gleich an Würde und Rechten" oder „alle und alles ist frei und gleich an Würde und Rechten". In wahrhaft kosmischer Universalität sind dabei alle, ist alles und jedes ein würdiges Wesen im Sinne einer *Allgemeinen Deklaration der universellen Rechte*.

Der Mensch behält dabei seine Sonderrolle, denn nur der Mensch ist Mensch. Aber es gilt auch: Nur eine Rose ist eine Rose. Das integrale Selbst behält seine im Rationalen erworbenen Ich-Eigenschaften, namentlich die in einer subjektiven, perspektivischen, fokussierten Daseinsgewissheit, vielleicht schärft es sie sogar noch. Gleichzeitig büßen die Ich-Eigenschaften aber an Ausschließlichkeit ein, wenn sich das integrale Selbst weniger mit dem Ich identifiziert als mit dem All, dem Universum, dem Kosmos, dem Großen Ganzen und allen Wesenheiten darin. Deshalb ist das integrale Bewusstsein nun nicht mehr nur weltzentrisch wie das pluralistische, sondern *weltenzentrisch*.

Diese „Welten" mögen parallele Universen sein, wie sie von Physikern postuliert werden, die nach der „Theory of Everything" forschen. Es mögen Anderswelten sein, wie sie die mythischen Reisenden befahren. Es mögen Fantasiewelten sein, wie der Mikrokosmos eines Sherlock Holmes mit einer fiktiven Hausnummer an einer realen Strasse. Oder es mag eine der physikalischen Welten sein, die als rationale Wirklichkeit gelten: Die Vorstellung eines farbigen Außenraums aus Lebewesen und Dingen, die wir als naive Realisten alle haben; die Vorstellung eines physikalischen, gekrümmten Raums mit Gravitations-, elektromagnetischen und Quantenfeldern; die Vorstellung eines mathematisch abstrakten Universums aus Naturkonstanten und Naturgesetzen. Es mögen spirituelle Welten sein mit anderen Energieformen als der physikalischen. Es mögen metaphysische Welten sein, geistige oder mystisch-religiöse. Es mögen weitere Welten sein. Nicht alle Welten existieren auf die gleiche Weise, nicht alle sind zu einem bestimmten Zeitpunkt auf die gleiche Weise „wahr" oder nützlich, aber sie existieren.

In der integralen Wirklichkeit ist es nicht mehr so, dass es eine Referenzwelt gäbe oder geben müsste, von der alle anderen abgeleitet wären. Die physikalische Wirklichkeit wird nicht mehr wie in der rationalen Wirklichkeit als unzweifelhafte Grundwelt gelten und alle anderen zu bloßen Machwerken eines menschlichen Geistes (*mind*) machen. Hier gilt Metzingers „Welt-Null-Hypothese [...], dass eine dieser Welten die aktuelle, die echte Wirklichkeit ist"[59] zwar auch, doch es ist nicht unbedingt die physikalische Wirklichkeit des rationalen Bewusstseins. Eine Schamanin in Trance, beispielsweise, macht die schamanische Wirklichkeit zur Welt-Null, die dann deutlich mehr Faktizität hat als die physikalische.

2.8.7 Selbstmodelle

Zweifellos drohen in dieser Vielfalt von Welten und Wirklichkeiten Identitätsverlust und Depersonalisierung. Metzinger sagt etwas Wichtiges, das auch in diesem Zusammenhang von großer Bedeutung ist: „Nur wenn man ein Selbstmodell hat, kann man bestimmte kognitive Vorgänge im eigenen Gehirn als die *eigenen* Gedanken erleben."[60] Um der Gefahr eines Identitätsverlustes zu entgehen, ist es wichtig, ein der Bewusstseinsform und ihrer Wirklichkeit entsprechendes

Selbst-Modell zu pflegen. Im Magischen ist das die tätige Verbindung zu Kräften und Wirkungen, im Mythischen die loyale Seele, im Rationalen das selbstbewusste Ich, im Pluralistischen das empathische Ich und im Integralen das Ich im Wir-alle-und-Alles. Wenn das rationale Selbstmodell das einzige Selbstmodell wäre, müsste die Entwicklung der menschlichen Bewusstseinswelt bedrohlich wirken. Doch die Selbstmodelle entwickeln sich auch weiter. Und das integrale Selbstmodell wird Probleme bewältigen, die das rationale nicht einmal erkennen und schon gar nicht lösen kann.

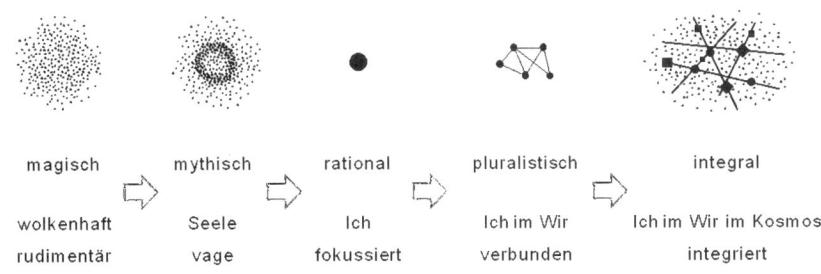

Abbildung 15 – Evolution der Selbst-Formen

Die Entwicklung der Selbst-Formen läuft also nicht auf eine Auflösung des rationalen Ichs hinaus. Es ist in der Weiterentwicklung des Selbst nicht nur der individualisierende Selbst-Fokus, der sich verändert, sondern auch die Einbettung des Selbst in die Welt. Es entstehen neue Fähigkeiten.

Bewusst-seinsform	Selbst	Zentrierung	Loyalität	Lokalisierung	Wirklichkeit
Integral	(Nous)	Weltenzentrisch	Wir alle und alles	Nicht-lokal	Integrale Wirklichkeit
Pluralistisch	Ich	Weltzentrisch	Wir alle	Kopf/Hirn	Erkenntnis-wirklichkeit
Rational	Ich	Ichzentrisch	Ich/wir	Kopf/Hirn	Erkenntnis-wirklichkeit
Mythisch	Seele	Ethnozentrisch	Uns	Brust/Herz	Erfahrungs-wirklichkeit
Magisch	(Kraft)	Nichtzentrisch	Man	Unterleib/Bauch	Erlebens-wirklichkeit

Tabelle 1 – Formen des Selbst

2.9 Bewusstseinsformen im Überblick

In den obigen Kapiteln sind viele Details zu den historischen Bewusstseinsformen zusammengetragen worden. An dieser Stelle soll deshalb kurz innegehalten werden, um zusammenzufassen, was erreicht wurde und um danach auf die weiteren Kernthemen weiterzuleiten.

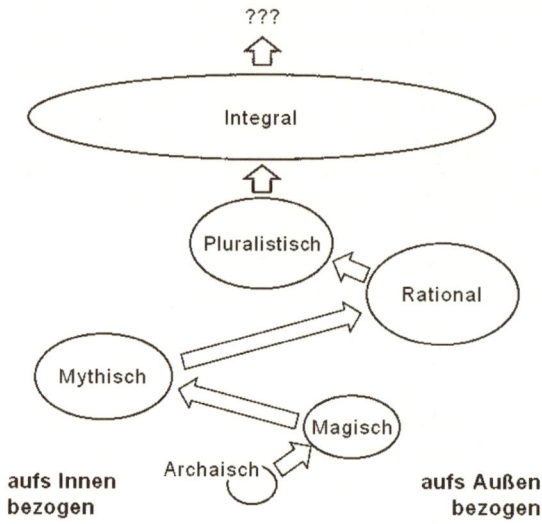

Abbildung 16 – Bewusstseinsformen

Zunächst wurde die Situation archaischer Menschen am Beispiel des frühen *Homo erectus* skizziert. Eigentlich begründet die archaische Bewusstseinsform noch gar kein Bewusstsein im Sinne einer Daseinsgewissheit, und wohl gerade deshalb wird dieser Zustand gerne als die paradiesische und nicht-duale Einheit gesehen. Doch ebenso gut bedeutet er Bewusstlosigkeit und Bewusstseinsleere.

Vor rund 70.000 Jahren beginnt der *Homo sapiens* von Afrika aus die Welt zu besiedeln und dieser Aufbruch mag als ungefährer Anfang des magischen Bewusstseins herangezogen werden. Die magische Bewusstseinsform bringt sich selber zum Ausdruck, indem sie dem Menschen das bewusste Erleben von Kräften ermöglicht. Diese Kräfte sind Wirkungen der Natur, die der Mensch bewusst wahrnimmt und auf die er schließlich einzuwirken versucht. Vor rund 35.000 Jahren fängt der magische Mensch weltweit damit an, Felskunst und kleine Kunstgegenstände zu schaffen. Indem er die Kräfte bildnerisch ausdrückt, werden ihm allmählich die Dinge gegeben und bewusst. Weil ihm die Natur dabei zunehmend äußerlich und fremd wird, beginnt er sich selber zu schützen und die Natur in einer absichtsvollen Magie zu beeinflussen. Erste Rituale und Ritualgegenstände vermitteln zwischen Mensch und Natur. Das bedeutet, dass gegen Ende der magischen Periode ein vages Vorbewusstsein von äußeren Dingen und eines eigenen Selbsts vorhanden ist, das in der mythischen Periode konkretisiert wird.

Nach dem Abklingen der letzten Eiszeit rund 10.000 v. Chr. entwickelt der Mensch im Holozän markante neue Kompetenzen, die den Beginn des mythischen Bewusstseins kennzeichnen. Die mythische Bewusstseinsform bringt dem Menschen eine hochdynamische Innerlichkeit und eine bewusste Selbstwahrnehmung als Seelenwesen. Als Seelenwesen ist der mythische Mensch stets bedeutungsvoll verbunden mit allen anderen Wesensformen seiner Wirklichkeit. Durch die Verankerung in Stamm und Familie hat das Seelenselbst starke kollektive Elemente. Das mythische Bewusstsein ermöglicht den Kontakt zu den Ahnen, mit deren Wissen und unter deren Führung die äußere Welt gestaltet wird. So schafft der mythische Mensch die alten Hochkulturen mit Sesshaftigkeit, Siedlungsbau, Lagerhaltung, Handel, gesellschaftlichen Organisationsstrukturen, Naturbeobachtungen und gekonnten Beschreibungen derselben. Und als der mythische Mensch ob dem innerlichen Überfluss depressiv zu werden beginnt, heben mit dem rationalen Bewusstsein neue Möglichkeiten an, die Welt zu erklären.

Ab der Mitte des letzten vorchristlichen Jahrhunderts werden von China über Indien und den arabischen Raum bis Europa erste rationale Systeme zur Lebensführung und zur Welterklärung entwickelt, aus denen die Wissenschaften und die großen Religionen entstehen. Die rationale Bewusstseinsform bringt dem Menschen eine Selbstwahrnehmung als autonomes Ich, das sich perspektivisch einer Außenwelt gegenüber sieht. Das rationale Bewusstsein lässt den Menschen nach außen und in die Zukunft blicken. Dieser Mensch beginnt die Welt zu messen, zu teilen und neu zusammenzusetzen. So schafft er Nationen, Hochhäuser, Raketen und Protonenbeschleuniger. Und als dem rationalen Menschen im 20. Jahrhundert die elementaren Entitäten von Materie, Ich und Logik als Grundlage seines Weltbildes entgleiten und er in einem äußeren Übermaß zu ertrinken droht, machen sich die neuen Bewusstseinsformen, die pluralistische und die integrale, bemerkbar und beleben die Entwicklung abermals mit neuen Möglichkeiten.

Das pluralistische Bewusstsein zelebriert den Perspektivenwechsel und bringt qualitative Elemente stärker zum Zug als das auf Quantitatives fixierte rationale Bewusstsein. Dadurch wird eine partizipative Haltung des Menschen gegenüber anderen und der Natur unterstützt. Die systemische Haltung des Pluralistischen begünstigt holistische Denkweisen.

Erst in Spuren erkennbar ist die Integrale Bewusstseinsform. Eine sorgfältige Extrapolation lässt bedeutende Veränderungen erwarten, welche einen völlig neuen Wirklichkeitszugang erlauben. Zwänge von Raum und Zeit, die ja immer auch Sicherheit stiftende Leitplanken sind, werden überwunden und achronische Zeitphänomene werden möglich. Die zahlreichen rationalen Dualitäten, von denen diejenige von Materie und Geistigem zu den Grundlegendsten gehört, werden aus ihrer Gegensätzlichkeit in eine wirkende Verbindung gehoben. Pluralistische Qualität wird als integrale Intensität weiterentwickelt.

Bewusst-seinsform	Menschheits-geschichte (grobe Start-punkte)	Typische Vertreter	Charakteristika, Fertigkeiten, Werke	Hauptthema
Archaisch	vor 2,0 Mio. Jahren	Homo erectus, Homo neandertalensis	Aasfresser und ev. Jäger. Einfache Werkzeuge	(Einheit)
Magisch	vor 70.000 Jahren	Cro Magnon, Gravettien, Magdalénien	Sammler, Jäger. Höhlenmalereien, Felsgravuren, Venusfiguren	Kräfte
Mythisch	10.000 v. Chr.	Schamanen, antike Priester, historische Kelten und Indianer	Sesshaftigkeit, Ackerbau, Lagerwirtschaft, Städte, frühe Hochkulturen	Seele
Rational	500 v. Chr.	Antike Inder, Griechen und Römer, Universalgenies, Wissenschaftler	Elementarteilchen, Technik, Raketen, Hochhäuser, Megacities	Ich, Raum, Perspektive
Pluralistisch	1960	68er, Feministinnen, Naturschützer, Systemtheoretiker	Systemtheorie, Ökologie, Globalisierung	Perspektiven, Welt
Integral	2000	Pragmatische Spirituelle und spirituelle Pragmatiker	Verbunden, wirkend, Virtualisierung	Intensität, Wirkung, Welten

Tabelle 2 – Übersicht Bewusstseinsformen und Menschheitsgeschichte

Die nachstehende Tabelle zeigt eine Übersicht mit ein paar der wichtigsten Merkmale aller Bewusstseinsformen, wie sie in den Kapiteln oben diskutiert wurden.

Bewusst-seinsform	Magisch	Mythisch	Rational	Pluralistisch	Integral
Anteil (s.a. S. 154)	1%	40%	40%	20%	1%
Bewusstsein	Wolkenhaft	Traumhaft	Ichhaft / wach	Ichhaft / wach	Hellwach / transparent
Hauptthema	Kräfte	Seele, Seelenwesen	Ich, Raum, Perspektive	Perspektiven, Welt	Intensität, Wirkung, Welten
Zentrierung	Nichtzentrisch	Ethnozentrisch	Ichzentrisch	Weltzentrisch	Weltenzentrisch
Loyalitäten	Man	Uns	Ich / wir (quantitativ)	Wir alle (qualitativ)	wir alle und alles
Form des Selbst	nicht bewusst	Seele im Uns	Ich in der Außenwelt	Ich im Wir	Ich im Kosmos

Haltung (des Bewusstseins)	Performativ	Kontemplativ	Deskriptiv	Partizipativ	Einsichtig, kausativ (wirkend)
Aufmerksamkeit	Immersion	Hingabe	Fokus	Zerstreuung	Absorption
Einheit	Unität	Qualität / Polarität	Quantität / Dualität	Quantität / Qualität	Intensität
Wirklichkeitsbezug	Zeichen	Erzählung, Mythos	Theorie	Systemtheorie	Systemeinsicht
Handlungsantriebe	Auslösen	Ausgleichen	Auftürmen	Teilnehmen	Durchwirken
Positiver Ausdruck (maßvolle Form)	Bannen	Geschwiegener Urmythos, verpflichtender Mythos	Gerichtetes Denken, Abstraktion	Verbindende Toleranz	Performative Widerspruchslosigkeit
Negativer Ausdruck (maßlose Formlosigkeit)	Zauberei, Macht (handelnd) Affekte (erleidend)	Ausgesagte Einzelmythen, unmäßig ambivalente und ungezügelte Imagination	Atomisierung, Isolation, Vermassung, Mikromanagement, Redundanzlosigkeit	Extremer Relativismus, Rechthaberei, Kritiktaubheit	Identitätsverlust
Stichworte	Kraftwirkungen, Urrituale, Dämonen	Ritterlichkeit, Ehre, Polarität, Ausgleich	Entdeckung, Wissenschaft, Psychoanalyse, Ethik	Wertegemeinschaft, Mitgefühl, Umweltschutz, Idealismus, Relativismus	Gesunde Werturteile, universelle moralische Ideale
Errungenschaften	Felsbilder	Hochkulturen	Technologie	Globalisierung	Virtualisierung
Artefakte/ Technik	Werkzeuge, Waffen, Hütten, Kunstfertigkeiten, Naturelemente	Ackerbau, Lagerhaltung, das Rad, Städte, Kathedralen	Elementarteilchen, Chemie, Megacities, Hochhäuser, Radio, TV, Auto, Raketen	World Wide Web, Strings, Vernetzung, Quantenphysik, Differenzial- & Integralrechnung	Cloud Computing, imaginäre Zahlen, n-dimensionaler Hyperraum
Zeitform	Zeitlos	Zyklische Zeithaftigkeit	Linear gerichteter Zeitstrahl	Linear gerichteter Zeitstrahl	Heterogene Zeit, Achronien
Akzentuierung im Körper	Bauch / Becken / Unterleib	Brust / Herz	Kopf / Hirn	Kopf / Hirn	Scheitel / Nichtlokal

Tabelle 3 – Bewusstseinsformen

– Das Denken der Seele –

Teil 2
Ein erweitertes Modell von Wirklichkeiten

3. Bewusstsein und Wirklichkeiten

Welt, Universum, Kosmos, Realität, Wirklichkeit... Was immer bewusst wahrgenommen wird, scheint Teil von etwas Größerem und schließlich von etwas Ganzem zu sein. Der Mensch, wenn er nicht durch die primären Tätigkeiten zur Existenzsicherung zurückgebunden ist, scheint stets danach zu trachten, sich diesem Großen und Ganzen anzunähern, es zu verstehen, zu erfahren, zu erleben. Ich glaube nicht, dass wir dieses Ganze in sinnvoller Weise erfassen können. Wir können höchstens irgendwie bezeichnen und dann offen lassen, wofür die Bezeichnung eigentlich steht. Allerdings gibt es Zwischenstufen, über die man sehr wohl sprechen kann: das sind die *Wirklichkeiten*.

Dieses Buch befasst sich vor allem mit der Frage, ob und inwiefern wir von mehreren Wirklichkeiten sprechen dürfen. Rationales Bewusstsein akzeptiert nur die rationale Wirklichkeit und betrachtet andere Wirklichkeiten höchstens als mentale Abwandlungen davon, wenn nicht sogar unverhohlen als Einbildungen. Pluralistisches Bewusstsein ist da offener. Es hat den rationalen Exklusivitätsanspruch aufgegeben und akzeptiert die Existenz weiterer Bewusstseinsformen mit ihren eigenen Wirklichkeiten zumindest einmal hypothetisch.

Bewusstseinsformen und Wirklichkeiten gehören zusammen und stabilisieren sich gegenseitig. Das kreative Zusammenspiel von aktiv erscheinenden Bewusstseinsformen und statisch erscheinenden Wirklichkeiten ist vergleichbar mit dem, was der Neurobiologe Humberto Maturana als „Autopoiesis"[61], als Selbsterzeugung von lebendigen Systemen, bezeichnet hat.

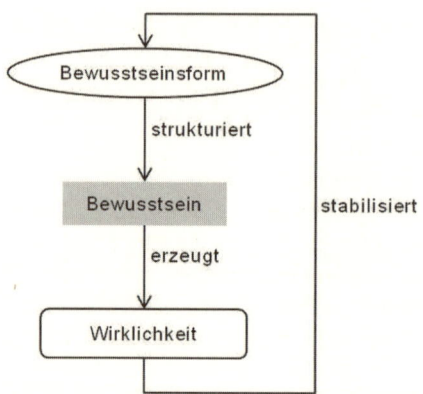

Abbildung 17 – Bewusstseinsformen und Wirklichkeiten

Im ersten Teil des Buches sind die Bewusstseinsformen vorgestellt worden. Dabei sollte zumindest deutlich geworden sein, dass es unterschiedliche Deutungsrahmen gibt, die das menschliche Bewusstsein strukturieren und Weltzugänge erzeugen, die sich stark unterscheiden. Bevor wir uns den Wirklichkeiten zuwenden können, soll nun noch das Bewusstsein, das funktionale Scharnier zwischen Bewusstseinsformen und Wirklichkeiten, skizziert werden.

3.1 Was ist Bewusstsein?

In diesem Buch befasse ich mich mit *Makrobewusstsein*. Makrobewusstsein ist anthropomorph; es ist beobachtbares menschliches Bewusstsein und Bewusstsein von nicht-menschlichen Wesen, die ähnliche Leistungen erbringen. Zu diesen Leistungen gehört insbesondere Selbst-Wahrnehmung, eine Daseinsgewissheit von sich selber. Auch Reflexivität gehört dazu, die Fähigkeit über sich und andere nachzudenken. Oben haben wir gesehen, dass Reflexivitätsstrukturen und Daseinsgewissheiten je nach Bewusstseinsform sehr unterschiedlich sind.

Als *Mikrobewusstsein* bezeichne ich Spuren von anthropomorphem Bewusstsein in Tieren, Pflanzen und möglicherweise weiteren Wesen. Ich zweifle keine Sekunde, dass es Mikrobewusstsein gibt und die Forschung mehr und mehr Beispiele davon entdecken wird. Ich zweifle nicht daran, dass Bewusstsein eine Verbindung zwischen *allen* Wesen dieser Welt schafft und dass diese Verbindung in Zukunft bewusster werden wird. Für meine Überlegungen brauche ich Mikrobewusstsein jedoch nicht, weil Makrobewusstsein völlig ausreicht, um eine Welt aus verschiedenen Wirklichkeiten zu rechtfertigen.

Die dritte Form von Bewusstsein ist *nicht-menschliches Bewusstsein*, das hier der Vollständigkeit halber erwähnt sei, um einem blinden Anthropozentrismus vorzubeugen. Weil es nicht-menschlich ist, können wir Menschen natürlich nicht viel mehr darüber sagen, außer dass es vielleicht existiert. Oder vielleicht auch nicht. Vielleicht vollbringt ja jeder Stein nicht-menschliche Bewusstseinsleistungen, die uns selber nicht zugänglich sind.

Während natürlich Menschen Träger von Makrobewusstsein sind, soll nicht ausgeschlossen werden, dass es auch nicht-menschliche Träger gibt. Damit werden also *Träger* von Bewusstsein und *Leistungen* des Bewusstseins unterscheiden. Bei den Bewusstseinsleistungen beschränke ich mich – weil es nicht anders möglich ist – auf Leistungen, zu denen der Mensch auch fähig ist. Bei den möglichen Trägern solcher Leistungen bleibe ich dagegen völlig offen. Tatsächlich werden wir in der Folge rasch auf nicht-menschliche Träger von Makrobewusstsein stoßen.

3.1.1 Wahrnehmung und Bewusstsein

Der Kern von Bewusstsein, wie ich es verstehe, ist reflexive Daseinsgewissheit: Wir erleben etwas bewusst, wenn wir wissen, dass wir es erleben.

Bewusstsein hat viel mit Wahrnehmung zu tun. Es scheint, als ob Bewusstsein aus der beinahe unendlich großen Menge an Wahrnehmungen, die wir jede Sekunde über all unsere Sinne machen, eine bestimmte Anzahl auszeichnete, von denen wir merkten, dass wir sie machen. Während ich an meinem Schreibtisch sitze und diesen Text schreibe, erhält mein Hirn jede Sekunde Abermillionen von Meldungen über die Druckstellen an meinen Beinen, über die Umgebungstemperatur, über das vorbeifahrende Auto, über den Wind vor dem Fenster oder das Tageslicht. Doch von alledem gelangt praktisch nichts in mein Bewusstsein, welches sich gerade mit dem Text beschäftigt. Und nicht nur die Wahrnehmung, auch viele Reaktionen darauf laufen unbewusst ab. Positionsänderungen auf dem Stuhl, ein kurzes Kratzen am Kinn, gedankenverlorenes Herumschauen, all die kleinen Idiosynkrasien, die geliebten und ungeliebten Moden, die wir haben, wenn es einfach so läuft, ohne dass wir uns unserer selbst bewusst wären, geschehen bestens auch unbewusst. Deshalb heißt es ja auch: „Man kann sich nicht nicht verhalten."

Im gesunden Menschen werden Myriaden von Reizen verarbeitet, ohne dass je etwas davon ins Bewusstsein gelangen würde. Bewusstsein scheint also nicht überlebenswichtig zu sein. Vielleicht ist Bewusstsein ja so etwas wie eine Zugabe.

Menschliches Bewusstsein funktioniert nach meinem Verständnis etwa wie folgt: Die schier zahllosen Sinneseindrücke werden an den vielfältigsten Stellen im menschlichen Wesen verarbeitet, vor allem im Hirn. Unüberblickbar viele Funktionen erledigen kleine oder größere Aufgaben und interagieren auf mannigfaltige Weise miteinander, hauptsächlich in dem Geflecht von Neuronen im Hirn.

Die Funktionen stellen provisorische Zwischenresultate her, welche in hochdynamischen Interaktionsschlaufen verändert, verdichtet oder auch ignoriert werden. Diese Vorgänge bilden die Hirnereignisse, die sich mit geeigneten Mitteln sichtbar machen lassen. Die allerwenigsten dieser Hirnereignisse oder Zwischenresultate sind bewusst. Manche scheinen ein Attribut „bewusst" zu erhalten und dadurch „ins Bewusstsein" zu gelangen, unabhängig davon, wo im Gehirn sie gerade ablaufen oder ob sie über das ganze Nervensystem verteilt sind. Die bewussten Hirnereignisse wirken wiederum auf die unbewussten Interaktionsschlaufen zurück. Und ganz wichtig: Die bewussten Hirnereignisse stellen in der Regel narrative Ketten dar. Das heißt, Bewusstseinsstränge erzählen Geschichten.

Die Literatur zum Thema Bewusstsein diskutiert eine große Anzahl an Mechanismen, die dazu beitragen, dass gewisse Sinneseindrücke ins Bewusstsein gelangen und andere nicht. Ein für meine Überlegungen höchst aufschlussreiches Phänomen ist „Blindsicht" (engl. „blindsight"), medizinisch auch „Rindenblindheit" genannt, weil Blindsicht durch eine Verletzung der Sehrinde, des visuellen Cortex, verursacht wird. Auge und Sehnerv sind dabei völlig intakt und übertragen Signale an die Sehrinde, doch diese produziert keine Bilder für das Bewusstsein. Je nachdem, wie groß die Verletzung der Sehrinde ist, betrifft dies nur einen Teil des Gesichtsfeldes der betroffenen Person. Wenn einer Testperson innerhalb dieses blinden Bereichs ein Lichtpunkt gezeigt und bewegt wird, dann sieht sie nichts. Spannend ist nun aber der Umstand, dass das Hirn die Reize sehr wohl empfängt und sie offensichtlich in anderen Hirnregionen als der Sehrinde auch tatsächlich verarbeitet.

Wird die Testperson gefragt, ob sie einen Lichtpunkt sieht oder ob sie eine Bewegung des Lichtpunktes wahrnimmt, dann verneint sie. Wird sie aber gefragt, welche Farbe der Lichtpunkt gehabt haben könnte, der eben aufgeleuchtet sei (und den sie nicht gesehen hat), dann kann sie die Farbe erstaunlich oft nennen. Die Trefferquote liegt weit über der statistischen Zufallsgrenze und soll bei manchen Testpersonen bis zu nahezu hundert Prozent reichen.[62] Selbst die Angabe einer Bewegungsrichtung (eines nicht bewusst gesehenen Lichtpunktes) liegt weit über den statistisch anzunehmenden Werten für Zufallstreffer. Die Testperson muss jeweils aufgefordert werden, ihre Meinung abzugeben, nachdem der Lichteffekt vorbei ist. Es ist ihr nicht möglich zu erkennen, wann das Ereignis erfolgt. Offensichtlich registriert das Hirn dieser Personen eine Bewegung, vermag sie aber nur auf indirektem Weg ins Bewusstsein zu bringen.

Im erweiterten Modell von Wirklichkeiten ist Blindsicht insofern vielsagend, als das Phänomen beweist, dass es Wahrnehmungen gibt, die dem Bewusstsein nicht zugänglich scheinen, mit etwas Anregung dann aber doch gelingen. Ganz ähnlich scheint es sich mit vielen „übersinnlichen" Wahrnehmungen von Phänomenen der nicht-rationalen Wirklichkeiten zu verhalten: auch diese sind dem normalen Wachbewusstsein nicht zugänglich, mit ein bisschen Übung und mit dem geeigneten Impuls dann aber doch möglich. Etwas drastisch ausgedrückt, können zutiefst rationale Menschen nur deshalb keine Geister sehen, weil die rationale Bewusstseinsform die Wahrnehmung von Geistern nicht ins Bewusstsein bringt, und nicht etwa, weil es keine Geister gibt.

3.1.2 Außenwelt und Bewusstsein

Man kann Bewusstsein als die Fähigkeit betrachten, von bestimmten Wahrnehmungen zu wissen, dass man sie macht. Die Mechanismen zur Aufbereitung von Wahrnehmungen, die Zusammenhänge zwischen etwas Wahrgenommenem „da draußen" und einem entsprechenden Bewusstseinsinhalt sind aber derart komplex, so dass man sich zuweilen fragt, ob es überhaupt etwas Wahrgenommenes gibt und nicht vielleicht alles, was uns das Bewusstsein präsentiert eine subjektive „Erfindung" ist. Neurologie, Künstliche Intelligenz, Psychologie und Philosophie überbieten sich im Aufstellen anregender Experimente und in deren geistreicher Interpretation, um solchen Fragen nachzugehen.

Wie das berühmte Gedankenexperiment vom „Hirn im Tank" („brain in a vat") anregt, lässt sich tatsächlich nicht mit Sicherheit sagen, ob einzelnen Bewusstseinsinhalten wirklich etwas Bestimmtes in einer Außenwelt entspricht. In diesem Gedankenexperiment ist ein Gehirn in eine Nährflüssigkeit eingelegt und wird über Kabel mit elektrischen Impulsen versorgt, mit denen ihm die Illusion einer persönlichen Existenz mit Wahrnehmungen, Gefühlen und Erlebnissen vermittelt wird. Wie alle Klassiker der Gedankenexperimente wird auch das „Hirn im Tank" seit Generationen von Forschern kontrovers diskutiert. Aus diesem Gedankenexperiment lassen sich meines Erachtens zwei wichtige Erkenntnisse gewinnen: nämlich dass es erstens eine „Außenwelt" gibt und wir zweitens keine Chance haben, festzustellen, wie sie geartet ist.

Blicken wir den Tatsachen in die Augen: es *ist* denkbar, dass ich ein Hirn im Tank bin und dass alles, was mir passiert das Resultat von elektrischen Impulsen ist. Und es ist auch möglich, dass Sie ein Hirn im Tank sind und dass alles, was Sie als Mensch zu erleben glauben das Resultat von elektrischen Impulsen ist. Es gibt keinen logischen und auch keinen experimentellen Weg, um diese Möglichkeit auszuschließen. Denn was wäre der Test, mit dem Sie (als Hirn im Tank) alles als Illusion entlarven könnten? Der Test wäre aufzustehen und die Wahrheit zu erkennen, dass Sie als Mensch gar nicht gibt, sondern nur als Hirnmasse an Drähten. Das können Sie als Hirnmasse an Drähten aber nicht tun. Das Hirn im Tank hat keine Möglichkeit, eine Wahrheit von einer Illusion zu unterscheiden, wie es der Protagonist Neo im Film *Matrix* (1999) tun konnte, der eben kein Hirn im Tank, sondern ein Mensch im Tank war. Falls Sie aber tatsächlich ein Hirn im Tank sind, dann muss es den Tank, die Drähte, den Computer und die Software usw. geben. Das ist also das Resultat jenes Gedankenexperimentes: es *muss* eine irgendwie geartete Außenwelt geben. Im Gedankenexperiment wäre das der Tank und die anderen Gerätschaften.

In einem anderen Gedankenexperiment könnte die Außenwelt aber auch ganz anders aussehen. Vielleicht wären es dann nicht Computer, sondern Engel, die dem Hirn eine Daseinsgeschichte einflüstern. Vielleicht ist unsere „wahre" Realität ein Meer von Liebe, vielleicht ein naturgesetzliches Universum, reine Energie, göttliche Kraft, universeller Geist oder vielleicht ein kleines Teufelchen, das sich an unseren Überlegungen amüsiert. Das lässt sich nicht wissen.

Klar scheint bloß zweierlei: Dass es erstens nötig ist, eine irgendwie geartete Realität jenseits des Bewusstseinskomplexes anzunehmen, der unsere subjektive Existenz vermittelt. Und dass es uns zweitens unmöglich bleibt, herauszufinden, wie jene Realität beschaffen sein könnte. Und ziemlich sicher dürfte auch noch gelten, dass jene „letzte" Realität gerade *nicht* so ist, wie sie uns erscheint.

3.1.3 Rational – Bewusstseinsmaschine

Die aktuelle Bewusstseinsforschung wird von den Neurowissenschaften geprägt, die sich insbesondere damit befassen, neuronale Korrelate des Bewusstseins (*neural correlates of consciousness*, NCC) zu ermitteln. Das NCC beschreibt den Zustand des Hirns bei bestimmten Bewusstseinstätigkeiten. So weiß man heute sehr genau, wo im Gehirn bildhafte Vorstellungen aufbereitet werden oder wie sich die Hirnaktivität verändert, wenn ein buddhistischer Mönch in tiefe Trance versinkt. Man kennt die Bereiche mit den Spiegelneuronen, die aktiv sind, wenn jemand eine andere Person beobachtet. Man weiß, welche Hirnregionen aktiv sind, ein paar Millisekunden bevor jemand den linken Arm hebt. Man weiß schon sehr viel und wird in den nächsten Jahren noch sehr viel mehr herausfinden.

Die Begeisterung über die Möglichkeiten der Neurowissenschaften ist derzeit so groß, dass nicht wenige Forscher die Existenz eines NCC zum definierenden Aspekt von Bewusstsein machen. So Thomas Metzinger.[63] Für Daniel Dennett, einen anderen Philosophen, der sich intensiv mit Bewusstsein beschäftigt, braucht Bewusstsein nicht einmal ein organisches NCC, sondern bloss eine „virtuelle Maschine", die bestimmte Architekturprinzipien aufweist, die sich auch als Prinzipien der Softwareentwicklung beschreiben lassen: „Wer oder was immer eine derartige virtuelle Maschine als sein Kontrollsystem hat, ist bewusst im vollsten Sinn und ist bewusst *weil* er/es eine solche virtuelle Maschine hat."[64] So provokativ diese Thesen lauten mag, ich stimme ihr zu, solange NCCs oder virtuelle Maschinen Makrobewusstsein produzieren.

Im Zusammenhang mit der Künstlichen Intelligenz hat sich ein Gedankenexperiment etabliert, mit dem sich testen ließe, ob eine Maschine tatsächlich über Bewusstsein verfügt. Der britische Mathematiker und Logiker Alan Turing hat 1950 einen Test vorgeschlagen, um diese Frage zu prüfen. Dieser *Turing-Test* läuft wie folgt: Ein „Richter" führt eine Unterhaltung mit zwei Gesprächspartnern, einem Menschen und der zu prüfenden Maschine. Der Richter sitzt in einem separaten Raum und weiß nicht, ob er mit dem Menschen oder der Maschine kommuniziert. Dann beginnt der Richter Fragen zu stellen. Anhand der Antworten soll er herausfinden, wo der Mensch und wo die Maschine sitzt. Der Richter wird also vorzugsweise nach typisch menschlichen und komplexen Mustern testen. Er wird etwa herauszufinden versuchen, ob die Probanden einen Witz oder Ironie verstehen. Oder er wird fragen, wie es ist, verliebt zu sein. Gelingt es der Maschine, den Richter zu täuschen, das heißt, kann der Richter nicht herausfinden, welche Antworten von der Maschine stammen, dann hat sie den Test bestanden. Die Idee dahinter: Wer oder was auch immer den Turing-Test besteht, verfügt über Bewusstsein, denn schließlich erbringt die Maschine in einem solchen Fall die gleichen Denk-, Intelligenz- oder Bewusstseinsleistungen wie der Mensch. Mehr kann man auch nicht verlangen, wenn man nach Makrobewusstsein, das ja gerade demonstrierbares menschliches Bewusstsein ist, fragt.

Dadurch, dass eine Maschine den Turing-Test besteht oder dadurch, dass einer Maschine Bewusstsein zugestanden wird, wird die Maschine nicht zum Menschen. Wenn mir dereinst eine solche Maschine begegnen sollte, dann werde ich mich jedenfalls gerne mit ihr austauschen, falls sie freundlich ist. Es wird unten bald deutlich werden, dass noch weitere Wesen über Bewusstsein verfügen dürften, wenn einmal die noumenalen Wirklichkeiten erschlossen sind.

Mein Verständnis von Bewusstsein ist funktional. Das heißt, dass jedem Wesen irgendeiner Wirklichkeit, das eine beobachtbare Bewusstseinsleistung erbringt, Bewusstsein zugesprochen wird. Dabei ist es unerheblich, ob diese Leistung aus einem Hirn „emergiert", ob sie allenfalls aus den Äußerungen einer leistungsfähigen Maschine hervorgeht oder ob sie einem Wesen wie die Atemluft oder das Sonnenlicht geschenkt wird und als Bewusstsein „ingrediert". Im epischen Streit zwischen Emergenz- und Ingressionstheorie beziehe ich nicht Stellung, weil in einer integrierenden Sichtweise je nach Perspektive beide Ansätze plausibel und nötig sein können. Die Unvereinbarkeit der Positionen löst sich dabei nicht auf, aber sie wird zu einer Alternative, wie das Liftfahren, bei dem klar ist, dass man ebenso gut hinauf- wie auch hinunterfahren kann, bloss nicht gleichzeitig. Aus mythischer Warte ist eine Ingressionstheorie durchaus plausibel, nach der Bewusstseinsfähigkeit in den Menschen hinein „fließt". Aus rationaler Warte aber nicht.

Ich verstehe Bewusstsein aus rationaler Sicht als das subjektive Vermögen, das eigene Dasein als Ich-Selbst und das Dasein einer perspektivischen Außenwelt zu erkennen und darüber zu reflektieren. „Reflektieren" bezeichnet die Fähigkeit, über sich und die Welt nachzudenken und dies auch zu merken. Offensichtlich treffen Teile dieser Definition auch auf Tiere zu. Das Vermögen, das eigene Dasein zu bemerken, wird durch den Spiegeltest bei einigen Tieren hinreichend belegt.

Da die heutige Literatur zum Thema Bewusstsein fast ausschließlich aus rationaler Sicht geschrieben ist, kreist die Debatte um ein perspektivisches Ich in einer Außenwelt. Thomas Metzinger stellt folgerichtig die Frage: „Warum ist Bewusstsein *subjektiv*?"[65] Eine Antwort auf Basis der Bewusstseinsformen ist verblüffend einfach: Das Bewusstsein kann gar nicht anders als subjektiv erscheinen, wenn die Frage innerhalb der rationalen Wirklichkeit aufgeworfen und die Antwort dort gesucht wird. Das ist die Struktur, wie sie von der rationalen Bewusstseinsform zur Verfügung gestellt wird. Wird die Antwort dagegen in der mythischen

Wirklichkeit gesucht, dann ist das Bewusstsein nur schwach subjektiv, in der magischen gar nicht und in der integralen teilweise.

3.1.4 Mythisch – Seelenwesen

Reflexive Fähigkeiten sind nicht auf den rationalen Menschen beschränkt. Auch der mythische Mensch denkt und argumentiert nicht nur beseelt, sondern durchaus sehr logisch. Die Errungenschaften der mythischen Hochkulturen, die Städte, die Gesetze, die Kalender, die Schrift, die Zahl wären anders gar nicht möglich gewesen. Die rationalen und mythischen Bewusstseinsformen unterscheiden sich nicht darin, dass die eine Logik und Denken hätte und die andere nicht. Sie unterscheiden sich vielmehr darin, wie Logik und Denken grundsätzlich strukturiert sind.

Man sagt, Denken und Bewusstsein der mythischen Menschen laufe im Herzen ab. Mircea Eliade schreibt: „Für die [mythischen] Chinesen ist das Herz das Organ des Denkens."[66] Es ist für uns westliche rationale Menschen heute schwer vorstellbar, dass wir mit dem Herzen denken könnten, so klar scheint es uns, dass das Denken im Kopf geschieht und nur dort. Spüren Sie nicht förmlich, dass ihr Denken im Kopf abläuft? Kann es da Zweifel geben? Descartes suchte den Sitz der Seele (die bei ihm der Kern des Bewusstseins war und sich vom Seelenbegriff hier unterscheidet) und des Denkens von Anfang an im Kopf (und glaubte ihn in der Zirbeldrüse gefunden zu haben). Die traditionellen Chinesen, die Hopi oder die alten Ägypter suchten ihn dagegen im Herzen.

Vor diesem Hintergrund könnte man ein weiteres Gedankenexperiment entwickeln, in dem wir uns vorzustellen versuchen, wie es ist, mit dem Herzen zu denken. Das ist wie jedes philosophische Gedankenexperiment völlig ernst gemeint. Und es kann gelingen. Fall Sie es auf Anhieb schaffen, dann haben Sie bereits einen Weg gefunden, um das mythische Bewusstsein zu aktivieren und in die mythische Erfahrungswirklichkeit einzutreten. Dies ist vielleicht auch der tiefere Sinn des Satzes: „man sieht nur mit dem Herzen gut". Die Aussage wird im esoterischen Zusammenhang oft missverstanden. Man brauche bloß ins Herz zu horchen, sich auf das Gefühl zu verlassen, um die richtigen Antworten zu finden, wird oft angedeutet. Doch dem denkenden Herzen geht es weniger um Emotionen, denn um Werthaftigkeit. Gefühle gibt es nicht nur im Herzen (z.B. Liebe, mythisch), sondern auch im Bauch (z.B. Wut, magisch) und im Kopf (z.B. Neid, rational).

Werden die Charakteristika der mythischen Bewusstseinsform berücksichtigt, dann kann Bewusstsein aus mythischer Sicht als das Vermögen bezeichnet werden, das eigene seelische Dasein innerhalb einer allseits beseelten Wirklichkeit zu erfahren und darüber zu reflektieren.

Diese Definition deckt sich strukturell mit derjenigen oben für die rationale Sicht. Der Bewusstseinsform entsprechend werden ein paar begriffliche Ersetzungen vorgenommen: aus „erkennen" wird „erfahren", aus dem „Ich-Dasein" wird das „seelische Dasein" und aus der „Außenwelt" wird die „beseelte Wirklichkeit". Was auf den ersten Blick als kosmetische Änderungen erscheinen mag, erweist sich als Operation mit bedeutenden Auswirkungen. Denn die *Phänomenologie des Bewusstseins*, welche angibt, was als Bewusstseinsinhalt in Bewusstseinserlebnissen auftauchen kann, verändert sich markant.

Wie das Gedankenexperiment vom „Hirn im Tank" zeigt, muss es eine Außenwelt geben. Innerhalb der rationalen Bewusstseinsform liefert das Bewusstsein dem Menschen die Erfahrung einer individuellen Existenz innerhalb eines raumzeitlichen Kontinuums. Von der raumzeitlichen Außenwelt wird dabei vorausgesetzt, dass sie unabhängig vom Bewusstsein existiert und dass sie über äußere Reize im menschlichen Hirn Bewusstseinserlebnisse bewirkt. Die Situation ist innerhalb der rationalen Wirklichkeit also einigermaßen klar: die Außenwelt ist die Welt, die zählt. Man kann zwar grundsätzlich nicht wissen, wie sie strukturiert ist, aber man kann intersubjektive Aussagen machen, Theorien aufstellen und diese in Experimenten überprüfen.

In der mythischen Wirklichkeit präsentiert sich die Situation anders, denn hier kommt eine beseelte Innerlichkeit ins Spiel und es zeigt sich dem Bewusstsein auch eine Phänomenologie mit Naturgeistern, Ahnenseelen und anderen Seelenwesen. In der rationalen Wirklichkeit kann der Turing-Test eingesetzt werden, um die Bewusstseinsfähigkeit von Maschinen zu testen. Nun soll derselbe Test auf Wesenheiten der mythischen Wirklichkeit angewendet werden. Falls sie den Turing-Test bestehen, dann müsste man ihnen ebenfalls Bewusstsein zugestehen. Mythische Seelenwesen sind ja genau wie Maschinen/Roboter/Computer nichtmenschliche Wesenheiten, mit denen unter gewissen Umständen kommuniziert werden kann. Dazu seien zwei kleine Szenen von Konversationen mit mythischen Wesenheiten herangezogen.

Hildegard von Bingen, die mittelalterliche Klosterfrau und Wissenschaftlerin des 12. Jahrhunderts, bezog ihr Wissen über Wirkungsweisen von Heilpflanzen im Wesentlichen aus Visionen. Nach langem Zögern machte sie diese Tatsache publik: „Und wieder vernahm ich eine Stimme vom Himmel, und sie sprach zu mir: Erhebe deine Stimme und schreibe also!"[67] Auf diese Weise erhielt von Bingen im Laufe ihres Lebens detaillierte Anweisungen über die Wirkungen von Pflanzen und die Herstellung von Medizin. Die Frage ist nun: Würde diese „Stimme" den Turing-Test bestehen? Und die Antwort lautet vermutlich Ja, demonstriert sie doch intellektuelle Fähigkeiten, die jedem Menschen gut anstehen würden. Die „Stimme" vermittelt nicht nur wertvolles Wissen, sondern wirkt sogar noch motivierend auf von Bingen ein. Zeugnis eines hohen Bewusstseins.

Die zweite Szene stammt aus einer überlieferten Tranceeise eines altaischen Schamanen. Mircea Eliade berichtet, wie sich der Schamane in Trance versetzt und auf eine innere Reise begibt. „Nach Überquerung der Brücke reitet der Schamane wieder weiter und zwar zur Wohnung Erlik Khans. Es gelingt ihm dort einzudringen trotz den Hunden, die sie bewachen, und dem Pförtner, der sich schließlich durch Geschenke überzeugen lässt. (Bier, gesottenes Rindfleisch und

Iltishäute sind zu diesem Zweck vor der Abreise des Schamanen hergerichtet worden.) Der Pförtner nimmt die Geschenke und lässt den Schamanen in Erliks Jurte eintreten."[68] Auch hier können wir uns fragen, ob der „Pförtner" den Turing-Test bestehen würde, falls er sich darauf einließe. Und die Antwort muss auch hier wieder positiv ausfallen. Der „Pförtner" verhandelt, er lässt sich überzeugen und sogar bestechen; alles Leistungen eines in einem gewissen Sinne höheren Bewusstseins.

Sowohl von Bingens „Stimme" als auch Erliks altaischer „Pförtner", seien sie nun wissend oder schrullig, demonstrieren die menschlichen Verhaltensweisen eines Makrobewusstseins, so dass sie ein „Richter" im Turing-Test vermutlich nicht von denen eines echten Menschen unterscheiden könnte. Der Philosoph Hilary Putnam hat die Meinung vertreten, „dass man einem informationsverarbeitenden System nicht allein aufgrund von Eigenschaften seiner Hardware Bürgerrechte oder den Status einer Person verweigern kann."[69] Wieso sollte das bei mythischen Wesenheiten anders sein? Wenn es mythische Wesenheiten in einer eigenständigen Weise geben kann, dann spricht einiges dafür, manchen von ihnen innerhalb der mythischen Wirklichkeit Bewusstsein zuzusprechen.

3.1.5 Bewusstsein-e und Daseinsgewissheiten

Mit den Überlegungen in vorangegangenen Abschnitten sollte klar geworden sein, dass das Phänomen „Bewusstsein" nicht ausschließlich aus rationaler Sicht beurteilt werden darf. Eine übergeordnete Sichtweise, die alle Wirklichkeiten berücksichtigt, ist nötig und ich habe versucht, eine solche zu skizzieren. Für alle Bewusstseinsformen und Wirklichkeiten gilt, dass Bewusstsein eine reflexive Daseinsgewissheit darstellt. Wie stark diese ist und worauf sie sich bezieht, das heißt, wer und was als „daseiend" erfahren wird, ist unterschiedlich.

In der westlichen Welt gibt es einen breiten Konsens, dass das durch die rationale Bewusstseinsform erzeugte Bewusstsein das „richtige" sei. Es ist ein waches Tagesbewusstsein eines stark definierten Ichs in einer vierdimensionalen Raumzeit, die von den physikalischen Kräften geformt wird und in der es keine Geister oder Seelenwesen gibt. Als Beleg für die privilegierte Stellung dieser rationalen Wirklichkeit gilt in erster Linie die Tatsache, dass man Phänomene in dieser Wirklichkeit experimentell überprüfen kann. Dabei wird aber gern übersehen, dass der Apparat zur Überprüfung mit Kausalität, Theorie und Experiment selber ein Werk der rationalen Bewusstseinsform ist. Es ist völlig angemessen, die rationale Wirklichkeit mit diesen Mitteln zu erforschen und zu validieren und es ist fantastisch, was der Mensch dadurch erreicht hat. Aber für die Validierung anderer Wirklichkeiten dürfen nicht nur die rationalen Mittel herangezogen werden. Ein Primat des Rationalen kann nicht mit ausschließlich rationalen Mitteln begründet werden.

In der mythischen Wirklichkeit wird eine erweiterte Phänomenologie mit Seelenwesen in einer beseelten Welt erfahrbar. Was ein mythischer Mensch bewusst wahrnimmt, ist nicht dasselbe wie das, was ein rationaler Mensch bewusst wahrnimmt. Und das, was ins Bewusstsein eines Menschen gelangt, wird unterschiedlich sein, je nachdem, ob sie die rationale oder mythische Bewusstseinsform aktiviert. Das ist übrigens gar nicht seltsam und gilt auch für andere Umstände. Ob betrunken oder nüchtern, ob verliebt oder traurig, ob konzentriert oder schläfrig: auch das und vieles mehr hat einen Einfluss darauf, was uns bewusst wird und wie wir uns dazu verhalten.

Aus der Einsicht, dass es unterschiedliche Bewusstseinsformen gibt, folgt ganz zwanglos, dass es das Bewusstsein *per se* nicht gibt, einmal abgesehen von sehr allgemeinen Bestimmungen, wie der von Bewusstsein als Daseinsgewissheit. Da wäre es fast angezeigt, von Bewusstsein*en* im Plural zusprechen. Jede Bewusstseinsform erzeugt eine eigene Vorstellung von Bewusstsein mit einer eigenen Wirklichkeit. Insbesondere vermittelt Bewusstsein als Daseinsgewissheit je nach Bewusstseinsform und Wirklichkeit unterschiedliche Gewissheiten darüber, wer/was die Daseinsgewissheit empfindet und wer/was es als daseiend geben kann.

Bewusstseinsform	Empfindet Daseinsgewissheit	Entitäten, die als daseiend akzeptiert sind (nicht abschließend)
Pluralistisch	Verbundenes Ich	Physikalische Außenwelt, mentale Entitäten
Rational	Autonomes Ich	
Mythisch	Seele/Stamm	Zusätzlich: Nicht-physikalische Kräfte, Seelenwesen, Geistwesen
Transzendent	Ich/Seele/Nous	Überindividuelle Abstrakta, Heilige Wesen

Tabelle 4 – Daseinsgewissheiten

3.2 Die Ontologischen Postulate

Mit diesen Überlegungen ist nun ein entscheidender Punkt erreicht, und wir wollen an dieser Stelle etwas *Ontologie* betreiben. Ontologie ist die „Lehre vom Sein". Sie beschäftigt sich mit den philosophischen Grundlagen der Existenz und fragt danach, was es „wirklich" gibt. Die entscheidende Frage für uns ist natürlich, ob es die Entitäten der nicht-rationalen Bewusstseinsformen wirklich geben kann, oder ob das bloß „Einbildungen" sind, also mentale Entitäten. Entitäten ist ein sehr allgemeiner Begriff für irgendetwas „Gegebenes", sei es nun dinglich, mental, seelisch, geistig oder auf welche Weise auch immer.

Das Hirn-im-Tank-Gedankenexperiment hat gezeigt, dass es erlaubt und nötig ist, von einer *irgendwie gearteten* Außenwelt zu sprechen. Und gleichzeitig warnt das Experiment davor, zu glauben, dass diejenige Außenwirklichkeit, welche wir der bewussten Wahrnehmung vermittelt erhalten, die tatsächliche Außenwelt sei. Die Welt „an sich" kann nicht erkannt werden. Die Rede von einer „Außenwelt" ist heikel und voller paradoxaler Fallen. In einer zeitgenössischen Sprache lässt sich aber immerhin so viel sagen: Unser Bewusstsein erzeugt Modelle einer Außenwirklichkeit und projiziert dieses in die unbestimmbare Außenwelt.

Hier unterscheide ich also eine Welt und eine Wirklichkeit. Das hat einen erfreulichen Effekt: Die Außen-*Welt* ist jenes denknotwendige aber nicht erkennbare Äußere, jenes Große Ganze, über das sich eigentlich nichts sagen lässt. Die Außen-*Wirklichkeit* ist dagegen die modellierte Form von etwas Äußerem, über das wir durchaus etwas aussagen können. Das Modell einer Außenwirklichkeit, das wurde nun vielfach deutlich, unterscheidet sich zum Teil sehr stark von einer Bewusstseinsform zur anderen, denn es ist nicht zuletzt die Bewusstseinsform, welche die vorbewusste Modellierung strukturiert.

Unser rationales Bewusstsein erzeugt beispielsweise ein äußeres Raumzeitmodell, das wir erkennen können, und projiziert dieses in eine Außenwelt, die wir nicht kennen. Fassen wir die wichtigsten Modellannahmen in einem Postulat zusammen. Das rationale ontologische Postulat (ROP) formuliert wichtige von der rationalen Bewusstseinsform angeregte Annahmen darüber, was es in einer rationalen Wirklichkeit geben kann und was nicht.

Das rationale ontologische Postulat (ROP):

- Bewusstseinserlebnisse, die sich auf eine Außenwelt beziehen, entstammen der Raumzeitwirklichkeit und müssen physikalisch bzw. empirisch überprüfbare Entsprechungen in dieser Außenwirklichkeit haben. Solche Bewusstseinserlebnisse sind mit einem externen Reiz verknüpft und enthalten somit einen übersubjektiven Anteil.
- Alle anderen Bewusstseinserlebnisse sind mentalen Ursprungs und nicht mit einem externen Reiz verknüpft.
- Es gibt ausschließlich Wirkungen, die sich auf die vier physikalischen Kräfte zurückführen lassen. Alle anderen Wirkungen sind mentalen Ursprungs (psychologische, soziale Wirkungen, Fantasien, Einbildungen usw.).

Nach dem ROP sind Hildegard von Bingens „Stimme", Erliks „Pförtner" und die Vision von Maria Magdalena mentalen Ursprungs, denn es gibt keine rational akzeptierten Entitäten, von denen ein externer Reiz ausgehen könnte. Dies widerspricht allerdings der persönlichen Erfahrung von Bingens, des altaischen Schamanen oder Marias, die in ihrer mythisch-transzendenten Wirklichkeit nicht daran zweifeln, dass sie Informationen „von außen" erhalten. (Maria zweifelt zwar an der Verlässlichkeit der seelischen Wahrnehmung, aber nicht daran, dass sie etwas empfängt.)

Zuweilen schafft das ROP Probleme, weil das Geistige mit ihm fest in der subjektiven Psyche eingeschlossen bleibt. Hildegard von Bingens „Stimme" wird zur Halluzination, der „Pförtner" zur ekstatischen Fantasie, Marias Vision zur religiösen Verklärung. Ein Manager, mit dem ich neulich sprach, zweifelte an seiner geistigen Gesundheit, weil er wiederholt ziemlich präzise Visionen hatte, diese aber in eklatantem Widerspruch zu seinem ganz persönlichen ROP standen. Zahlreiche Erfahrungen und Erlebnisse moderner Menschen bekräftigen hartnäckig, dass nicht alles, was an mythisch-magischen Bewusstseinserlebnissen daherkommt, automatisch in den mentalen Topf gehört. Vieles ist tatsächlich Show, Fantasie und Halluzination, aber nicht alles. Deshalb soll dem rationalen nun ein noumenales ontologisches Postulat gegenübergestellt werden, das diesen Berichten und Erfahrungen Rechnung trägt.

Das *noumenale ontologische Postulat* (NOP):

- Es gibt Bewusstseinserlebnisse, die sich auf eine nicht-physikalische Außenwirklichkeit beziehen. Solche Bewusstseinserlebnisse sind mit einem externen Reiz aus einer nicht-physikalischen Wirklichkeit verknüpft und enthalten somit einen übersubjektiven Anteil.
- Es gibt wirksame Kräfte, die sich nicht auf die vier physikalischen Kräfte zurückführen lassen.

Ein Postulat ist nach Duden eine „sachlich oder denkerisch notwendige Annahme", eine „These, die unbeweisbar oder noch nicht bewiesen, aber durchaus glaubhaft und einsichtig ist". Die rationale Wirklichkeit beruht auf dem rationalen ontologischen Postulat. Das ROP ist eigentlich nichts anderes als eine Formulierung zentraler Aspekte der rationalen Bewusstseinsform. In den Wissenschaften sind im Laufe der Zeit explizite Prinzipien (z.B. Reproduzierbarkeit, physikalische Kausalität) formuliert worden, um das ROP zu operationalisieren. Die Wissenschaften grenzen sich mit dem ROP auch von religiöser oder philosophischer Metaphysik ab. Auch der akademische Graben zwischen Natur- und Geisteswissenschaften beruht teilweise auf dem ROP. Die vermutete Überlegenheit der Naturwissenschaften ergibt sich aus der Tatsache, dass sie weit mehr mit Bewusstseinserlebnissen mit einem externen Reiz (also weit weniger mit mentalen Phänomenen) zu tun haben als die Geisteswissenschaften.

Je stärker sich ein Postulat verfestigt, desto seltener wird es erwähnt, bis schließlich im Alltag vergessen geht, dass es auch nur ein Postulat ist. Dabei gibt es immer wieder warnende Stimmen. Schon Platon hatte „ein deutliches Bewusstsein von der prinzipiellen Nichtbegründbarkeit der Wissenschaft, die immer von irgendwelchen Axiomen, Hypothesen, Grundannahmen ausgehen muss"[70] konstatiert. Albert Einstein soll 1926 gegenüber Werner Heisenberg lakonisch festgestellt haben: «Die Theorie bestimmt, was wir beobachten können.» Die Arbeit mit nicht mehr weiter begründbaren Axiomen und Postulaten gehört eigentlich zum wissenschaftlichen Alltag und das ROP ist innerhalb der rationalen Wirklichkeit harmlos. Man sollte einfach nicht vergessen, dass es ein Postulat ist.

Die Existenz einer noumenalen Wirklichkeit, oder eigentlich von mehreren noumenalen Wirklichkeiten, ist eine direkte Folgerung aus dem noumenalen ontologischen Postulat. Dass das NOP in Abgrenzung zum ROP formuliert wird, spiegelt einfach die aktuellen Kräfteverhältnisse in einer Welt mit rationalem

Hauptbewusstsein. Die noumenalen Wirklichkeiten müssen sich Terrain zurückholen. Das funktioniert desto einfacher, je stärker sich das pluralistische Bewusstsein entfaltet, denn dieses ist, wie wir gesehen haben, offener als das rationale.

3.2.1 Usurpation und Restitution

Das ROP beschreibt nicht nur die ontologischen Eckwerte der rationalen Wirklichkeit, sondern auch eine wichtige Bewegung während der rationalen Mutation, dem Übergang vom mythischen zum rationalen Bewusstsein. Dabei werden Entitäten einer mythisch-magischen Außenwirklichkeit zu solchen einer rationalen Innenwirklichkeit. Aus externen Reizen werden mentale Phänomene. In einer imposanten Bewegung zieht die rationale Bewusstseinsform die charakteristischen Phänomene der alten Bewusstseinsformen zu sich heran. Die mythische Wirklichkeit wird regelrecht einverleibt und kollabiert in die rationale Innenwirklichkeit, die zunächst eine mentale und seit etwas mehr als hundert Jahren auch eine psychische Innenwirklichkeit ist. Darum herum wird eine strikte Bewusstseinsbarriere aufgezogen.

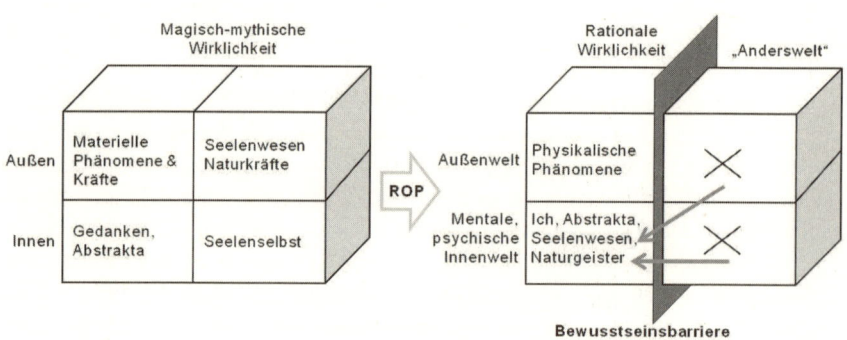

Abbildung 18 – Rationale Usurpation

Diese Usurpation mit dem ROP ist eine Art „Insourcing". Damit hat die Außenwirklichkeit an Klarheit gewonnen. Die mentale und psychische Innenwirklichkeit ist dabei allerdings wohl auch etwas überladen worden.

Als im 17. Jahrhundert in Frankreich und England die ersten wissenschaftlichen Akademien entstanden, mussten sie sich vertraglich verpflichten, sich nicht in die Geschäfte der Politiker und des Klerus einzumischen. Das war damals durchaus ein Sieg von Krone und Kirche über die Wissenschaften, denn die Beschäftigung mit der Metaphysik hatte bisher stets zu den Kernthemen der philosophischen

Wissenschaften gehört. Diesen Teil der noumenalen Wirklichkeiten hat die rationale Wissenschaft also nicht freiwillig aufgegeben. Vielleicht war jener politische Kompromiss aber auch die Grundlage für den beispiellosen Erfolg, den die rationalen Wissenschaften in der Folge auf theoretischen und technologischen Gebieten erreichen sollten. Zunächst unfreiwillig inhaltlich eingeschränkt und später freiwillig methodisch fokussiert, schufen und schaffen die rationalen Wissenschaften Enormes.

Im „Übermaß des Erfolges" (Hans Jonas) trat dann aber allmählich die Einsicht in den Hintergrund, dass es neben den rationalen Mitteln noch weitere gültige Möglichkeiten gibt, sich mit der Welt auseinanderzusetzen. Die durch die rationale Bewusstseinsform ermöglichten Erfolge haben letztlich die Tatsache verwischt, dass die rationale eine Bewusstseinsform unter anderen ist.

Es wurde bereits öfter erwähnt, dass das pluralistische Bewusstsein weniger abgrenzend ist als das rationale. Mit dem NOP wird deshalb die rationale Bewusstseinsbarriere zu den anderen Wirklichkeiten wieder behutsam geöffnet und die angeeigneten mythischen, magischen und spirituellen Bewusstseinsphänomene werden in einen eigenen ontologischen Raum entlassen, der nun der „noumenale" sei. Innerhalb der noumenalen Wirklichkeit sei zudem ein transzendenter Raum errichtet, der überindividuelle, spirituelle und religiöse Erfahrungen in einem sehr allgemeinen Sinn beherbergen kann.

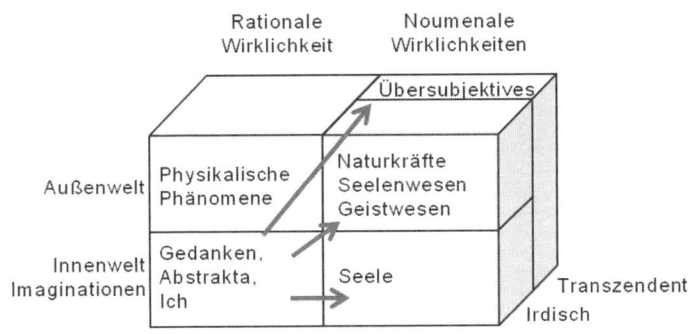

Abbildung 19 – Pluralistische Restitution

Mit der pluralistischen Restitution erhalten noumenale Entitäten wieder eine Basis. Von Bingens „Stimme" und der altaische „Pförtner" werden dadurch wieder zu Entitäten einer noumenalen Außenwirklichkeit und können als externe Reize einen übersubjektiven Beitrag am Bewusstseinserlebnis bewirken. Der zweifelnde Manager kann beruhigt werden; er braucht keinen Psychiater, sondern Übung im Unterscheiden von echten und vermeintlichen Visionen. Maria Magdalena hat ihre Antwort ja bereits erhalten: es ist das Nous, welches die Vision empfängt. Das Nous, jene gewissenhafte und empfindsame Vernunft, hat subjektive Anteile und berührt damit die mentale Innenwelt. Es steht aber auch zwischen Ich, Seele und transzendentem Geist. Das Nous ist für ein Individuum die eigentliche Schnittstelle zwischen den Wirklichkeiten.

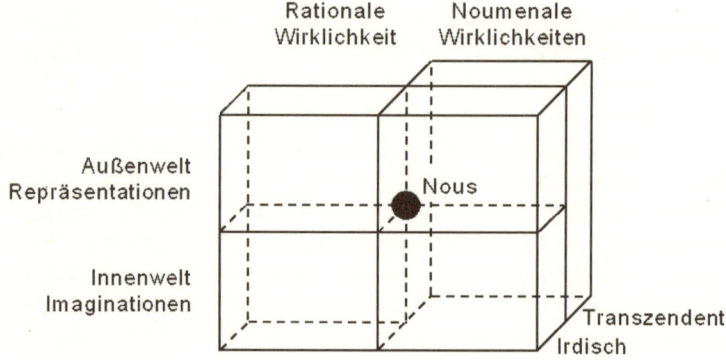

Abbildung 20 – Das Nous im erweiterten Modell von Wirklichkeiten

Das noumenale ontologische Postulat NOP sagt nichts anderes als: Es gibt da noch etwas. Dieses Etwas liegt außerhalb der rationalen Wirklichkeit. Es ist nicht physikalisch, aber auch nicht allein subjektiv-mental-psychisch. Seelenwesen brauchen keine reine Fantasie zu sein. Mit dem NOP sind sie ähnlich wie Berge und Bäume, insofern sie in einer Außenwirklichkeit angesiedelt sind und „von außen" wirken können.

Postulate werden nur akzeptiert, wenn es nützlich ist, etwas zu postulieren. Der Nutzen des ROP liegt im gewaltigen Erklärungspotential des Rationalen und den enormen technischen Möglichkeiten, die dadurch eröffnet werden. Wichtige Nutzenaspekte des NOP liegen im überragenden Heilungspotential des Mythischen insbesondere im Falle diffuser Krankheiten, in den Möglichkeiten, die Persönlichkeitsentwicklung eines Menschen zu unterstützen, in einer teilnehmenden Ökologie oder auch in einer Vorbereitung auf das integrale Bewusstsein mit seinen verwirrenden Aspekten. Alle Wirklichkeiten sind nützlich.

3.2.2 Noumenale Wirklichkeiten

Im Zuge der pluralistischen Restitution gelangt vor allem die mythische Wirklichkeit wieder ins Blickfeld. Sie ist in der westlichen Kultur nicht mehr in einer erwachsenengerechten Form präsent, während sie im Traum, im Märchen, im Film, in Romanen und unzähligen Metaphern allgegenwärtig sind. Auch erklärte Materialisten sprechen von der „Mutter Natur", wenn ihnen eine exakte Formulierung zu umständlich scheint. Auch knochentrockene Pragmatiker lassen in einem Wellness-Weekend „ihre Seele baumeln". Auch hartgesottene Rationalisten rufen in Flüchen die heiligen und unheiligen Kräfte an.

Ich nenne die nicht-physikalische Sphäre der Welt die *noumenale Wirklichkeit*, bzw. die noumenalen Wirklichkeiten (ausgesprochen: numenal). Das griechische Wort *noumenon* geht auf das ebenfalls griechische *nous* zurück, das ganz allgemein für etwas „Geistiges" steht (s.a. S. 56). Der Begriff des Noumenalen hat eine lange Geschichte in der Philosophie. Auf Platon zurückgehend wird das Noumenale (das Erdachte) als Gegensatz zum Phänomenalen (das mit den Augen Gesehene) betrachtet. Immanuel Kant bezeichnete mit Noumenon das „Ding an sich", jenen Teil der Welt, der nicht erkennbar ist. In der Mystik bezeichnet das Numinose das Heilige. Und in manchen New Age-Bewegungen taucht eine Abwandlung des Begriffes im Wort Noetik auf.

In meiner praktischen Arbeit verwende ich den Begriff des Noumenalen pragmatisch so, dass er letztlich alles einschließt, was jenseits einer physikalisch-materiellen Wirklichkeit liegt. Bewusstseinsmodelle noumenaler Wirklichkeiten umfassen dann geistige, spirituelle, seelische und vitale Sphären. In meiner praktischen Arbeit lege ich zudem Wert auf die Verbindung des Noumenalen mit dem Nous und seinen qualitativen Aspekten einer Geistigkeit, die weit mehr als logisches Denken ist und Aufmerksamkeit, Empfindsamkeit und ein intuitives Gewissen einschließt.

Nach dem noumenalen ontologischen Postulat gibt es nicht-physikalische Wirklichkeiten, in denen Wesenheiten existieren, die genau wie physikalische Gegenstände als externe Reize zu Bewusstseinsereignissen und Vorstellungen beitragen können. Und das bedeutet wiederum, dass manche (aber nicht alle!) der typisch mythischen Bewusstseinserlebnisse in einer meditativen Trance, auf einer schamanischen Reise oder bei einer Vision *real* sind: durch etwas Externes mitverursacht, und nicht bloß Projektionen des Bewusstseins oder des Unterbewussten allein.

Allein an einer Vorstellung im Bewusstsein lässt sich aber nicht ablesen, ob etwas mit einem externen Reiz verbunden ist oder nicht. Allein anhand eines Bewusstseinsvorganges lässt sich nicht feststellen, ob wir uns etwas einbilden (imaginieren) oder ob wir etwas wahrnehmen. Das gilt für alle Wirklichkeiten. Ein Unterschied kann nur festgestellt werden, indem die übersubjektiven Anteile gefunden werden, von denen dann letztlich angenommen wird, dass sie in einer übersubjektiven Außenwirklichkeit existieren.

Die Überprüfung einer Vorstellung mit etwas in einer Außenwirklichkeit geschieht immer durch intersubjektiven Austausch. Das kann ein Gespräch sein („Siehst du das auch?"), eine Messtechnik („Bestätigt eure Messreihe unsere Beobachtung?") oder eine Theorie („Solange dieser Aspekt nicht falsifiziert wurde, wird die Aussage als gültig betrachtet."). In den rationalen Wissenschaften gelten Theorien und Theoriegebäude als angemessene intersubjektive Verständigungsmittel und reproduzierbare Experimente als angemessene Mittel zur möglichst subjektfreien Überprüfung von Aussagen an einer Außenwirklichkeit. Dahinter steckt die Idee, dass die Außenwirklichkeit einer falschen Aussage, einer unzutreffenden Hypothese, einen experimentellen Widerstand entgegenbringen wird.

Bis zu einem gewissen Grad gelten auf diese Weise überprüfte Aussagen dann als objektiv (wobei in der Praxis der eigentlich notwendige Zusatz „bis zu einem gewissen Grad" meist weggelassen wird).

Aber auch in noumenalen Wirklichkeiten setzen einem Wahrnehmungen einer Außenwirklichkeit einen gewissen Widerstand entgegen, mit dem man sie mit etwas Erfahrung und Experimentiergeschick von Imaginationen unterscheiden kann. Der altaische Schamane kann beispielsweise nicht sicher sein, dass der „Pförtner" seine Geschenke akzeptieren wird, so sehr er sich das auch imaginieren mag. Er muss es ausprobieren. Das ist einer der wichtigen Unterschiede zwischen einer echten schamanischen Reise und einer Imagination. In der Imagination kann vollständig vorgegeben werden, was geschehen soll, auf einer schamanischen Reise kann unter Umständen erheblicher „experimenteller Widerstand" auftreten.

Schamanische Wettkämpfe beruhen auf der intersubjektiven Überprüfung der Fähigkeiten. Ein schönes Beispiel für noumenale Intersubjektivität ist auch die kollektive schamanische Reise, in der eine Gruppe schamanisch Praktizierender eine gemeinsame Trancereise unternimmt. Ein Klassiker ist die Bootsfahrt in gemeinsamer Absicht auf einem (imaginierten) Fluss. Wenn vier Menschen diese Bootsfahrt unternehmen, wird die intersubjektive Überprüfung der Bootsfahrt vier unterschiedliche narrative Stränge ergeben (also nicht anders als bei einer Schiffsreise in der physikalischen Wirklichkeit). Anna hat am Anfang der Bootsreise beispielsweise nur dichten Nebel gesehen, Werner sah sich in einem unbeweglichen Boot auf einem stillen See, Rudolf fühlte sich wie gelähmt und Eva sass im Dunkeln. Diese uneinheitlichen Erlebnisse könnten wir unmöglich als Beleg für eine gemeinsame Reise in der physikalischen Wirklichkeit akzeptieren – zu unterschiedlich sind sie. Und deshalb tendieren wir vielleicht dazu, die Erlebnisse als Einbildungen zu klassieren. Doch dieser Schluss ist voreilig.

Denn wie im Kapitel zur mythischen Bewusstseinsform erarbeitet wurde, ist die mythische Wirklichkeit nicht in erster Linie durch ihre Dinglichkeit charakterisiert, sondern durch ihre Bedeutungshaftigkeit. Die gemeinsame noumenale Bedeutung der verschiedenen Bewusstseinserlebnisse im vorliegenden Beispiel ist der Stillstand. Der „Stillstand" ist der externe Reiz, der die individuellen Bewusstseinserlebnisse als gemeinsame Reise in einer noumenalen Wirklichkeit ausweist. Die inneren Bilder von Nebel, unbeweglichem Boot, Dunkelheit oder das Gefühl der Lähmung sind tatsächlich Imaginationen, angeregt durch den gemeinsamen Reiz, aber konkretisiert aus dem phänomenalen Fundus der Individuen. Doch der Stillstand als gemeinsame Bedeutungseinheit stellt einen übersubjektiven Reiz „von außen", aus der gemeinsamen mythischen Wirklichkeit, dar.

Viele zeitgenössisch schamanisch Praktizierende oder auf andere Weise spirituell Arbeitende sind Menschen mit einem mythischen Hauptbewusstsein. Doch immer häufiger pflegen auch Menschen mit einem pluralistischen Hauptbewusstsein noumenale Praktiken, und ich gehöre selber dazu. Das sind rationale Menschen, die sich anschicken, auch „durch die Seele" zu denken statt ausschließlich „im Kopf". Diese Personen eröffnen sich eine noumenale Wirklichkeit inklusive mythischer Innerlichkeit, in der alles mit allem seelisch verbunden ist und zumindest im Prinzip alle Bezüge bedeutungsvoll sind. Sie erhalten Zugang zu einer Wirklichkeit, in der die mythischen Wesenheiten und Seelenwesen ganz natürlich auftreten. Es ergibt sich schließlich eine gemischte Wirklichkeit, in der die Menschen nicht nur als rationale Ichs in der Welt stehen, sondern auch über mythische Beseeltheit verbunden sind.

Postrationales Bewusstsein, das Bewusstseinsformen integrieren will, stellt der physikalisch-rationalen Wirklichkeit die noumenalen Wirklichkeiten wieder zur Seite. Zusammen und tatsächlich ineinander verschränkt, zeigen sie mehr von der ganzen Welt, von der wir nicht wissen können, was sie „an sich" ist, von der wir weniger oder aber auch mehr erfassen können.

3.2.3 Integrierte Phänomenologie der Bewusstseinserlebnisse

Wird das erweiterte Modell von Wirklichkeiten als Gesamtheit aufgefasst und das rationale und das noumenale ontologische Postulat integriert (ROP + NOP), dann ergibt sich eine Gruppierung von Bewusstseinserlebnissen, die reichhaltiger ist, als die rationale allein, weil sie die Restitution der mythisch-magischen Entitäten berücksichtigt.

Integrierte Phänomenologie der Bewusstseinserlebnisse:

(1) *Bewusstseinserlebnisse einer äußeren Welt*. Diese Außenwelt bietet sich dem Menschen in zwei Wirklichkeitssphären dar.

   (1a) Bewusstseinserlebnisse mit externen Reizen der *rational-physikalischen Außenwirklichkeit*. Die Vorstellung eines großen Tieres, der wohltuende Klang einer Violine oder die Empfindung eines kalten Windstoßes gehören dazu.

   (1b) Bewusstseinserlebnisse mit externen Reizen der *noumenalen Außenwirklichkeiten*. Hierhin gehören Vorstellungen von Naturgeistern oder Seelenwesen, wie sie für das mythische Bewusstsein typisch sind. Aber auch eine Aura oder Energielinien können auf diese Weise wirken. Und insofern sie einen Beitrag „von außen" beitragen, gehören auch komplexe Abstrakta wie Nationen, Kulturen, Familien, Städte, Firmen und Organisationen zu dieser Gruppe.

(2) *Bewusstseinserlebnisse einer mentalen Welt* (ohne externe Reize). Dazu gehören Abstrakta wie Planungen oder Vorstellungen geometrischer Formen, Fantasiegebilde, Tagträume oder Imaginationen. Informationswolken mit Modellen eines eigenen Selbsts als Ich oder als Seele sowie komplexe Abstrakta wie Nationen, Kulturen oder Familien gehören hierhin, insofern ihr Konzeptcharakter zählt. Und schließlich gehören die psychologischen Projektionen und die tatsächlichen Halluzinationen hierhin.

(3) *Bewusstseinserlebnisse von Kräften und Wirkungen.* Die mehr oder weniger drängenden Wirkungen von Affekten, Hunger, Liebe und Hass gehören in diese Gruppe. Ebenso zum Beispiel das Empfinden von Ohnmacht in einem Wasserstrudel oder das Erleben von Macht bei einem Raubüberfall. Auch die Bewusstseinsinhalte dieser Gruppe können unterteilt werden in Bewusstseinserlebnisse im Zusammenhang mit:

(3a) physikalischen externen Reizen und

(3b) Reizen nicht-physikalischer, d.h. noumenaler Kräfte und Wirkungen.

Wie jede Klassifikation ist auch diese bis zu einem gewissen Grad willkürlich. Sie folgt der integrierenden Absicht in diesem Buch und versucht nicht-rationale Phänomene zu rehabilitieren ohne die fundamentalen Differenzen zur rationalen Seite zu negieren. Der entscheidende Schritt besteht aber darin, bestimmte Erscheinungen der noumenalen Wirklichkeit als vollwertige Verursacher von externen Reizen zu erkennen, so dass wie bei Wahrnehmungen der physikalischen Wirklichkeit ein Beitrag „von außen" akzeptiert werden kann. Damit wird diese Gruppe von Bewusstseinsinhalten aus der mentalen Gruppe (2) in diejenige der Außenwahrnehmungen (1b) verschoben, was weiter oben als pluralistische Restitution bezeichnet wurde. Dies ist bei allem argumentativen Aufwand letztlich das Einzige, was das NOP bewirkt und es ist alles, was nötig ist, um die Gesamtheit der Wirklichkeiten aus der rationalen Umklammerung zu befreien.

Die Klassierung der Bewusstseinsinhalte in Gruppe (1) besagt, dass es mehrere Außenwirklichkeiten gibt, die ihren Beitrag zu Bewusstseinserlebnissen leisten. Die rationale Außenwirklichkeit ist die bekannte Raumzeit zusammen mit einer riesigen Zahl von Theorien und Beschreibungen wissenschaftlicher und praktischer Art, mit denen die Raumzeit-Phänomene fixiert werden. In unserem Alltag sind wir alle „naive Realisten" und somit in der Gruppe (1a). Doch schon dieser Raum verweist nicht nur auf die rationale, sondern auf vielfache Wiese auch auf andere Außenwirklichkeiten. Bei uns fällt der Apfel ja nicht nur nach unten (rational), sondern auch nicht weit vom Stamm (mythisch). Und der Wald ist nicht nur ein Biotop (pluralistisch), sondern er schallt auch so zurück, wie man hineinruft (mythisch, magisch).

Die Gruppierung der integrierten Phänomenologie sollte nicht allzu pedantisch interpretiert werden. So ist es im Grunde so, dass viele Bewusstseinserlebnisse von Kräften und Wirkungen der Gruppe (3) ebenfalls zur Gruppe (1) gezählt werden könnten, denn eine „Wirkung" wird ja in der Regel gerade dadurch definiert, dass sie „von außen" kommt. Ich erwähne die Gruppe (3) jedoch gesondert, weil (3b) sehr schön auf die Wirksamkeiten der magischen Wirklichkeit verweist und damit echte Magie ermöglicht.

Wenn Vorstellungen von (1) nach (2) wandern, werden sie von Wahrnehmungen zu Erinnerungen. Dabei haben sie die Tendenz, sich zu Ungunsten der Faktentreue zu verändern. So dachte ich beispielsweise lange Zeit, dass ich einem Bekannten aus meinen Jugendjahren einen Geldbetrag schuldig sei. Alle paar Jahre kam mir das wieder in den Sinn und mit dem schlechten Gewissen nahm auch der vermutete Betrag zu. Bis mir ein alter Brief in die Hände geriet, in dem ich nachlesen konnte, dass der Betrag eine Bagatelle und es genau umgekehrt war: dass der Bekannte *mir* das Geld schuldete. So ähnlich dürfte es sich mit den meisten Erinnerungen verhalten. Der narrative Erzählstrang, in dem eine Erinnerung auftaucht, verändert sich dauernd und teilweise massiv. Im Grundbedürfnis des menschlichen Bewusstseins, eine kohärente Geschichte zu produzieren, werden Fakten im Bereich der mentalen Bewusstseinserlebnisse (2) oft großzügig interpretiert, solange nur die Kohärenz stimmt. Das mag in vielen Lebenslagen ärgerlich sein, doch eben diese Fähigkeit kann eine ungemein heilende Wirkung haben, wenn es einem gelingt, anscheinend unumstößliche Fakten über ein Leiden in einen neuen und gesunden narrativen Kontext einzubinden.

Ein spannender Effekt ist auch der umgekehrte Weg von Bewusstseinsphänomenen, die aus Gruppe (2) nach (1) wandern und dort zu externen Quellen von externen Wahrnehmungsreizen werden. Dazu gehören kulturelle Konzepte, die einmal erfunden werden und dann allmählich eine eigenständige Wirkkraft erlangen und gewissermaßen ihre eigenen Interessen zu vertreten beginnen, obwohl sie doch ursprünglich nur Konzepte sind. Beispielsweise sind Nationen oder die Unterscheidung von Mann und Frau enorm *wirksame* Konzepte. Dieser Vorgang einer Konkretion von Ideen und Konzepten kann nicht genug hoch eingeschätzt werden. Er ist tatsächlich ein unablässiger Prozess der Weltkreation.

Aber auch auf individueller Ebene können Phänomene aus der mentalen Gruppe (2) in die Gruppe mit externen Reizen (1) wandern. Tatsächlich beginnen viele Meditationen oder schamanische Reisen mit Visualisierungen, die reine Imaginationen und Projektionen im mentalen Raum sind und als eine Art Keimzelle für externe Stimuli wirken. Phänomenal gesehen geschieht der Übergang von der mentalen (2) in die noumenale Wirklichkeit (1b) in dem Moment, in dem sich die mentale Imagination zu einem Bewusstseinsereignis mit einem externen Reiz wandelt. Das ist der kritische Punkt, der oft als Durchgang, Übergang oder Lichtveränderung wahrgenommen wird. Natürlich kann der Übergang auch scheitern und jemand bleibt in der mentalen Wirklichkeit von Imagination und Projektion hängen. In der Regel sind die Wirklichkeiten vermischt. Oft flattert das Bewusstsein mit unterschiedlichen mentalen und noumenalen Anteilen in den Wirklichkeiten umher.

3.2.4 Bewusstseinsinhalte

Die Geschichte der historischen Bewusstseinsformen ist auch eine Geschichte von Bewusstseins*inhalten*. Dabei geht es um die Frage, was typischerweise ins Bewusstsein eines Menschen gelangt, wenn er sich mit einer bestimmten Wirklichkeit in Beziehung setzt. Für das Bewusstsein der frühen magischen Menschen sind Naturkräfte bestimmend gewesen. Über ihre visuelle Modellierung können wir nur spekulieren. Falls alte Beschreibungen, die auf jene Epoche verweisen, zutreffen, dann könnten diese Kräfte im Bewusstsein der magischen Menschen in ihrer fließenden Dynamik vielleicht als Fäden (Sanskrit *guna*: Schnur, Faden) wahrgenommen worden sein. Erst die späten magischen Menschen nahmen bewusst Dinge wahr und erweiterten so die Bewusstseinsinhalte um Gegenständliches.

Beim mythischen Menschen kamen Seelen und eine ganze Kosmologie um personifizierte Wesenheiten dazu, während sich die Dinglichkeit der äußeren Wahrnehmungsgegenstände verstärkte. Dem rationalen Menschen erschloss sich der Kosmos als Materie und Energie und er erhielt mit dem perspektivischen Ich eine völlig neuartige Bewusstseinsgeometrie inklusive „Insourcing", d.h. Mentalisierung und Psychologisierung magischer und mythischer Phänomene. Für das Pluralistische kamen systemische Sichtweisen hinzu sowie eine radikale Mathematisierung der Wirklichkeit. Der stochastische Charakter des Universums in Quantenregionen ist nicht jedem Bewusstsein zugänglich. Und das integrale Bewusstsein schließlich wird mit neuartigen noumenalen Inhalten konfrontiert sein und umgehen lernen.

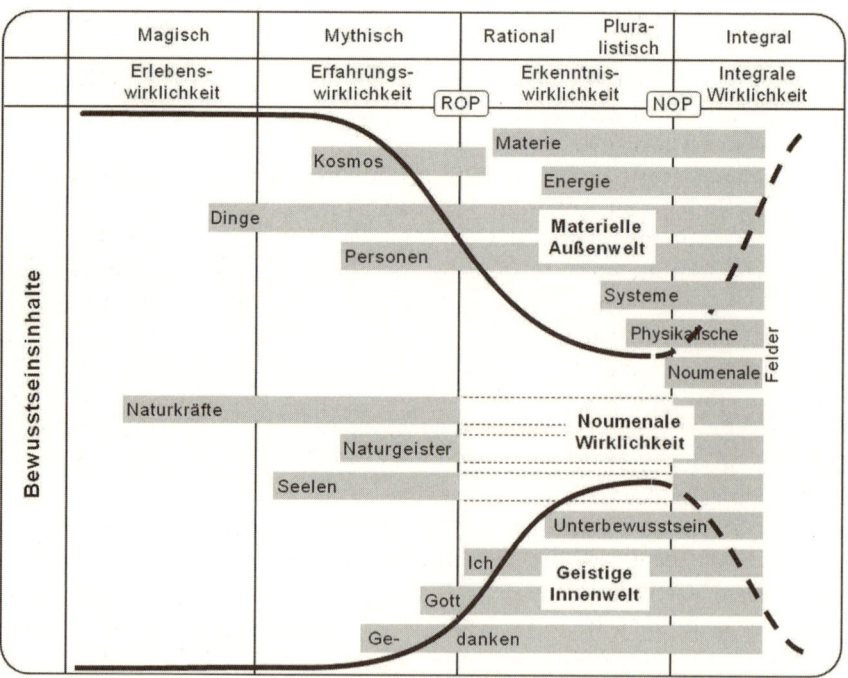

Abbildung 21 – Bewusstseinsinhalte

3.2.5 Noumenale Kräfte

Eine Kraft ist das Vermögen, auf einen Gegenstand zu wirken, ihn zu verformen oder seine Bewegung zu beeinflussen. In der integrierten Phänomenologie der Bewusstseinserlebnisse sind Kräfte und Wirkungen der Gruppe (3b) diejenigen, die nicht physikalisch interpretiert werden können. Lassen Sie mich dazu ein eigenes Erlebnis schildern, das ich vor einigen Jahren hatte.

Als der rationale Skeptiker, der ich damals war, ließ ich mich überreden, als Repräsentant an einer Familienaufstellung teilzunehmen. Bei dieser systemischen Arbeit übernehmen Repräsentanten die Rolle einer ihnen in der Regel unbekannten Person und äußern sich an ihrer Stelle. Auf diese Weise kann beispielsweise eine Familienstruktur durch Repräsentantinnen und Repräsentanten in einem System dargestellt werden, ohne dass die repräsentierten Familienmitglieder physisch anwesend sind (vielleicht sind einige von ihnen auch bereits tot). So kam es also, dass ein Teilnehmer jener Veranstaltung, an der ich damals teilnahm, in zwei oder drei Sätzen eine alte Familiengeschichte schilderte, die sich vor knapp hundert Jahren abgespielt hatte. Er wusste nur wenig darüber und wir Repräsentierenden sowieso noch viel weniger. Die Szenerie war ein übles Ereignis während der Russischen Revolution in einem Dorf im Kaukasus. Ich wurde gefragt, ob ich seinen Großvater repräsentieren würde, der zu jener Zeit etwa fünfzehn Jahre alt gewesen sein musste. Andere Teilnehmende repräsentierten weitere Personen und jemand sogar die Bolschewiken als abstrakte Entität. Den Repräsentanten wurde aufgetragen, sich in die Personen einzufühlen und mitzuteilen, was sie wahrnahmen.

Einige Minuten passierte für mich nichts, was mich auch nicht erstaunte, denn skeptisch, wie ich war, gab es für mich damals genau zwei Möglichkeiten: entweder ich würde etwas erfinden oder ich würde mir etwas einbilden. Doch dann traf das Unerwartete ein und ich spürte deutliche Kräfte. Jedes Mal, wenn die Repräsentantin der Bolschewiken auch nur in das Systemfeld trat, wurde ich von einer Kraft hinausgedrängt, jedes Mal, wenn sie sich entfernte, zog es mich, der ich den unbekannten Großvater repräsentierte, wieder hinein. Die Wirkung war sehr stark. Dabei war ich völlig klar und konnte ohne weiteres auf der Metaebene reflektieren, was ich gerade erlebte. Ich war also weit entfernt von einem „anderen" Bewusstseinszustand, bei dem ich von Fantasie oder Einbildung gesprochen hätte. Ich erhielt eindeutig Informationen „aus dem System", also „von außen". Ich kam mir damals ziemlich dumm vor, dass mir „so etwas" passierte. Seither bin ich als Repräsentant allerdings in zahlreichen weiteren Rollen aufgetreten. Auch heute bin ich immer wieder verblüfft über die Deutlichkeit mancher Empfindungen und manchmal auch von Informationen, die man erhält, wenn man beispielsweise plötzlich den Namen einer völlig unbekannten Person nennt, für die man gerade steht.

Mein damaliges Erlebnis war das Erleben einer Kraftwirkung, eines Phänomens, das man auch als Kratophanie, das „Erscheinen einer übernatürlichen Kraft", bezeichnet (griechisch *kratos*, Kraft; in der griechischen Mythologie ist *Kratos* der

Gott der Macht). Als Kratophanien werden etwa die Heilungen des Christus oder die Wirkungen heiliger Plätze bei Indianern oder Kelten angesehen.

Mit dem NOP werden Wirkungen akzeptiert, die sich nicht auf die physikalischen Kräfte, die physikalischen Kausalitätsmechanismen oder psychologische Effekte zurückführen lassen. Damit wird die Möglichkeit von Wundern zugestanden, weil nach kirchlicher Definition Wunder genau dadurch charakterisiert sind, dass sie in irgendeiner Hinsicht der Physik widersprechen. Damit wird weiter die Möglichkeit von echter schamanischer Heilung, die nicht nur psychologischer Hokuspokus oder Placebo-Effekt ist, eröffnet. Mit dem NOP erhalte ich auch die Bestätigung, dass das, was ich anlässlich der oben geschilderten Familienaufstellung erlebt habe, mit einem externen Stimulus, d.h. der Wirkung einer nicht-physikalischen Kraft über Zeit und Raum hinweg verbunden sein kann.

Der bekennende Materialist Metzinger schreibt völlig zutreffend: „Menschen in anderen historischen Epochen [...] kannten wahrscheinlich Formen des subjektiven Erlebens, die uns heute fast unzugänglich sind."[71] So ist es. Mit dem noumenalen ontologischen Postulat wird diese Möglichkeit auch für (post-)rationale Menschen wieder eröffnet. Mit etwas Training können wir auch lernen, dies gezielt geschehen zu lassen.

3.2.6 Noumenale Felder

Doch wie können noumenale Kräfte wirken? Wie können noumenale Entitäten übersubjektive Beiträge zu Bewusstseinsinhalten liefern? Wie funktioniert das eigentlich, wenn ein externer Stimulus aus einer noumenalen Außenwirklichkeit heraus wirkt? Wer ein Postulat wie das NOP aufstellt, muss sich auch die Frage gefallen lassen, wie die Wirkmechanismen denn aussehen, die ja nicht auf physikalische zurückgeführt werden können.

Akademische Forschung ist fast ausschließlich ROP-Forschung. So ist es unvermeidlich, dass ein beträchtliches Gefälle besteht zwischen der Tiefe von ROP- und NOP-Erkenntnissen. Dennoch gibt es Ansätze, auf denen sich auch eine Antwort auf die Frage zu möglichen NOP-Wirkmechanismen aufbauen lässt.

Ein interessanter Ansatz stammt vom Biologen Rupert Sheldrake mit seiner Idee von „morphischen Feldern" und „morphischer Resonanz". Ihm ging es um die Frage, wie und wieso Lebewesen ihre spezifischen körperlichen Formen annehmen. Warum beispielsweise ein Fisch in Wachstum und Entwicklung die Form eines Fisches annimmt. Nach gängiger Lehrmeinung wäre diese Information in den Genen gespeichert, doch Sheldrake bezweifelt dies wie andere Biologen auch. Nach ihnen ist zwar die Ausprägung von Zellen genetisch bestimmt, aber nicht die *Form* von Zellen und Zellsystemen. Deshalb suchte Sheldrake eine „formbildende Verursachung" für die Entwicklung von Strukturen und postulierte zu ihrer Erklärung *morphische Felder*, die als ein nichtlokales „Gedächtnis der Natur" wirken und die Form eines Organismus ebenso speichern und weitervererben wie die Gene seinen physischen Bauplan. Natürlich ist sein Ansatz schnell als pseudowissenschaftlich diskreditiert worden, was wenig erstaunlich ist, greift er doch über das ROP hinaus. Nicht sehr weit zwar, viel weniger weit als ich mit dem NOP, aber halt doch. In diesem Klima will sich niemand mit der Erforschung solcher Phänomen beschäftigen, und so muss man leider auf die immer gleichen Uralt-Experimente zurückgreifen, wenn man nach empirischen Hinweisen Ausschau hält, nach denen morphische Felder tatsächlich Erklärungskraft aufweisen können.

Mit mehr oder zum Teil auch weniger überzeugenden Beispielen argumentiert Sheldrake dafür, eine Wirkung von morphischen Feldern zu akzeptieren. Mir gefällt das berühmte Rattenexperiment des Harvard-Forschers William McDougall in den 1920er Jahren. Danach waren Ratten sehr viel schneller in der Lage, ein bestimmtes Labyrinth zu durchqueren, nachdem ältere Ratten dasselbe Labyrinth bereits bewältigt hatten. Die Ratten waren physisch getrennt, sogar auf verschiedenen Kontinenten, und so konnten die Jungen nicht von den Älteren lernen. McDougall hatte also einen Lerneffekt beobachtet, der nicht durch Imitation erfolgte, sondern über Generationen oder Distanzen hinweg wirkte. In Sheldrakes Interpretation schufen die frühen Ratten ein Lernmuster innerhalb eines „Rattenfeldes", auf das spätere Generationen von Ratten derselben Art zurückgreifen konnten.

Morphische Felder sind aus dem physikalischen Feldbegriff abgeleitet und genau gleich wie dieser definiert als „nicht-materielle Kraftzonen, die sich im Raum ausbreiten und in der Zeit andauern."[72] Sheldrake anerkennt, dass es „da draußen" nichts gibt, das Träger von morphischen Feldern wäre, nicht Materie, nicht Energie, kein „Fluidum" und auch kein „Äther". Doch gleichzeitig betont er zu Recht, dass dasselbe für die physikalischen Felder ebenfalls gilt. Auch physikalische Felder sind „irreduzibel", wie man in der Wissenschaftstheorie sagt, und können auf nichts anderes mehr zurückgeführt werden.

Der Wirkmechanismus zwischen Feldern ist *morphische Resonanz*: „Das Konzept der morphischen Resonanz beinhaltet die Übertragung formativer Kausaleinflüsse durch Raum und Zeit."[73] Diese Resonanz funktioniert also genau gleich wie physikalische Wechselwirkung, beispielsweise im Feld eines Magneten. Was in der Physik der Erkenntniswirklichkeit heute Wechselwirkung genannt wird, kann in der noumenalen Wirklichkeit als Resonanz bezeichnet werden. In beiden Fällen sind es beobachtbare Wirkungen zu deren Erklärung Felder postuliert (!) werden.

Noumenale Felder sind nicht-materielle Wirksamkeiten, die als übersubjektive Beiträge einer noumenalen Außenwirklichkeit über Resonanz zu externen Stimuli beitragen können.

Ein derartiges noumenales Feld ist beispielsweise das Konzept einer „unteren Welt", wie es im Kapitel zum Schamanismus vorgestellt wurde. Ihre Resonanzwirkung provoziert visuelle oder andere Sinnesreize und beschränkt auch die Möglichkeiten dessen, was man in der unteren Welt tun kann. Ein anderes noumenales Feld ist die mythische Seele. Dieses Feld trägt die allgemeinen Charakteristika einer mythischen Seele (Selbstbezug, Stammesloyalität usw.). In der oben erwähnten Familienaufstellung habe ich Resonanzwirkungen des noumenalen Feldes des Großvaters in einer traumatischen Situation vor rund hundert Jahren erfahren.

Die Kraft von Felder erwächst aus der Wiederholung: „Der Erinnerungsgehalt eines morphischen Feldes ist kumulativ, und das ist der Grund dafür, dass alle Dinge durch Wiederholung immer mehr den Charakter des Gewohnheitsmäßigen annehmen."[74] Bei den noumenalen Feldern treten zur Wiederholung verstärkend auch noch die gerichtete Absicht, die Aufmerksamkeit und die Hingabe dazu. Die Tiefe der Furchen, welche durch Wiederholung in ein noumenales Feld gezogen werden, wird durch erhöhte Aufmerksamkeit noch bedeutend verstärkt.

Alles was durch Gewohnheit und Aufmerksamkeit genährt wird, kann zu einem noumenalen Feld werden und als solches auf agierende Wesen wirken. Die materiellen Phänomene des physikalischen Universums sind dermaßen verhärtete Felder, dass es aussieht, als seien sie immer gewesen und als würden sie immer bleiben, was sie sind. Ihre Kristallisierung im Wirkungsraum der rationalen Bewusstseinsform ist derart ausgeprägt, dass man glauben könnte, sie seien ewig. Doch auch die Zaubereien spätmythischer Asketen, Brahmanen, Priester oder Schamanen bildeten einst ausgesprochen starke noumenale Felder. Ihre Kraft im Wirkungsfeld der magisch-mythischen Bewusstseinsformen war derart eindrücklich, dass sich die frühen rationalen Menschen davor zu fürchten und sich dagegen zu immunisieren begannen.

Im Prozess der *Habitualisierung*, das heißt der Stabilisierung durch Wiederholung und Aufmerksamkeit, können auch Konzepte, die in ihrem Ursprung mentale Schöpfungen sind, zu noumenalen Feldern werden und beginnen, Wirkungen zu entfalten. Weiter oben (S. 123) wurde dieser Vorgang als „Konkretion von Ideen" bezeichnet, wobei Bewusstseinsphänomenen von mentalen Entitäten der Gruppe (2) zu externen Stimuli der Gruppe (1) werden. Das gilt beispielsweise für Firmenlogos und Brands, die zuweilen ein richtiges Eigenleben entfalten. In meinem Buch *Die noumenale Organisation*[75] habe ich einige Beispiele dafür gegeben. Etwa Coca Cola, das 1985 die Lancierung von New Coke rasch rückgängig machen musste, nachdem die Neuentwicklung vom Coca-Cola-Feld nicht akzeptiert worden war und intensiven Widerstand entwickelt hatte.

Kraftvolle Felder drängen sich manchmal geradezu auf und wirken plötzlich und drastisch auf einen Menschen ein: In einem Geistesblitz, beispielsweise, in einer spontanen Vision oder in einer überraschenden Initiation. Der europäische Schamane Daan van Kampenhout schildert, wie es ihm ergangen war: „Meinen ersten Kontakt mit dem Schamanismus hatte ich 1979, als ich einem indianischen Heiler in einem Traum begegnete. Er entsprach nicht im Geringsten der allgemein bekannten, romantischen Vorstellung eines Indianers. [...] Ich hatte diesen Traum, als ich sechzehn Jahre alt war, in einer intensiven Periode in meinem Leben mit ernsthaften Schwierigkeiten und vielen Unklarheiten. Ich wusste, dass dieser Traum ein Geschenk einer unbekannten Realität war, und sprach mit niemandem über diese Erfahrung."[76] Vielen Menschen ergeht es ähnlich und viele gestehen sich nicht ein, dass tatsächlich etwas außerhalb ihrer ganz persönlichen ROP-Wirklichkeit passiert ist.

Die Schönheit einer erweiterten Wirklichkeitskonzeption, wie ich sie hier vorstelle, liegt darin, dass es möglich ist, in Resonanz mit noumenalen Entitäten zu treten, mit ihnen zu kommunizieren und ihre formende Kraft zu nutzen. In der mythischen Wirklichkeit ereignen sich typischerweise sinngebende Kausaleinflüsse sowie Wirkungen von Seelen- und Heilkräften. In der magischen Wirklichkeit sind es Kausaleinflüsse von Naturkräften. Traditionelle Techniken für die Aktivierung noumenaler Resonanzen sind schamanisch Praktizierenden und Meditierenden seit langem bekannt, neue Techniken entwickeln sich als Begleiterscheinung zur integrierenden pluralistischen Bewusstseinsform ständig. Die mythischen Techniken operieren in einer Wirklichkeitssicht, nach der alles beseelt sein kann und haben die Tendenz, noumenale Entitäten zu personalisieren. Magische Techniken erzeugen eine Wirklichkeit als Vitalkosmos und operieren eher mit Kräften.

Abstrakta als Felder betrachtet, werden durch Gebrauch, Aufmerksamkeit und Gewohnheit zu realen noumenalen Entitäten, die einem Menschen gegenüber treten können. Durch Personalisierung kann diesen Entitäten ein eigenes Bewusstsein zugesprochen werden. Dieser Schritt mag auf den ersten Blick skandalös erscheinen und kindisch anmuten, doch das ist er nicht. Jedenfalls tun wir logisch gesehen in der Alltagswelt dasselbe. Wenn ich Jemandem begegne, dann spreche ich dieser Person Bewusstsein zu, ohne viel zu überlegen. Doch an einem Punkt haben die Vertreter des Solipsismus schon recht: Es gibt auch für ein menschliches Subjekt keinen logischen Beweis dafür, dass andere Subjekte *ebenfalls* über Bewusstsein verfügen. Schließlich könnte ein denkendes Subjekt ja auch ein Hirn im Tank sein. Es ist eine rein praktische Annahme, einem anderen Menschen Bewusstsein zuzusprechen und nicht nur sich selber. Das ist aber auch mit noumenalen Entitäten praktisch und möglich.

Eine Kernaussage dieses Kapitels lautet also, dass es tatsächlich Formen und Träger von Bewusstsein gibt, die dem rationalen Bewusstsein nicht zugänglich sind, anderen Bewusstseinsformen jedoch sehr wohl. Es sind noumenale Formen von Bewusstsein, die sich in der mythischen und transzendenten Wirklichkeit erfahren lassen. Sie lassen sich in einer pluralistischen Haltung sogar beschreiben, sobald das NOP akzeptiert worden ist. Die Träger dieses Bewusstseins sind noumenale Felder, denen man unter Umständen begegnen kann, wenn man sie personifiziert (was in der mythischen Wirklichkeit nicht ungewöhnlich ist).

Akzeptiert man Personifizierung, dann werden nicht nur Menschen und Tiere, sondern auch Pflanzen, natürliche Objekte, Fabrikate, fiktive Figuren und ganz allgemein Abstrakta wie Nationen oder Firmen bestimmte Formen von Bewusstsein haben können. Denn Bewusstsein ist Daseinsgewissheit und nicht unbedingt *menschliche* Daseinsgewissheit. Und Bewusstsein – darauf beruht der Turing-Test – ist verbunden mit der Fähigkeit zu kommunizieren. Wenn mir eine noch so prächtige Entität nichts mitteilen kann, auf welchem Weg auch immer, dann werde ich ihr kein Bewusstsein zusprechen. Wenn mir dagegen eine noch so schräge Entität (Mensch, Computer, Ahnenseele, Pflanzengeist, Firmenseele, „Stimme", „Pförtner") etwas Relevantes mitzuteilen hat und dies auf einsichtige Weise intersubjektiv überprüft werden kann, dann werde ich ihr Bewusstsein zugestehen.

4. Die Wirklichkeiten

Bewusstsein erzeugt Wirklichkeit. Der Mensch schafft Wirklichkeit, indem er die Welt bewusst erfasst. Und während es auf diese Weise beliebig viele Wirklichkeiten geben kann, so sind sie doch nicht beliebig geformt, denn ihre grundlegende Strukturierung erfolgt durch die Bewusstseinsformen. Ich verstehe *Wirklichkeit* als das, was dem menschlichen Bewusstsein als zutiefst einsichtig erscheint.

Wirklichkeit kann nur im Rahmen einer Bewusstseinsform erforscht werden. Rationales und pluralistisches Bewusstsein erforscht die Welt als eine äußere Wirklichkeit, indem es sich ihr aus der Perspektive des rational argumentierenden Ichs annähert. Es ist das große Dilemma des Rationalen, dass diese Annäherung nicht vollständig gelingen kann. Mythisches Bewusstsein nähert sich der Welt nicht an, denn es formt die Welt als bedeutungsvolle Verbindung von allem und ist diesem jeweils bereits „nah". Hier bedeutet Forschung Kommunikation mit den Trägern des Wissens, und das sind normalerweise Wesenheiten, die schon länger leben. Namentlich die Alten und die Ahnen, aber auch abstrakte Wissensahnen, die sich in jedem Phänomen einer kosmischen Gemeinschaft ausdrücken können: Tiere, Pflanzen, Naturphänomene, Geist- und Seelenwesen, Götter. Heute kann der Zugang zu diesen über ein seelisches Selbstmodell erfolgen. Magisches Forschen besteht im Suchen von positiven und im Vermeiden von negativen Erlebensmomenten. Dies geschieht im bittenden Umgang mit den Kräften der Natur. Der performative, wirkende Charakter allen Forschens, wie er im magischen Bewusstsein auftritt, wird im integralen Bewusstsein wieder erscheinen. Mythisches und rationales Forschen haben dagegen hauptsächlich informativen Charakter. Mythisches Forschen ist kontemplativ-informativ und zielt auf Wissen, rationales ist deskriptiv-informativ und sucht Erkenntnis.

Die sieben Bewusstseinsformen erzeugen fünf Hauptwirklichkeiten. Aus dem archaischen Vor- und Pseudo-Bewusstsein erwächst keine bewusste Daseinsgewissheit und so ist die archaische Wirklichkeit im Grunde leer. Sie ist eine Nicht- oder Pseudo-Wirklichkeit, doch sogar als solche strebt sie in der unstillbaren Sehnsucht nach Einheit mit Natur und Kosmos nach Ausdruck. Die magische Bewusstseinsform erzeugt eine Erlebenswirklichkeit, in der bewusste Erlebensmomente von Kräften und Wirkungen handeln. Die mythische Bewusstseinsform wiederum lässt eine reiche Erfahrungswirklichkeit voller tiefer Bedeutsamkeiten entstehen. Die rationale und die pluralistische Bewusstseinsform erzeugen gemeinsam dieselbe Erkenntniswirklichkeit, weil ihre Gemeinsamkeiten in Bezug auf Raumzeit und physikalische Kausalität die Unterschiede in Bezug auf Solidaritäten überwiegen. Dann erzeugt die sich gegenwärtig langsam ausprägende integrale Bewusstseinsform eine integrale Wirklichkeit, die erst in ersten Spuren erkennbar ist. Und schließlich schaffen die mythische und die rationale Bewusstseinsform in der rationalen Mutation eine transzendente Wirklichkeit, die etwas quer zu den anderen Wirklichkeiten steht und mystische, religiöse, spirituelle und metaphysische Phänomene umfasst. Wenn die anderen Wirklichkeiten als profan bezeichnet werden sollten, dann ist diese die heilige in einem sehr allgemeinen und nicht religiösen Sinn.

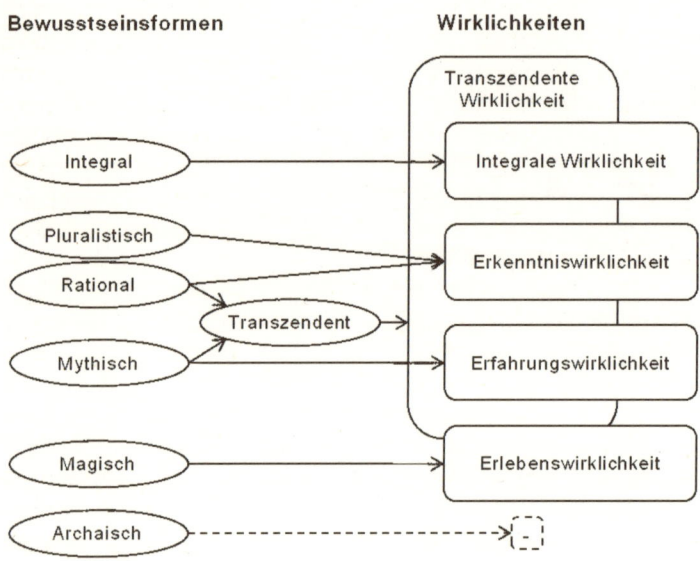

Abbildung 22 – Bewusstseinsformen und Wirklichkeiten

Wer die Welt in ihren vielfältigen dinglichen Einzelheiten kennenlernen will, besucht die Erkenntniswirklichkeit. Wer die Welt in ihrer umfassenden Reichhaltigkeit kennen lernen will, besucht die Erfahrungswirklichkeit. Wer die Welt als Kraft kennen lernen will, besucht die Erlebenswirklichkeit. Wer die heiligen und überpersönlichen Aspekte der Welt sucht, besucht die transzendente Wirklichkeit. Wer die Welt als intensive Ganzheit kennen lernen will, mag bereits einen Zugang zur integralen Wirklichkeit suchen. Je nachdem, welche dieser Wirklichkeiten aktiviert wird, wird die Welt in erster Linie in ihrem Aspekt als Quantität (rational, pluralistisch), Qualität (mythisch, pluralistisch, transzendent), Vitalität (magisch) oder Intensität (integral, transzendent) erlebt.

Mit den Bewusstseinsformen steht dem modernen Menschen eine ganze Palette von unterschiedlichen Möglichkeiten zur Verfügung, um sich mit der Welt in Beziehung zu setzen und dabei unterschiedliche Wirklichkeiten zu erzeugen und kennen zu lernen. Wenn hier Bewusstseinsformen und Wirklichkeiten unterschieden werden, dann mit dem Ziel eine Innen- mit einer Außensicht zu verbinden. Bewusstseinsformen gehören zu unserem vorbewussten Innenleben. Sie strukturieren unseren Weltzugang, und je nachdem zwingen sie uns in eine spezifische Wirklichkeit oder eröffnen sie uns spezifische Wirklichkeiten. Die Wirklichkeiten gehören zur Außenwelt, die mit externen Stimuli auf unsere Wahrnehmung und unser individuelles Bewusstsein einwirkt. Wir haben bereits gesehen, dass das Verhältnis von Innen und Außen alles andere als unproblematisch ist. Aber in der Praxis funktioniert die Unterscheidung meist ganz gut, auch wenn es in diesen Angelegenheiten nur selten klare analytische Grenzen gibt.

Alle Wirklichkeiten haben, wie die Bewusstseinsformen auch, gleichermaßen positive (maßvolle) wie negative (maßlose) Aspekte. Es gibt also auch unter den Wirklichkeiten keine Rangierung, die eine Wirklichkeit über die anderen stellen und sie als die „bessere" oder „nützlichere" auszeichnen würde. Es gibt aber Lebenskontexte und Absichten, zu denen die unterschiedlichen Wirklichkeiten in der Praxis unterschiedlich gut passen. Die körperbezogene Notfallmedizin der rationalen Wirklichkeit ist ebenso unübertroffen wie die persönlichkeitsbezogene Seelenmedizin der mythischen.

In den nachfolgenden Kapiteln soll nun diskutiert werden, welche Gegebenheiten wir antreffen können, wenn wir in eine bestimmte Wirklichkeit eintauchen.

4.1 Erlebenswirklichkeit

Wenn ich mit meiner Darstellung der Bewusstseinsformen und der Hypothese der noumenalen Felder richtig liege, dann waren die ersten von Menschen bewusst wahrnehmbaren noumenalen Felder Kraft-Felder. Dabei gelangte der Wirkungsaspekt des Daseins ins bewusste Erleben und nicht der Materieaspekt. Die magische Erlebenswirklichkeit eröffnet deshalb einen Vitalkosmos als Gemenge von direkt erlebten und beeinflussten Kräften.

Dieses Erleben darf man sich nicht als Erlebnis vorstellen, wie es uns heute geläufig ist. Während das Erlebnis auf ein memorables Ereignis der individuellen Lebensgeschichte eines Menschen verweist, besteht das Erleben im bewussten Vollzug einer Handlung oder im bewussten Wahrnehmen einer Regung. *Sensation seekers* sind in Erlebenswirklichkeit am falschen Ort, denn Erlebensmomente können wohl sehr tief sein, sind aber nicht unbedingt spektakuläre Erlebnisse.

4.1 Kräfte der Natur

In der mechanischen Physik ist Kraft eine gerichtete Größe, welche einen Körper verformen oder dessen Bewegung verändern kann. Die Physik hat den Kraftbegriff über Jahrhunderte präzisiert und eine Vielzahl von Kräften im Sprachgebrauch des Alltags und der Technik (Fliehkraft, Reibungskraft, Antriebskraft usw.) auf die vier fundamentalen physikalischen Kräfte zurückgeführt: die Gravitationskraft, die elektromagnetische, die starke und die schwache Kernkraft. Mehr als diese vier Wechselwirkungen (wie man heute sagt) sind nicht nötig, um die physikalische Welt der Erkenntniswirklichkeit zu beschreiben. Doch welche Kräfte gibt es in der Erlebenswirklichkeit?

Wir mögen uns zur Veranschaulichung eine Gruppe tiefmagischer Menschen vor 30.000 Jahren vorstellen. Nehmen wir an, dass wir die Menschen mit unserem heutigen Bewusstsein beobachten können. Wir beobachten, wie die Gruppe magischer Menschen durch die Wälder zieht und einen Hirsch sichtet, dessen Fleisch sie für den Verzehr und dessen Fell sie als Kleidung brauchen. Ein Mann aus der Gruppe vollzieht ein Jagdritual. Die Männer ziehen los. In unserer Erkenntniswirklichkeit würden wir nun Jäger und Beute erkennen und wir würden von Strategie, Planung und Ausführung der Jagd sprechen. Wir beobachten, wie sich ein Mann mit einem Speer hinter einem Felsen versteckt, während drei andere Männer den Hirsch umgehen und ihn auf den Mann zutreiben. Im passenden Moment tritt der Mann hinter dem Felsen hervor und bringt den Hirsch mit einem Speer zu Fall. Die übrigen Männer treten hinzu, töten das Tier und transportieren es an ihre Lagerstätte.

Aus der Erkenntniswirklichkeit beobachtet, hat diese hypothetische Jagdszene also folgende Chronologie:

1. Beobachten des Hirsches
2. Jagdritual
3. Jagd, Pirsch
4. Hirsch gestellt
5. Hirsch getötet
6. Tier transportiert und verwertet

Nach diesen Beobachtungen könnten wir aber nicht zu den Menschen ans Feuer treten und den Jagdablauf diskutieren. Es wäre sinnlos, den Mann zu fragen, wie er den richtigen Moment hatte erkennen können, in dem er hinter dem Felsen hervortreten musste, um den Hirsch zu erlegen. Es wäre sinnlos, zu fragen, ob er den Hirsch gehört oder gerochen oder welches Zeichen er analysiert habe. Im Bewusstsein der magischen Menschen wären all diese Erinnerungen gar nicht vorhanden, weil die Jagd für sie so gar nicht stattgefunden hat. Im tiefmagischen Bewusstsein kommen der Hirsch, die Jagdgefährten und der Wald, in dem sich die Jagd abspielt, nicht vor. Im Zentrum steht dafür das konkrete Erleben der Handlungen, ausgelöst durch eine Absicht und geleitet durch den Wirkungszusammenhang. Ihr Bewusstsein würde ihnen bereits wieder den aktuellen Erlebenskontext bereit halten. Das Verarbeiten und Verzehren der Beute zum Beispiel. Oder auch, ob die Situation am Feuer freundlich, feindlich oder unsicher ist. Dies kann und muss ihr Bewusstsein leisten. Mehr nicht. Eine Erinnerung an die Jagd selber ist nicht enthalten.

Doch wie könnte eine Beschreibung der gleichen Jagdszene im magischen Bewusstsein der Erlebenswirklichkeit aussehen? Erstens einmal wäre sie keine „Szene", kein Ablauf von Ereignissen. Die rationale Chronologie hat in der magischen Zeitlosigkeit keine Entsprechung. Das bedeutet beispielsweise (in rationaler Sprache), dass es keine Rolle spielt, ob das Jagdritual vor oder nach der Jagd erfolgt. Wenn wir einen Eindruck von der Jagd in der Erlebenswirklichkeit gewinnen wollen, müssen wir folglich die rationale Chronologie (Ritual, Jagd, Verwertung), die Gegenstände der Beobachtung (Hirsch, Männer, Speer usw.) sowie die entsprechenden Kausalverknüpfungen (Bitte um Jagderfolg, Pirsch und Töten, Verwerten und Essen usw.) aufgeben. Stattdessen wird unsere tentative Beschreibung mit den Elementen arbeiten, die dem magischen Bewusstsein zur Verfügung stehen, und das sind Erlebensmomente, Kräfte und Wirkungen von Kräften. So können wir uns anhand der Szene einer erfolgreichen Jagd vielleicht folgende Zusammenhänge der Erlebenswirklichkeit vorstellen und gleichzeitig die Rolle noumenaler Felder studieren.

Die (unbewusste) Wahrnehmung eines Hirsches in der Natur aktiviert im magischen Erlebenszusammenhang das Hirsch-Feld und das Clan-Feld. Vielleicht hat der Clan einige Wochen kein Fleisch mehr gegessen und so tritt ihr Bewusstsein in Resonanz mit dem Feld „Hirschkraft". Diese Hirschkraft würden wir heute vielleicht als den Nährwert des Tierkörpers interpretieren.

Ist diese Resonanz gegeben, d.h. ist nun ein bewusster Zusammenhang gegeben, kommt die absichtsvolle Verstärkung der Hirschkraft in Handlungen zum Tragen, die wir heute als ein Ritual bezeichnen würden. Das Ritual ist der tätige Ausdruck der Bitte um Verschmelzung von Hirsch-Kraft und Clan-Kraft. In mythischer Sprache würde das dem Wunsch der Clan-Mitglieder entsprechen, von der Lebensenergie des Hirsches leben zu dürfen. In rationaler Sprache würden wir vom Willen, den Kalorienbedarf zu decken, reden. Doch unser magischer Clan kümmert sich ganz sicher nicht um Kalorien. Vielmehr begibt sich der Ritualführer vielleicht zu einem nahegelegenen Felsvorsprung, wo er die Verbindung mit der Hirschkraft am stärksten spürt (an eine Stelle, an der 30.000 Jahre später vielleicht eine Felsgravur in Hirschform gefunden wird). Die Hirschkraft strömt in den Ritualführer und überträgt sich auf die Männer der Gruppe. In der Wirkung des Ritualfeldes erlebt die Gruppe ihre eigene Gewandtheit und Stärke, die paradoxerweise ebenso gut aus der Nahrung vergangener wie auch zukünftiger Jagderfolge stammen kann. Es ist also nicht die Erwartung des Jagderfolges (das wäre ein psychologische Deutung auf einer Zeitachse), die ihnen Kraft verleiht, sondern der Vitalzusammenhang außerhalb einer zeitlichen Ordnung. Äußerlich mögen die Männer erregt wirken, vielleicht brüllen sie, vielleicht schlagen sie sich auf die Brust, doch all das liegt unterhalb ihrer eigenen Bewusstseinsschwelle. Dafür erleben sie die Stärke des Ritualfeldes. Und in dieser bewussten Wahrnehmung bleibt die Gruppe längere Zeit. Nämlich während der ganzen Periode, die wir als Pirsch und Jagd beobachten würden. Vielleicht äußert sich schließlich sogar noch ein Bewusstsein von Zufriedenheit, Entspannung oder Verbundenheit, als sich das Hirsch-Feld wieder vom Clan-Feld löst und eine genährte Clan-Kraft übrig bleibt.

Die innere Struktur dieser beiden Geschichten ist naturgemäß völlig unterschiedlich. Die Geschichte der Erkenntniswirklichkeit ist eine Chronologie

(1. - 6.) aus verknüpften Ereignissen mit Menschen, Tieren, Dingen und Rahmenbedingungen. Die Geschichte der Erlebenswirklichkeit dagegen ist ein zeitlich ungeordneter Cluster von Erlebensmomenten, deren Inhalt das Erleben von Kräften darstellt.

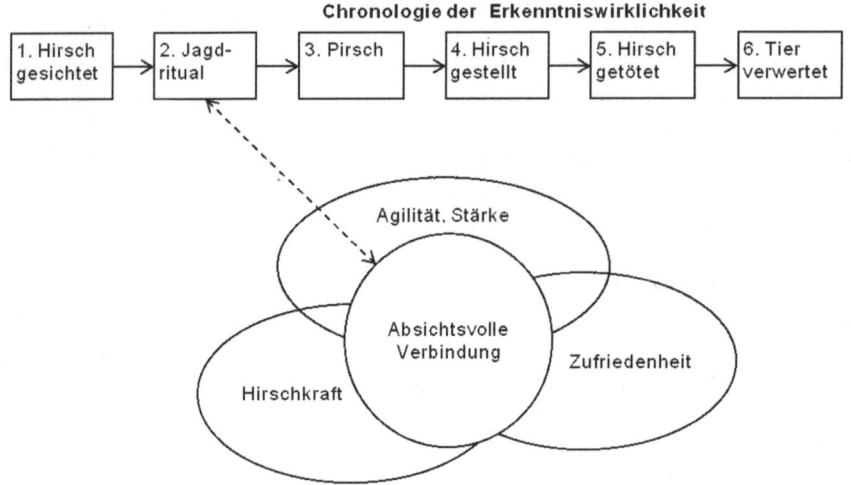

Abbildung 23 – Jagdszene

In der rationalen Chronologie spielt die eigentliche Jagdszene die Hauptrolle: darin wird schließlich das Tier erlegt. Doch wenn wir die magische Jagd auf diese Weise betrachten, verfehlen wir meines Erachtens den Kern des magischen Bewusstseins und der Erlebenswirklichkeit. Im nicht-zentrierten und nicht-gegenständlichen magischen Bewusstsein kommt die Jagd gar nicht vor. Der physische Jagdablauf findet auf der Stufe instinktiver Wahrnehmungs-Reaktions-Muster statt, also weitgehend unterhalb der Bewusstseinsschwelle. Die Jagd geschieht einfach. Oder auch nicht.

Der Philosoph Jean Gebser spricht von einem „naturhaften Vitalkonnex", in dem „alles und jedes miteinander wirkend vertauschbar ist"[77]. Das ist gerade für die Jagd relevant, die in der tiefmagischen Phase noch ohne Pfeil und Bogen, also im direkten Kontakt von Tier und Jäger, erfolgt. Diese Jagd ist kein Wettstreit der Jäger mit der Beute. Wenn Jäger und Beute im magischen Bewusstsein als „wirkend austauschbar" betrachtet werden, jagt der magische Jäger immer auch sich selber und die erlegte Beute ernährt jedes Mal auch sich selber.

Im gleichen Sinn sind bildnerischer (z.B. eine Höhlenzeichnung), ritueller (absichtsvolle Verbindung der Kräfte) und materieller (physischer Aufbruch und

Jagd) Ausdruck der Jagd austauschbar. Die physische Jagd kann ebenso gut als eine Art „Reenactment" der im Ritual bereits vollzogenen Handlung betrachtet werden, wie umgekehrt. Dabei spielt es streng genommen auch keine Rolle, ob das Ritual zeitlich vor der materiellen Jagd erfolgt oder nachher, denn die Zeit als Abfolge von Ereignissen gibt es für das magische Bewusstsein nicht. Im magischen Vitalzusammenhang fallen Ursache und Wirkung zusammen. Und zwar für dieses Bewusstsein tatsächlich, nicht nur metaphorisch.

Es ist sehr umständlich, etwas zutiefst Unsprachliches und Nichtlineares überhaupt sprachlich zu fassen. Mit geht es hier vor allem darum, zu zeigen, dass die Bewusstseinsinhalte in der tiefen Erlebenswirklichkeit nicht gegenständlich zu sein brauchen und dass die Erlebensmomente nicht um das Selbst oder entlang des Zeitlaufs organisiert zu sein brauchen. Das ist für uns heutige Menschen vollkommen ungewohnt. Beim Versuch, den magischen Vital-Zusammenhang zu erfassen, kommt uns allzu leicht der rationale Kausal-Zusammenhang in die Quere, mit dem unser Bewusstsein gewohnt ist, Dinge und Lebewesen zu identifizieren und in einen kausalen, zeitlichen Ablauf zu stellen. Doch in der Erlebenswirklichkeit ist der Mensch, was er erlebt, und sonst nichts.

4.1.2 Rituale, Magie und Zauber

Ein bemerkenswertes Detail der Darstellung der magischen Jagdszene liegt im Töten des Tieres. Wichtig daran ist die Einsicht: Der magische Jäger tötet nicht! Der physische Akt des Tötens, den wir rationalen Beobachter wahrnehmen, gehört nicht zu den Bewusstseinserlebnissen des tiefmagischen Menschen. Der magische Jäger hat dem Hirsch das Leben nicht genommen; vielmehr findet eine Verbindung von Hirschkraft und Lebenskraft der magischen Menschen statt. Das ist das Resultat eines im Ritual eingegangenen Bündnisses. Und hier ist ein weiteres Detail beachtenswert. Der Jagderfolg ist nicht etwa das Resultat eines Bündnisses zwischen individuellem Tier und individuellem Mensch. Im Jagdritual wird nicht mit dem individuellen Tier kommuniziert, sondern eine Verbindung mit der Kraft, die ich in diesem Fall Hirschkraft nenne, gesucht. Deshalb ist es auch natürlich, wenn sich das individuelle Tier wehrt und öfters auch entkommt, obwohl ein magisches Bündnis entstanden ist.

Das rituelle Bündnis ist nicht so, dass der Jäger eine Art kausalen Durchgriff hätte, mit dem er den Jagderfolg sicherstellen könnte. In der positiven Variante des Rituals wird um einen positiven Ausgang der Jagd *gebeten*. Es ist gerade das Kennzeichen der Rituale in der späten mythischen Zeit, mit Zauberei einen kausalen Durchgriff anzustreben und so den Erfolg möglichst im Vornherein sicherzustellen. Im „weißen" Ritual wird aber lediglich um Erfüllung der Absicht gebeten.

Echte Magie funktioniert nur in der magisch-mythischen Wirklichkeit, aber dort funktioniert sie tatsächlich. Es ist schon klar, warum Mary Poppins, die mythische Zauberin, erklärt: „Ich erkläre nie etwas." Die Erklärung im Moment des

Zauberns beraubt die Magie ihrer Wirkung, weil die Erklärung die rationale Wirklichkeit aktiviert, wo Magie nicht möglich ist, weil die Wirkmechanismen durch die Physik begrenzt sind.

Der magische Mensch hat in der rituellen Wiederholung ein Mittel gefunden, um den Ausgang von Handlungen zu beeinflussen, wenn auch nicht endgültig festzulegen. Die magische Bitte aktiviert über Resonanz ein Feld, das Fernwirkung beinhaltet. Die Grundlage wirksamen Bittens (oder Betens) ist Wiederholung und Hingabe. Die im magischen Ritual geäußerte Bitte geht aber nicht an ein Gegenüber. Somit liegt das Erfolgsgeheimnis für magische Rituale weder in irgendeiner besonderen magischen Fähigkeit des Bittenden noch im Wohlwollen eines mächtigen Gegenübers, sondern in der Resonanzwirkung des Ritualfeldes. Es ist also nicht die Hingabe an ein Gegenüber, sondern die Hingabe an das Ritual, die zählt. Nicht dadurch, dass die Wirkung fest gewollt wird, geschieht irgendetwas in der magischen Wirklichkeit, sondern dadurch dass das Ritual hingebungsvoll ausgeführt wird. Die fortgesetzte Wiederholung erfolgreicher Rituale verstärkt das Ritualfeld und seine Wirkungspotenz noch. Aus diesem Prozess stammen die Urrituale.

Für uns heutige Menschen ist es hilfreich, eine klare und einfache Absicht zu formulieren, um in den Wirkungsbereich ausgewählter noumenaler Felder zu gelangen. Dazu der klare Fokus auf das Ritual ohne Zerstreuung, Zweifel, Hoffnung oder Erfolgswillen.

Im engen Bezug zu den Kräften der Natur, wie er in der Erlebenswirklichkeit möglich wird, und in der magischen Wirksamkeit noumenaler Felder liegt ein höchst ambivalentes Potential. Die magische Bitte an die Naturkräfte wird in der Erfahrungswirklichkeit zum Seelenwunsch und in der Erkenntniswirklichkeit zum gerichteten Wollen. Das absichtsvolle Handeln wird also egoistischer. Was in der Erlebenswirklichkeit als Gestaltungswunsch erscheint, wandelt sich in der Erfahrungs- und Erkenntniswirklichkeit relativ leicht zu einem selbstbezogenen Machtanspruch. Man möge sich nur an die unheimlichen Machenschaften des deutschen Nationalsozialismus erinnern, wo kaum etwas ausgelassen wurde, was die magische Küche hätte hergeben können. Von der Ahnung einer stupenden Wirksamkeit magischen Waltens ermuntert, aber auch vom Willen zur Macht fehlgeleitet. Schon die alten Schamanen und Yogis waren sich des Missbrauchspotentials bewusst, denn magische Kräfte *per se* stehen außerhalb moralischer Wertungen, weil das magische Bewusstsein keine moralischen Kategorien bereit hält. Wir dürfen uns natürlich der magischen Wirksamkeiten bedienen. Als integrierende Menschen werden wir die moralischen Ansprüche der anderen Wirklichkeiten aber nicht außer Acht lassen.

4.1.3 Rückzugsgebiet

Wer heute tief in die Erlebenswirklichkeit reist, sollte dort nicht um jeden Preis Bilder von Dingen, Tieren, Pflanzen oder Menschen oder welchen Wesen auch immer erwarten. Die magische Reise kann vollkommen unstrukturiert sein und das dürfte viel mit der bergenden Kraft des magischen Bewusstseins zu tun zu haben. Es ist dies aber keine *liebevoll* bergende Kraft, sondern einfach bergende Kraft. Magische Kraft ist lakonisch, *matter-of-fact*-artig. So wie das spätmagische *Man* eine lakonische Selbstverständlichkeit ausdrückt, wenn erste Spuren von Persönlichkeit auftauchen, so wirken auch die tiefmagischen Kräfte lakonisch. *Es* ist einfach so. Punkt.

Sehen ist keine typisch magische Wahrnehmungsform. Das magische Bewusstsein akzentuiert sich ursprünglich im Bauch, und selbst wenn das für uns heute außerordentlich schwierig geworden ist, sollten wir magische Eindrücke nicht im Visuellen suchen, sondern eher im Labyrinth von Bauch, Becken und Unterleib. Der Sinn, der diesem am ehesten entspricht, ist das Gehör. Und das Phänomen, welches Gehör und Bauch verbindet, ist die Vibration. Meines Erachtens steht die ausladende Silhouette einer Venus von Willendorf für ebendiese bauchgestützte Daseinsgewissheit. Überspitzt, aber wohl nicht ganz unpassend, könnte man sagen, die magischen Menschen hätten mit dem Bauch gedacht. Im Becken liegt der vitale Kochtopf, in dem das absichtsvolle Handeln des magischen Menschen und des Reisenden in der magischen Wirklichkeit köchelt oder brodelt.

So wird Erlebenswirklichkeit aus dem Becken heraus erschlossen. Verstanden als alchemistischer Kessel kann es den Ausgangspunkt zu magischer Wirksamkeit bilden. Verstanden als bergender Schoß ist es ein primäres Rückzugsgebiet für den Menschen. Viele Meditierende suchen dies und nicht wenige verpassen es, denn die tiefe Erlebenswirklichkeit ist weitgehend emotionslos. Emotionen sind wichtige Inhalte des mythischen Bewusstseins und somit der Erfahrungswirklichkeit. Wer auf der Suche nach Glück und Glücklichsein meditiert, wird nicht in die Erlebenswirklichkeit dringen, sondern auf Brusthöhe die Erfahrungswirklichkeit oder auch die transzendente Wirklichkeit bereisen. Das reine Erleben einer magischen Kraft ist Teilhabe an der blanken Essenz von Wirksamkeiten. Wir modernen Menschen können das nur näherungsweise erreichen, wenn es gelingt die Ordnungs- und Erklärungsstrukturen der übrigen Wirklichkeiten temporär außer Kraft zu setzen. Ein derartiges Tiefenerlebnis einer alten Bewusstseinsform und Wirklichkeit ist dann wohl die größtmögliche Nähe zur vermuteten archaischen Einheit.

Die lakonische Emotionslosigkeit der Erlebenswirklichkeit ist nicht immer einfach zu akzeptieren, sind wir doch stets bemüht, den Dingen einen Sinn zu geben und für alles ein Gefühl oder eine Erklärung zu suchen. Doch nur die erlebenswirkliche (magische) Berührung eines Kindes durch seine Mutter oder seinen Vater begründet die primäre Verbindung mit Lebenskraft. Sie ist aber im Kern nicht Ausdruck einer liebenden Beziehung. Die liebende Beziehung kommt erst im Rahmen der Erfahrungswirklichkeit zustande; erst hier gibt es die Entitäten, zwischen denen eine solche Beziehung überhaupt errichtet werden kann. Dennoch ist die Erlebenswirklichkeit alles andere als belanglos oder gar überflüssig. Jede noch so mächtige Elternliebe läuft ins Leere ohne die elementare Akzeptanz des Daseins, die in einer zweckfreien Berührung liegt. Kleinkinder leben zunächst ausschließlich in einer Erlebenswirklichkeit und indem die Eltern ihre Kinder nähren, wärmen, säubern und berühren agieren sie ebenfalls in dieser Wirklichkeit. Es ist diese erlebende Gegenwärtigkeit, in der ein Mensch – nicht nur kleine Kinder – die ungerichtete, zweckfreie Akzeptanz erfährt, die ihn gesund und ganz sein lässt. Keine andere Wirklichkeit kann dies leisten.

Wenn Eltern in der westlichen Welt ihre Kinder sozialisieren (Erfahrungswirklichkeit) oder ausbilden (Erkenntniswirklichkeit), dann tun sie etwas Wertvolles: sie stellen einen Bezug zur Gemeinschaft und zur Zukunft her. Der Bezug zum Leben jedoch, kann nur in der Erlebenswirklichkeit etabliert werden. Das Leben liegt nicht in der Zukunft und auch nicht in der Vergangenheit; es ist immer gerade jetzt. Kein Kind muss in die Erlebenswirklichkeit geführt werden, denn es ist immer schon da. Doch westliche Eltern bewegen sich gewohnheitsmäßig in anderen Wirklichkeiten, selbst wenn sie dort von ganzem Herzen (Erfahrungswirklichkeit) und mit bestem Willen (Erkenntniswirklichkeit) Gutes tun, so verpassen sie zuweilen den direkten lebensweltlichen Kontakt mit ihren Kindern, der in unverstellter Zuneigung und unvermitteltem Körperkontakt besteht.

Der zweckfreien Berührung entspricht das Erleben einer unbedingten Bindung an das Leben ohne zivilisatorische, kulturelle oder psychische Abhängigkeiten. Das gilt für Kinder ebenso wie für Erwachsene. Tantra-Techniken, die nicht auf das Sexuelle ausgerichtet sind, Trost, der nicht von Mitleid getrieben ist oder auch das beiläufige Händeschütteln zur Begrüßung leisten das. In Form einer zweckfreien Berührung, in einer beziehungslosen Begegnung, im Empfinden des Drucks der Erde auf die Füße, in einem tiefen Atemzug und in vielen anderen primären Erlebensmomenten ist die Erlebenswirklichkeit jederzeit erlebbar.

Kraftorte und Ritualplätze sind Zonen, in denen die Kraftlinien magischer Felder besonders stark wirken. Momente bedingungslosen und zweckfreien Akzeptierens der Existenz sind Gelegenheiten, in denen die Resonanz mit magischen Feldern besonders tief reicht. Dann und dort ist Magie.

4.2 Erfahrungswirklichkeit

Die Erfahrungswirklichkeit ist die Welt der mythischen Bewusstseinsform. Weil die Wirklichkeiten tatsächlich ineinander verschränkt sind, kann es durchaus gelingen, rationale Analyse mit mythischer Sinnhaftigkeit zu verknüpfen. In einer solchen Konstellation weiß ich um die physikalischen Wetterphänomene und lasse diese gelten. Doch wenn die Sonne plötzlich durch ein Loch in den Wolken scheint, erzähle ich mir vielleicht auch die mythische Geschichte, dass die Wolken extra für mich zur Seite getreten sind. Dann hat es eine tiefere Bedeutung, dass ich auf das Sonnenlicht aufmerksam werde, während es Milliarden anderer Eindrücke gäbe, die ebenfalls in mein Bewusstsein hätten gelangen können. Die Resonanz von Sonnen-Feld und meinem Seelen-Feld war offensichtlich stark genug, sonst wäre mir die Himmelsbewegung nicht aufgefallen. Vielleicht will eine uralte Sonnenseele meiner Menschenseele etwas mitteilen: dass sie mich beobachtet, dass sie stellvertretend für den ganzen Kosmos für mich da ist oder möglicherweise auch, dass ich mich nicht so wichtig nehmen soll. Die Interpretation noumenaler Phänomene ist nicht einfach, denn ein großer Teil mythischer Reichhaltigkeit besteht auch aus Unbestimmtheit. Es braucht einige Übung, um relevante Bezüge zu erschließen. Aber darum geht es hier gar nicht, sondern vielmehr um die Möglichkeit, ein und dasselbe Phänomen mit dem Bewusstseinsapparat zweier Wirklichkeiten zu erfassen und die Ausweitung zu nutzen, die sich ergibt, wenn das rationale und das noumenale ontologische Postulat gleichermaßen akzeptiert werden.

Eine Bekannte von mir, Geschäftsfrau und Mutter, eine moderne und gebildete Frau, hat mir einmal im Gespräch erzählt, dass sie sehr wohl an Schutzengel glaube. Aber nur während sie ihren Kindern Geschichten erzähle, sonst nicht. Ein wunderbares Beispiel für die Möglichkeit, NOP und ROP kreativ einzusetzen.

Im Weiteren will ich einen zentralen Aspekt des Mythischen etwas genauer beschreiben: die Fähigkeit zur Personalisierung, die Fähigkeit, jedem, jeder und allem eine Seelenpersönlichkeit zuzuschreiben und unter Umständen mit dieser in Austausch zu treten.

4.2.1 Seele

Die Seele ist ein schillerndes Wesen und eine begnadete Verwandlungskünstlerin. Sie erscheint in vielen Gewändern, hat viele Namen und zahlreiche Identitäten. Kaum wird sie irgendwo gesichtet, ist sie schon wieder entschwunden und niemand weiß wirklich wohin. Gerüchte allerding gibt es viele. Die Seele ist eine Diva, eine tröstende Mutter, ein fordernder Vater, ein ahnungsloses Kind, Königin, Zauberer, Schlaumeier, Heilerin. Selbst als längst Totgesagte lebt sie ganz gut.

Bei den unterschiedlichen Seelenbegriffen fallen die zahlreichen Entsprechungen von Seele mit Atem und das Bild einer „Atemseele" auf. Sehr oft werden deshalb Atem, Seele und Lebenskraft gleichgesetzt. Im erweiterten Modell von Wirklichkeiten wird der Bedeutungskomplex von Atem und Lebenskraft in erster Linie der magischen Wirklichkeit zugeordnet: der Lebenshauch, das indische *Prana*, das chinesische *Qi* oder das altägyptische *Ka* sind dann eher der Erlebenswirklichkeit zugehörig. Als magische Lebenskraft äußern sie sich allerdings auch in der mythischen Erfahrungswirklichkeit. Dagegen bilden Homers sinnliche *Psyché*, das indische *Atman* oder das ägyptische *Ra* eher Wesenheiten der mythischen Wirklichkeit. Die Begriffe *Pneuma*, *Soma pneumatikon*, das ägyptische *Ach* oder auch das hebräische *Ruach* gehen ebenfalls auf die Ideen von Atem und Lebenskraft zurück, scheinen in ihrer Quintessenz aber eher auf eine geistige und transzendente Dimension zu verweisen. Ähnliches gilt für die lateinischen *anima* und *spiritus*, deren Bedeutungen derart vielfältig sind, dass man sie kaum mehr fassen kann (was für die Seele wiederum sehr charakteristisch ist). Nachdem die Wissenschaften ohne eine Seele auskommen wollen, wird der Begriff noch metaphorisch gebraucht und steht dann für die Gesamtheit von Gefühlsregungen, Gedanken und psychischen Vorgängen eines Individuums.

Ich möchte die Seele hier auch als Transportmittel in die Erfahrungswirklichkeit positionieren und mich an das Bild einer *sinnlichen* Seele halten. Die mythische Seele ist keine Substanz aus Fleisch und Blut, sie ist nicht materiell, aber sie hat sinnliche Eigenschaften. Etwa so wie das von Homer in der Ilias berichtet wird, wo Achilles der Seele des toten Patroklos begegnet[78]:

Als er so gesprochen, griff er nach ihm [Patroklos als Seele] mit seinen Händen,
Aber fasste ihn nicht, und die Seele ging unter die Erde
Wie ein Rauch, schwirrend. Und staunend sprang auf Achilles,
Schlug die Hände zusammen und sprach das Wort mit Jammern:
‚Nein doch! So ist denn wirklich noch in des Hades Häusern
Irgendwie Seele und Bild, doch das Zwerchfell ist ganz und gar nicht darin!
Denn die ganze Nacht hat des unglücklichen Patroklos Seele bei mir gestanden,
    klagend und jammernd,
Und trug mir jegliches auf, und glich wunderbar ihm selber!

Die mythische Seele kann visuell wahrnehmbar sein (z.B. als Rauch, Schatten, Flimmern oder auch als Lichtschein), sie kann auditiv wirken (etwa als Stimme oder Klang) und sie kann Persönlichkeitsmerkmale aufweisen (sie kann eine Meinung haben und mit uns sprechen). Homer beschreibt die Seele als ein Schattenbild des Körpers, das diesen beim Tod durch den Mund oder andere Körperteile verlässt, um in den Hades zu entschweben. Er nennt sie *Psyché* und wie in der obigen Textstelle aus der Ilias leicht ersichtlich ist, ist dahinter kein psychologischer Apparat versteckt. Und auf diese Weise – ohne rationale Psychologisierungen – soll die Seele in der Erfahrungswirklichkeit sein. Diese Seele ist nicht mit dem verdrängten Unterbewussten identisch. Sie ist aber die Figur, mit deren Hilfe Exkursionen in innere Welten möglich sind, so dass unter Umständen vorher Nichtbewusstes bewusst werden kann.

Wer als Seelenwesen Exkursionen in der Erfahrungswirklichkeit unternimmt, sollte darauf eingestellt sein, dass ihr oder ihm dabei auch nichtmenschliche Seelenwesen begegnen. Das können die berühmten Krafttiere oder Kraftpflanzen der schamanisch Praktizierenden sein, die in den noumenalen Wirklichkeiten relativ einfach in wirkungsvolle Resonanz mit den Reisenden treten und relativ leicht externe Stimuli für Wahrnehmungen einer noumenalen Außenwirklichkeit sein können. Aber auch Berge, Flüsse oder die Gestirne sind beliebte mythische Gegenüber. Und vielleicht zeigt sich ja auch einmal eine Märchenfigur, wenn sie eine Botschaft hat. Märchenfiguren können sehr kraftvolle noumenale Felder sein, weil sie durch viel kindliche (d.h. unverstellte) Aufmerksamkeit genährt werden. Eigentlich ist es ja verfehlt, Märchen als Kindergeschichten zu behandeln, nur weil sie viel mythisch-noumenalen Gehalt transportieren. Nur aus rationaler

Sicht gehören Märchen zum unreifen mythischen Bewusstsein, das durch das erwachsene rationale Bewusstsein angeblich überwunden wurde.

Die Seele der Erfahrungswirklichkeit lässt sich als ein kraftvolles noumenales Feld auffassen, das insbesondere die folgenden Merkmale aufweist:

1. Die Seele existiert. Und zwar als noumenales Feld genährt durch Jahrtausende alte Traditionen.
2. Die Seele ist kausal wirksam. In der Erfahrungswirklichkeit wirken seelische Prozesse durch Wissensvermittlung, Ausgleich, Heilung und Magie. Technisch geschieht das über Resonanz zwischen noumenalen Feldern.
3. Die Seele ist innerlich. Sie ist nicht der physische Körper (materiell), nicht der Intellekt (geistig), nicht das Fühlen (emotional) und auch nicht das Unterbewusste (psychologisch).
4. Die Seele ist sinnlich. Sie ist auf vielfältige Weise erfahrbar. Man darf sich die Seele als feinstofflichen Körper vorstellen. Obwohl sie sich der diversen Subtilkörper (Ätherkörper, Astralkörper, Kausalkörper, spiritueller Körper) bedient, ist die Seele nicht mit ihnen gleichzusetzen.
5. Die Seele ist keine letzte Einheit. Sie ist also nicht jener persönliche Wesenskern, der ein Individuum durch alle Ewigkeit ausmacht. Je nach Tradition und Erklärungsansatz kann die Seele einen derartigen Wesenskern „enthalten", sie muss aber nicht.
6. Die Seele ist unscharf. Sie grenzt kein elementares Individuum ab und ist vielmehr atmosphärisch mit den Mitmenschen und allen noumenalen Wesen verbunden. Die Seele kann „zerfallen" und sich neu „formieren".
7. Alles kann beseelt sein. Menschen, Ahnen, Tiere, Pflanzen, Gegenstände, Artefakte, Abstrakta.

4.2.2 Selbstmodelle und noumenale Reisen

Ich präsentiere den Seelenbegriff hier also in zweifacher Hinsicht. Einerseits stelle ich die Seele im Zusammenhang mit den historischen Bewusstseinsformen als das mythische Selbst der Menschen (und aller übrigen Wesenheiten) dar. Und andererseits schlage ich im Rahmen des erweiterten Modells von Wirklichkeiten vor, das noumenale ontologische Postulat einzugehen und die Seele als Transportmittel in die noumenalen Wirklichkeiten zu verstehen.

Die Technik der noumenalen Reise kann ganz allgemein wie folgt formuliert werden: Durch intensives Vorstellen (was noch eine Imagination ist) einer Seele wird Resonanz zu mythischen Seelenfeldern erzeugt und schließlich eine Wahrnehmung geschaffen, die auch äußere Informationen trägt. In diesem Seelengewand sind nun Exkursionen in noumenale Gefilde möglich, die der physische Körper nicht unternehmen kann.

— Das Denken der Seele —

Das ist im Grunde ein bewusstes und absichtsvolles Erzeugen einer außerkörperlichen Erfahrung (Out of Body Experience, OBE). Die schamanischen Traditionen haben diese Praxis perfektioniert und heute beschäftigt sich auch die universitäre Forschung damit. Und zwar nicht mehr einfach unter der Annahme, dass OBEs psychische Fehlleistungen wären, sondern unter der Prämisse, dass sie spezifische Bewusstseinsleistungen darstellen. Metzinger beschreibt die OBE-Erfahrung sehr treffend als Bewusstseinszustand „in dem zwei Selbstmodelle zum gleichen Zeitpunkt aktiv sind."[79] In eigenen Untersuchungen konnte ich feststellen, dass es zuweilen durchaus auch mehr als zwei Selbstmodelle sein können.

Ich bezeichne das alltagswirkliche Selbst der rationalen Erkenntniswirklichkeit als *1. Person rationales Selbst: 1PrS*. 1P steht für die Erste-Personen-Sicht, die perspektivische Sicht aus einem imaginären Punkt hinter den Augen, so wie wir die Welt normalerweise wahrnehmen, als ob eine Kamera an jenem Punkt hinter der Nasenwurzel stünde und wir den Film im Kopf sehen würden. rS bezeichnet das rationale Selbst der Erkenntniswirklichkeit. 1PrS ist das alltägliche Ich mit seinen physischen, mentalen, psychischen und emotionalen Aspekten. 1PrS = Ich.

Wer eine noumenale Reise unternehmen will, startet also in aller Regel als 1PrS. Je nach Vorliebe und Technik kann sich 1PrS in eine Meditationsstellung, eine Trancehaltung oder sonst einen Zustand begeben, in dem das Ich in den Hintergrund treten kann, um so die Aktivierung noumenaler Wirklichkeiten zu ermöglichen. Die noumenale Reise kann eingeleitet werden, indem das 1PrS ein zweites Selbstmodell, diesmal ein noumenales, erzeugt. Das kann auf sehr vielfältige Weise geschehen und sehr unterschiedlich empfunden werden. Eine Möglichkeit besteht darin, dass die Person 1PrS vor sich selber einen Seelenkörper visualisiert. Dieser Schatten-, Licht- oder auch Energiekörper soll die eigene Seelenhülle für die Reise sein.

Sieht 1PrS die Seelenhülle vor sich (oder spürt sie oder ahnt sie oder weiß um sie), dann sei diese 3PnS: *3. Person noumenales Selbst*. 3. Person, weil es beobachtet wird; noumenales Selbst, weil es den physikalischen Gesetzen und psychischen Limitierungen des rationalen Selbsts nicht mehr unterworfen ist und sich nach der noumenalen Wirklichkeit ausrichtet.

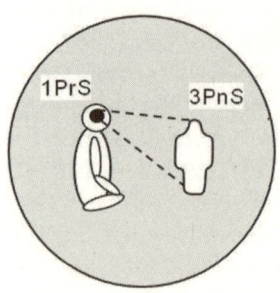

Abbildung 24 – Selbstmodelle

Methodisch betrachtet, erzeugt das rationale Selbstmodell 1PrS das noumenale Selbstmodell 3PnS. Diese Konfiguration ist grundlegend und sie entspricht derjenigen von Narziss' Seelenschau (Abbildung S. 49). Die eigentliche noumenale Reise beginnt dann, wenn die Visualisierung ein gewisses Eigenleben erhält, wenn also Resonanz mit noumenalen Feldern erfolgt und sich eine noumenale Außenwirklichkeit aufbaut.

Dann verwandelt sich das 3PnS oft in 1PnS. Oder anders gesagt: die Beobachterperspektive 1P wandert vom rationalen Selbst rS in das noumenales Selbst nS. Diese Bewegung begründet eine Out of Body Experience. Vielleicht schwebt das Bewusstsein 1PnS dann über dem physischen Körper und nimmt diesen aus einer Beobachterposition als 3PrS wahr, als ob er ein fremder Körper wäre. Das ist die klassische OBE-Konstellation: das Selbst-Bewusstsein 1PnS beobachtet den eigenen Körper als 3PrS.

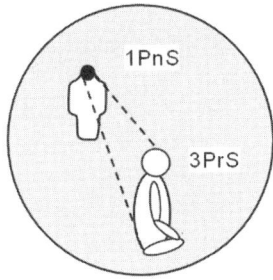

Abbildung 25 – Out of Body Experience (OBE)

In Berichten über spontane OBEs fällt auf, dass das Gefühl einer Perspektive oft sehr ausgeprägt bleibt. Dabei ist offenbar vor allem die perspektivische Aufspaltung in ein beobachtendes 1P und ein beobachtetes Selbst 3P relevant. Dass dabei gleichzeitig ein Übergang von einem rationalen Selbst rS in ein noumenales Selbst nS erfolgt, scheint dabei weniger beachtet zu werden. Entsprechend werden die Phänomene einer „OBE-Physik" oft eher als irritierend oder gar pathologisch, denn als befreiend empfunden. Es scheint, dass in vielen spontanen OBEs das ursprüngliche 1PrS darauf beharren würde, als rS in der Erkenntniswirklichkeit zu bleiben, statt sich als nS in noumenale Wirklichkeiten zu verabschieden.

In noumenalen Reisen steht dagegen gerade der Wechsel von Ontologie und Physik im Zentrum, der mit dem Übergang von rS zu nS verbunden ist. Nur mit der noumenalen Ontologie trifft man Seelen-, Ahnen- und Geistwesen. Nur in der noumenalen Physik kann man fliegen, unter Wasser atmen, zerstückelt werden und Zeitreisen machen. Bloß kann man auch das nicht beliebig tun; auch hier gelten „Gesetze".

All diese Übergänge sind gradueller Natur. Es ist also in aller Regel nicht so, dass ein Ich-Selbst rS abrupt in ein Seelen-Selbst nS umschlagen würde. Ein Selbst-Empfinden in rS und nS kann durchaus unterschiedlich intensiv sein oder auch hin und her wechseln. Als nS ist man von den Geschehnissen einer Reise vielleicht fasziniert und als rS schmerzt einen möglicherweise der Rücken.

Die noumenale Reise als OBE in eine noumenale Wirklichkeit wird oft in einer von zwei Grundkonstellationen erfahren. Bei der ersten schwebt das perspektivische Bewusstsein ähnlich wie bei der OBE aus dem Körper heraus. Eine Person hat dann nicht mehr das Gefühl im ursprünglichen Raum im physischen Körper zu sitzen, sondern sich in noumenalen Gefilden zu bewegen. Die Wahrnehmung selber kann dabei vergleichbar mit der rational-perspektivischen sein: d.h. als ob die Person durch eine subjektive Kamera erlebte, was sie erlebt. Diese Konstellation ist in der Abbildung unten auf der linken Seite skizziert.

In der zweiten Grundkonstellation (Abbildung unten rechte Seite), die ich selber ziemlich oft erfahre, lösen sich sogar zwei noumenale Selbstmodelle aus dem rationalen. Ich erlebe also, dass sich ein noumenaler Körper 3PnS vor mir bildet, und wenn dieser zu seinen noumenalen Abenteuern aufbricht, dann folge ich ihm als „Beobachter" 1PnS. So kommt es zu einer Situation, in der ich scheinbar dreifach vorhanden bin. In der Erkenntniswirklichkeit sitze ich als 1PrS am Boden (und merke zuweilen, dass mir der ein Bein einschläft) während ich als 1PnS beobachte, welche Abenteuer mein Seelen-Selbst als 3PnS besteht. In dieser Konstellation ist das Bewusstsein auf drei Selbstmodelle verteilt.

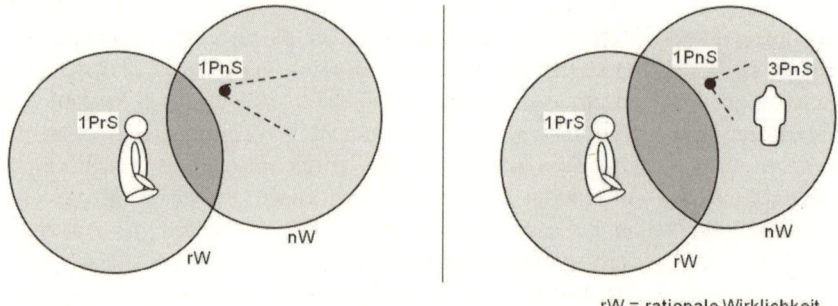

rW = rationale Wirklichkeit
nW = noumenale Wirklichkeit

Abbildung 26 – Noumenale Reisen

Analytisch aufgeschlüsselt ergeben sich also rasch relativ komplexe Situationen. Subjektiv erlebt sind die perspektivischen Konstellationen aber meist ziemlich evident. Es ist aber auch klar, dass man keine Angst vor einer „gespaltenen" Persönlichkeit und tatsächlich eine einigermaßen stabile Psyche haben sollte, um noumenale Reisen einer gewissen Intensität zu unternehmen.

Einer der Höhepunkte jeder noumenalen Reise ist die Begegnung mit anderen noumenalen Entitäten, die in der Erfahrungswirklichkeit oft personalisiert sind, sei es mit Silhouette, Stimme oder einfach durch die Tatsache, dass die Entitäten Eigenschaften haben oder Meinungen äußern. In Begegnungen treten Zweite-Person-Perspektiven auf. In der Abbildung unten ist die Begegnung eines reisenden Seelen-Selbsts 1PnS mit einer personalisierten noumenalen Entität 2PnS dargestellt.

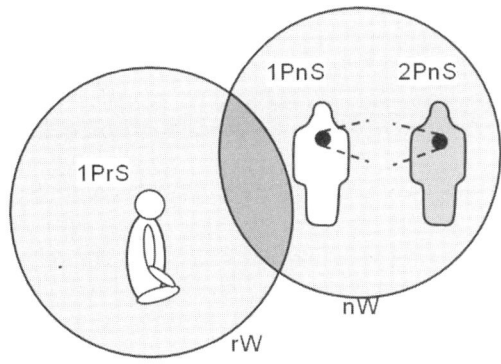

Abbildung 27 – Begegnung in noumenaler Wirklichkeit

Es ist in dieser Konstellation, dass der altaische Schamane 1PrS als Botschafter 1PnS auf den „Pförtner" 2PnS trifft und ihn mit einer gezielten Bestechung zur Kooperation verleitet. Allerdings ist die Analyse eine westliche und sehr rationale Angelegenheit: der altaische Schamane würde mit ziemlicher Sicherheit zwischen 1PrS und 1PnS keinen Unterschied erkennen. Bei uns können jedoch die meisten schamanischen Reisen oder formvollen Meditationen auf diese Weise interpretiert und gestaltet werden. In dieser Konstellation erfolgt die Begegnung einer reisenden Person mit einer noumenalen Entität, zum Beispiel ein Austausch mit einem Krafttier oder geistigen Lehrer, wie ihn viele Praktizierende pflegen.

Es wird schnell klar, dass sich all dies strukturell nicht von einer lebhaften Imagination unterscheidet. Was in der noumenalen Wirklichkeit geschieht, kann auch als mentale Projektion betrachtet werden. Deshalb ergibt sich die Frage einer intersubjektiven Überprüfung. Die nächste Abbildung zeigt deshalb das Grundmuster einer gemeinsamen Reise in eine noumenale Wirklichkeit, an der zwei Personen (A und B) beteiligt sind und mit einer noumenalen Entität Kontakt aufnehmen, von der wir annehmen, dass sie ein und dieselbe sei (was genau genommen nicht zu stimmen braucht, weil es ja nicht um dingliche, sondern um Bedeutungseinheiten geht).

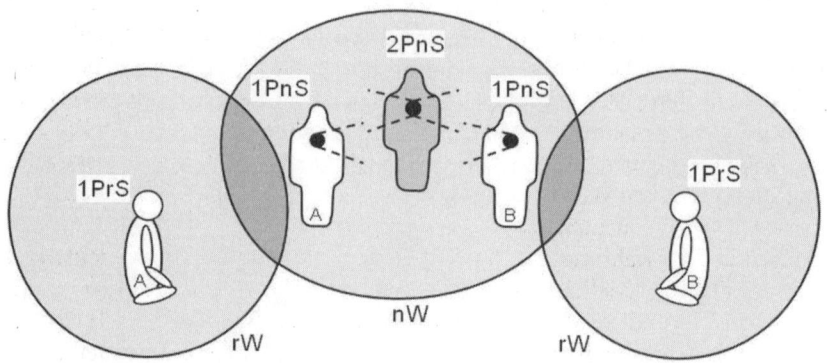

Abbildung 28 – Intersubjektive Begegnung in noumenaler Wirklichkeit

A und B können sich während oder nach der Reise austauschen und dadurch die Relevanz ihrer Wahrnehmungen überprüfen und schrittweise verbessern. Dieser intersubjektive Prozess ist identisch mit demjenigen von zwei Forschern, die sich mit demselben Gegenstand der physikalischen Wirklichkeit beschäftigen, bloß die eingesetzten Mittel unterscheiden sich.

Mit der hier vorgeschlagenen Theorie des Noumenalen lassen sich traditionelle Vorstellungen einer Seele, wie sie für die mythische Bewusstseinsform kennzeichnend sind und moderne Begriffe aus der Philosophie des Bewusstseins ganz zwanglos verbinden, um eine integrierende Sicht über mehrere Bewusstseinsformen und Wirklichkeiten hinweg zu gewinnen. Das Seelenselbst erleichtert die Aktivierung noumenaler Wirklichkeiten, während das Ich-Selbst in der Erkenntniswirklichkeit zuhause ist. Beide Formen können als informationsbasierte Selbstmodelle mit unterschiedlichen Eigenschaften betrachtet werden. Allerdings sind sie in der wirksamen Praxis keine Produkte oder Produktionen neuronaler Funktionen allein, sondern werden über Resonanzwirkungen auch durch externe Beiträge noumenaler Felder genährt. Gerade die Erfahrungswirklichkeit hat einige über viele Jahrtausende stark habitualisierte Felder anzubieten. Das Feld einer Seele selber. Aber auch Felder von Geborgenheit, Familie, Ehre, Ausgleich, Ritualen oder Kraftorten.

4.2.3 Heilwirkungen

Aus heutiger Sicht besteht die *raison d'être* der noumenalen Wirklichkeiten in ihrem herausragenden Heilvermögen. Das gilt namentlich für die Erfahrungswirklichkeit, aber auch für die Erlebenswirklichkeit, deren Qualität als Rückzugsgebiet und Kraftspenderin erwähnt wurde. Die magischen Kräfte sind primäre Kräfte und dadurch sehr wirksam. Allerdings sind sie schwieriger zu nutzen als die mythischen, weil ein Zugang über ein eigenes Selbstmodell nur beschränkt möglich ist. Je tiefer wir in die magische Wirklichkeit eindringen, desto mehr löst sich unser eigenes Selbstmodell auf und gewohnte Orientierungshilfen wie visuelle oder zeitliche Informationen werden schwächer. Die urtümliche Wucht magischer Heilung ist uns sehr fremd geworden und muss in ihren machtvollen Formen für die moderne Zivilisation erst wieder entdeckt und entwickelt werden. Dasselbe gilt auch für die mythischen Heilformen, doch immerhin ist der Zugang zur mythischen Wirklichkeit einfacher und für uns auf ein Selbst bezogenen Menschen viel einleuchtender.

Heilen in der Erfahrungswirklichkeit ist stets Persönlichkeitsentwicklung. In diesem Punkt liegt vielleicht der entscheidende Unterschied zwischen rationalem Behandeln und mythischem Heilen: Während Behandeln danach trachtet, eine Person wieder so herzurichten, wie sie vorher war, verändert Heilung die Person. Wirkliche Heilung ist ohne Persönlichkeitsentwicklung nicht möglich, denn sie ist stets verbunden mit dem Schaffen neuer Bewusstseinskontinuitäten. Unser Bedürfnis nach Beständigkeit in der Selbstdefinition steht einer Heilung sehr oft diametral entgegen. Wenn die eigene Selbstdefinition ein Leiden enthält, gibt sie es nicht einfach frei. Viele Leiden sind identitätsstiftend und können unmöglich behoben werden, ohne dass sich die Identität verändert. Das brauchen keine großen Identitätskrisen zu sein. Manchmal sind in einem noumenalen Heilungsmoment nur kleinste oder gar keine Veränderungen bemerkbar, doch dann stellt sich ein paar Monate oder Jahre später heraus, dass sie große Wirkungen hatten.

Die Seele, die erfahrungswirkliche Form des Selbst, begünstigt Heilung, weil sie viel weniger fokussiert ist als das Ich-Selbst und viel weniger krallend ist als das Ego-Selbst. Oder positiv ausgedrückt: das Seelen-Selbst ist im Uns verbunden und deshalb einer inneren Veränderung zugänglicher als das auf sich selbst gestellte Ich-Selbst. Das Seelen-Selbst gehört zudem einer Wirklichkeit an, in der Wandel zu den zentralen Charakteristika der Bewusstseinsform zählt. Der effektiv mythische Wandel ist stets schöpferisch, bedeutungsvoll und schicksalshaft; er wird erfahren und zelebriert.

Mythische Veränderung vollzieht sich als Äußerung von Wandlungskraft in zyklischer Zeithaftigkeit und umfasst die magische Zeitlosigkeit. Magische Heilung geschieht augenblicklich und zumeist vollständig. Ein großer Teil heutiger Heilarbeit muss sich daher mit dem Transfer der Wirkung in die zeitliche Erkenntniswirklichkeit befassen. Transfer heißt, das Ich-Selbst darin dabei zu unterstützen, die Heilung zu akzeptieren, die im Seelen-Selbst schon erfolgt ist. Wenn Menschen in der Mongolei zur Schamanin gehen, dann wissen sie mit jeder Faser ihrer magisch-mythischen Existenz, dass Heilung sofort erfolgt, falls sie möglich ist. Diesen Menschen steht kein rationales Ich-Selbst im Weg. Wenn Heilung möglich ist, dann geschieht sie für jene Menschen sofort und bedingungslos. Für die meisten von uns ist das nicht mehr vorstellbar. Unser Ich-Selbst verlangt rationale Evidenz und erzeugt starke zeitliche Bewusstseinskontinuität, in der große Sprünge – auch eindeutige Verbesserungen von Gesundheitszustand oder Wohlbefinden – als destabilisierend wahrgenommen werden. Deshalb sind viele Leiden westlicher Menschen oft nur schrittweise heilbar. Manchmal gar nicht. Und manchmal, im Zusammenhang wogender Identitätskrisen, hält doch in einem großen Sprung.

Erfahrungswirkliche Heilung erfolgt durch Resonanz mit noumenalen Feldern der alten Wirklichkeiten. Aufmerksamkeit und Hingabe führen zu Resonanz. Und da für die meisten Menschen Bilder die Aufmerksamkeit am wirksamsten bündeln, gehören Visualisierungen zu den wichtigsten Resonanzgeneratoren. Auf diesen Wegen ist ein gerüttelt Maß an Selbstheilung möglich, stets verbunden mit Weiterentwicklung der eigenen Persönlichkeit. Auch noumenale Wellness-Reisen sind möglich. Nichts geht über eine Seelenmassage durch ein mythisches Geistwesen in der Erfahrungswirklichkeit. Kaum etwas ist beruhigender als die Kraft magischer Dunkelheit in der Erlebenswirklichkeit. Wenig ist bereichernder als eine Begegnung mit einem geistigen Lehrer oder einer weisen Führerin in der transzendenten Wirklichkeit.

Es ist relativ unerheblich, ob das Seelen-Transportvehikel in die noumenale Wirklichkeit als Silhouette, Energiekörper, Lichtstrahl, Rauchschwaden oder Quantenwolke vorgestellt wird („*relativ* unerheblich", weil es einfacher ist, stark habitualisierte Felder zu aktivieren); im Zentrum steht das Erregen von Resonanz mit geeigneten noumenalen Feldern. Es ist relativ unerheblich, ob eine Wahrnehmung aus dem mentalen Fundus an Engelbildern, Krafttieren, Naturkräften oder sonst etwas schöpft („*relativ* unerheblich", weil in einer Wirklichkeit, in der alles bedeutungsvoll ist, auch dies bedeutungsvoll sein könnte); wesentlich ist die Wirkung.

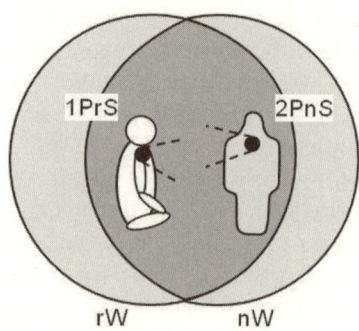

Abbildung 29 – Begegnung in gemischter Wirklichkeit

Starke Heilerinnen und Heiler beherrschen den Königsweg der noumenalen Arbeit: das Wirken in einer gemischten Wirklichkeit. Darin treten die Wirksamkeiten aus rationalem, mythisch-magischem, transzendentem und vielleicht sogar bereits integralem Bewusstsein gleichzeitig auf. Diese Heiler verfügen über die Fähigkeit, das Verhältnis von rationalen (mentalen) und noumenalen (nichtmateriellen) Anteilen beliebig zu kalibrieren, um so die Wirkungen noumenaler Felder zu optimieren. Jede Form von Magie erfolgt letztlich in einer gemischten Wirklichkeit, denn am Schluss jedes echten Zaubers soll ja auch eine Veränderung in der physikalischen Wirklichkeit stehen. In einer gemischten Wirklichkeit sind Wunder schon einiges wahrscheinlicher als in einer rationalen.

Die Alchemie ist ein mittelalterlicher Ausdruck für das Bedürfnis, gemischte Wirklichkeiten zu erzeugen. Dabei war den Alchemisten durchaus klar, dass sie mit der exoterischen (rationalen) und esoterischen (noumenalen) Alchemie zwei unterschiedliche Wirklichkeitsaspekte verbanden. Alchemisten nahmen die mythische Tradition auf, nach der Objekte nicht einfach Ansammlungen von Materie, sondern auch „Inkarnationen kosmischer Kräfte"[80] sind. Noumenale Heilung bezieht deshalb auch die Kraftfelder von materiellen Gegenständen mit ein. Heilobjekte sind noumenal aufgeladene Gegenstände. Das sind Objekte, die über Raum und Zeit hinweg mit den Fernwirkungen bestimmter noumenaler Felder verbunden sind. Das sind Objekte mit einer bestimmten und unter bestimmten Umständen wirksamen Bedeutung.

Man braucht nicht einmal das esoterische Heilwesen zu betrachten, um Beispiele für noumenal aufgeladene Objekte zu finden. Es reicht, sich die Liste der (nach finanziellen Maßstäben) wertvollsten Marken ansehen: Microsoft, Google, Coca Cola, IBM. Solche *Brands*, die mit Mitteln des Corporate Design sorgsam gepflegt werden, sind nichts anderes als Felder auf exakt derselben Wirkgrundlage wie alchemistische Heilobjekte verstärkt durch mediale Wiederholung und Habitualisierung.

Noumenale Heilung ist insofern „noumenal", als sie mit der Seelenebene (mythisch) und der Ebene der Vitalkräfte (magisch) die Wirksamkeiten der alten Wirklichkeiten einbezieht und eine Übertragung in die jüngere Erkenntniswirklichkeit anstrebt. Dafür gibt es zwei Grundmodelle, die in unzähligen Varianten und Vermischungen auftreten können.

Im *Transfermodell* (Abbildung S. 152 links) wird ein Setting der Erkenntniswirklichkeit, beispielsweise ein Praxisraum, genutzt, um in die noumenalen Wirklichkeiten zu reisen. Ich habe oben skizziert, wie das mit der Vorstellung eines inneren Seelenbildes im Prinzip relativ einfach zu erreichen ist. Ich habe in meiner Praxis jedenfalls noch nie erlebt, dass das jemand mit der geeigneten Anleitung und Begleitung nicht gekonnt hätte. Oft werden Heilgegenstände eingesetzt (in der Grafik unten als kleine Box dargestellt), die während einer Heilprozedur noumenal aufgeladen und später als Anker für einen Transfer der Wirkung in die Alltagswirklichkeit genutzt werden. Im *gemischten Modell* (Abbildung S. 152 rechts) werden die Wirklichkeiten verschmolzen und die Prozedur innerhalb dieses Raums vollzogen.

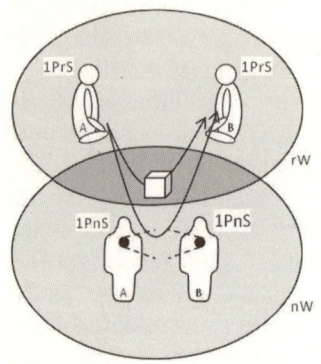
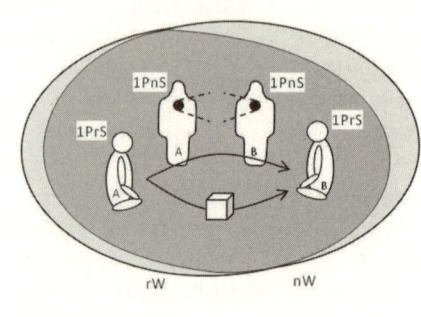

Abbildung 30 – Konfigurationen noumenaler Heilung

Das Transfermodell beruht auf der Metapher einer Reise, auf der man etwas erlebt und von der man etwas zurückbringt. Es kommt unserem rationalen Verständnis entgegen, nach dem in einer verborgenen Psyche wertvolle Heilung möglich ist, falls man nur die richtige Pille erhält. Gerade zweifelnde Klienten können im Transfermodell den (bewussten) Kontakt ihres Ichs mit den noumenalen Sphären vermeiden und dennoch deren Segnungen akzeptieren. Oft nach dem Motto: „Nützt es nichts, so schadet es nichts." Das Transfermodell beruht eigentlich auf einer Mangelvorstellung mit der Idee, von außen etwas erhalten zu können, was im Inneren nicht vorhanden ist. Sehr oft funktioniert das tatsächlich sehr gut.

Das *Gemischte Modell* setzt auf der Metapher eines „heiligen Raums" auf, in den hinein man die noumenalen Kräfte ruft. Dieses Modell ist namentlich für Gruppen sehr passend. Der berühmte runde Tisch bei Verhandlungen ist immer ein heiliger Raum, selbst wenn das das von noumenalen Analphabeten nicht bemerkt wird und selbst wenn in dem Raum keine „heiligen" Tätigkeiten vorgesehen sind. Auch ein Platz mit Guillotine oder ein Schlachtfeld erzeugen „heilige Räume". Und zwar sehr starke. Doch selbstverständlich ist normalerweise etwas anderes gemeint, denn der in einem moralischen Sinn „heilige" Raum erzeugt einen magisch-mythisch-transzendenten Schutzraum, in dem heilende, persönlichkeitsverändernde und problemlösende Prozesse erleichtert ablaufen können. Ein heiliger Raum ist ein noumenaler Raum: ein Katalysator, in dem Reaktionen bei niedrigerer Betriebstemperatur möglich sind.

4.2.4 Mythische Wahrheit

Wegen dem strukturierenden Charakter der Bewusstseinsformen ist ein vollständiger Konsens über die Beschaffenheit der Welt über alle Wirklichkeiten hinweg nicht möglich. Doch wenn es möglich ist, unterschiedliche Wirklichkeiten bewusst zu bereisen, dann muss in pluralistischer Manier auch die Frage gestellt werden, wie es die Bewohner verschiedener Wirklichkeiten mit der Wahrheit halten.

Die magische Bewusstseinsform begründet eine Erlebenswirklichkeit, in der alles wahr ist, was erlebt wird. Damit ist trivialerweise alles wahr, und eigentlich stellt sich die Wahrheitsfrage gar nicht: magische Wahrheit ist unmittelbare Gewissheit.

Mythische Wahrheit steht in erster Linie für Verbindlichkeit. Für das mythische Bewusstsein bedeutet eine sprachliche Aussage (und nur eine solche kann ja wahr oder falsch sein) zunächst einmal ein Bündnis. Der Anthropologe und Schamane Alberto Villoldo drückt das so aus: „Dein Wort ist ein Versprechen, und je spiritueller dein Leben ist, desto mehr Macht besitzt es, und desto weniger Spielraum gibt es für Abweichungen."[81] Der im Mythischen allgegenwärtige Sinnzusammenhang bindet eine Aussage nicht nur semantisch sondern auch moralisch. Eine Aussage löst eine Wirkung aus und dafür ist der Sprecher oder die Sprecherin verantwortlich. Dies gilt umso mehr, je stärker das Bewusstsein darum ausgebildet ist.

Doch mit wem wird eigentlich ein Bündnis eingegangen? – Mythische Wahrheit verstanden als Verbindlichkeit ist ein Bündnis mit dem Kosmos, den Göttern, den Ahnen, den Alten und anderen Hütern des Wissens. Diese Autoritäten sind Vorbilder, indem sie sich in ihrem Wort noch viel mehr binden als andere Menschen. Und diese Vorbilder sind Autoritäten, indem von ihrem Wort Macht ausgeht. Aussagen von akzeptierten Autoritäten transportieren im mythischen Kontext automatisch eine große Wahrheitsvermutung.

Doch auch der mythische Mensch ist nicht bereit, eine einzelne Aussage einfach zu glauben, nur weil sie von einer Autorität stammt. Der mythische Test zu ihrer Überprüfung ist die Stimmigkeit. Eine mythische Aussage ist demnach wahr, wenn sie in sich und in ihren Bezügen stimmt. Namensgebend für das mythische Bewusstsein ist der Mythos, die sinnhaft verdichtete Geschichte. Ein Mythos ist wahr, wenn er stimmig ist und von den akzeptierten Autoritäten und Ahnen getragen wird. Etwas salopp ausgedrückt heißt das für den Alltag: eine Geschichte ist wahr, wenn sie aufgeht und von einer Vertrauensperson erzählt wird. Diese Formulierung weckt nun vielleicht Erinnerungen an die eigene Kindheit, als man in Geschichten vollständig eintauchte. Das Märchen war wahr, wenn es nur zwei Bedingungen erfüllte: es durfte keine offensichtlichen Widersprüche aufweisen und es musste von einer Vertrauensperson erzählt sein. Dann leuchtet es durchaus ein, dass aus den Bettfedern der Frau Holle Schneeflocken werden; dann spielt es keine Rolle, dass Menschen in tiefe Löcher fallen und kaum Kratzer abkriegen, wie Alice im Wunderland; dann ist es völlig in Ordnung, wenn die Menschen fliegen können, wie Mary Poppins.

Die moderne Philosophie hat den Ansatz der Stimmigkeit ebenfalls aufgegriffen und in der sogenannten „Kohärenztheorie der Wahrheit" rational formuliert. Im Sinne einer Kohärenztheorie ist eine Aussage wahr, wenn sie widerspruchsfrei in einem Gefüge mit anderen Aussagen zusammen auftritt. Pragmatische Philosophen wie Nicolas Rescher halten die Kohärenztheorie sogar für die vernünftigste Art von Wahrheitstheorien. Und auch in der rationalen Gerichtspraxis beruhen sehr viele, wenn nicht die meisten Gerichtsurteile auf einer Kohärenztheorie der Wahrheit: Wenn keine eindeutigen Beweise vorliegen, dann urteilt das rationale Gericht aufgrund von Glaubwürdigkeit der Zeugen (Verbindlichkeit, Autorität) und kombiniert Teilbeweise in einer Indizienkette (Stimmigkeit).

Wer mit einer Kohärenztheorie der Wahrheit im Gepäck in die Erfahrungswirklichkeit reist, wird mit ihr sehr weit kommen. Dass in dieser Wirklichkeit die Wesen unter Umständen fliegen können, wird dann zu einer stimmigen Aussage im erfahrungswirklichen Gefüge mit anderen Aussagen. Dass die gleiche Aussage im erkenntniswirklichen Theoriengebäude vielleicht nicht stimmig ist, ändert nichts an ihrer Gültigkeit in der Erfahrungswirklichkeit. Die mythischen Wahrheitskriterien sind Verbindlichkeit, Autorität und Stimmigkeit.

4.3 Erkenntniswirklichkeit

Das aktuelle Hauptbewusstsein der Menschheit ist rational im Übergang zum pluralistischen. Ganz grob geschätzt dürften in der westlichen Welt etwa 40% der Menschen mythisches, 40% rationales, 20% pluralistisches und kleine Anteile magisches oder integrales Hauptbewusstsein haben.[82] Die Mehrzahl rationaler und pluralistischer Menschen nähren die Erkenntniswirklichkeit, welche die Hauptwirklichkeit unserer Zeit ist.

Das vorliegende Buch versucht über weite Strecken, die nicht-rationalen Wirklichkeiten zu rehabilitieren. In diesem Kapitel soll nun aber die umgekehrte Frage aufgeworfen werden: Welche Gründe könnte es geben, um sich auf die rationale Erkenntniswirklichkeit einzulassen? – Es gibt mindestens zwei: Sicherheit und Freiheit.

4.3.1 Kristallisierung

Wenn hier von *Kristallisierung* die Rede ist, dann sind zwei Prozesse gemeint, die sich ergeben, wenn sich die rationale Bewusstseinsform entfaltet: erstens die Materialisierung der Welt und zweitens die Ausbildung des eigenschaftslosen Ichs, von dem weiter unten die Rede sein wird.

Aus physikalischer Sicht ist erste Materie kurz nach dem Urknall entstanden. In der metaphysischen Sicht, wie ich sie hier einnehme, kristallisiert Materie in dem Maße aus, als sie bewusst als Materie wahrgenommen wird. Bei dieser metaphysischen Kristallisierung geht es also nicht um die physikalische Entstehung von Materie, sondern um die bewusste Ausrichtung auf die materiellen Grundlagen der Welt. Ob Materie in dieser bewussten Ausrichtung entsteht oder schon vorher bestanden hat, ist dabei nicht wichtig. Ich weise einfach darauf hin, dass das Materie-Feld nicht nur ein physikalisches, sondern auch ein noumenales Feld ist. Deshalb hängt es nicht nur von der Physik ab, wie stark dieses Feld ist, sondern auch von der Intensität, mit der es bewusst genährt wird. Abendländische Denktraditionen haben das Materie-Feld genährt, indem sie sich ihm intensiv zugewandt und morgenländische, zum Beispiel der Buddhismus, indem sie sich intensiv von ihm abgewandt haben.

Thomas Metzinger rechnet damit, dass Kristallisierung sich noch akzentuieren und „dass sich eine starke Version des Materialismus entwickeln"[83] werde. Er nennt dies eine „naturalistische Wende", die noch bevorstehe. Ich glaube dagegen, dass ein Maximum an Kristallisierung inzwischen erreicht ist. Im Lichte eines erweiterten Modells von Wirklichkeiten sehe ich die spannenden Antworten auf die drängenden Existenzfragen eher in schwächeren Versionen des Materialismus. Materie wird nicht mehr als die uneingeschränkte Basis allen Seins gelten, wenn sich die post-rationalen Bewusstseinsformen weiter entwickeln.

Nichtsdestotrotz gibt es mehrere Gründe, weshalb es ratsam ist, sich intensiv auf die rationale Wirklichkeit einzulassen. Einer der Gründe ist ästhetischer Art und schon fast zu banal, um erwähnt zu werden: Es ist nämlich die kristallisierte Welt der rationalen Wirklichkeit, welche uns erlaubt, die materielle Vielfalt des irdischen Daseins so bewusst, wach und direkt zu erleben, wie sonst keine andere Wirklichkeit. Bei hellwachem Bewusstsein bietet die Erde ein grandioses Panorama an Gebirgen, Tälern, Meeren oder Kontinenten mit je ihrer eigenen Fauna und Flora von berauschender Komplexität oder Einfachheit. Es ist ein großartiger Ausblick in die Tiefen des Alls mit seinen Lichtbotschaften aus Milliarden von Jahren fernen Vergangenheiten verbunden mit der Gewissheit von Zukunft. Es ist ein verblüffender Blick durch das Mikroskop des Protonenbeschleunigers in die subatomaren Welten, die auch wieder die galaktischen Bilder zu spiegeln scheinen. Es ist ein wunderbarer Genuss, mit wachen Sinnen ein Steak oder einen Salat zu verzehren. Und es ist eine grandiose Sache, Sex zu haben, die Partnerin oder den Partner zu berühren, den Stimmen von Kindern zu lauschen. Und es ist überragend, das alles wach, klar, unzweideutig und bewusst wahrzunehmen. Sogar der bewusste Blick auf die körperliche Hülle eines toten Menschen mitsamt der Erinnerung an die eigene Vergänglichkeit gehört zu den großartigen Aspekten der rationalen Wirklichkeit.

Wieso bloß, sind die Götter an den Menschen interessiert? – Weil sie all das selber nicht erleben können! In manchen Lehren des Yoga, so berichtet Eliade, „haben die Götter (*Videha*, ‚Körperlose'), die ohne Erfahrung, weil ohne Körper sind, eine niedrigere Existenzverfassung als die Menschen und können nicht zur vollständigen Befreiung gelangen."[84]

Und wieso sind die mythischen Geistwesen an den materialisierten Menschen interessiert? – Weil sie ohne Transfer durch kristallisierte Wesen selber in der kristallisierten Wirklichkeit nicht wirken können! Entsprechend schreibt Zumstein: „Die Pflanzengeister wollen, dass wir sie bitten, damit sie uns mit Heilkraft, Nahrung und Wissen versorgen können. Das ist es, was wir für sie tun können. Übrigens gilt dies für alle Geistwesen: Sie sind darauf angewiesen, dass wir sie einladen, hier in der Alltagswirklichkeit zu wirken."[85]

Nur auskristallisierte Wesen wie der Mensch oder die Tiere können in einer auskristallisierten Wirklichkeit wirken. Doch dieses tief rationale Wirken kann nicht einfach Selbstzweck sein. Durch die Verbindung des Ichs mit dem Nous, besteht ein tiefer struktureller Bezug zu Gewissen, Verantwortung und allen anderen Wirklichkeiten. Viele Menschen stellen ihr rationales Handeln deshalb in den Zusammenhang einer anderen Wirklichkeit.

Oft ist das die transzendente Wirklichkeit, sei dies in philosophisch-metaphysischer Erörterung, sei dies in religiöser Ausrichtung. Viele Yogis sehen einen höheren Zweck in einer Art kosmischem Auftrag, denn „die Befreiung des Menschen ‚befreit' zugleich ein Stück Materie"[86]. Viele Schamanen erkennen einen tieferen Sinn im gemeinsamen Wirken mit den Naturgeistern der mythischen Wirklichkeit. Und viele Menschen wirken ganz ohne Aufheben an dem Ort und in dem Beruf, den sie aus welchen Gründen auch immer ausüben. Polizistinnen, Sanitäter, Krankenpflegerinnen, Busfahrer, die einfach tun, was sie tun oder was „man" tut und so einen Bezug zur lakonischen magischen Wirklichkeit realisieren.

Es gibt zahllose Ansätze und Systeme, um einem höheren Zweck oder einem tieferen Sinn auf die Spur zu kommen. Und sie alle stoßen an einem gewissen Punkt auf Paradoxien, die sich in der Erkenntniswirklichkeit nicht mehr auflösen lassen. Wer die Erkenntniswirklichkeit als eine Wirklichkeit unter anderen erkennt und anerkennt, kann die Paradoxien aber auch einfach stehen lassen und sein eigenes Wirken in der Erkenntniswirklichkeit auch als ein Wirken zugunsten von Wesenheiten in anderen Wirklichkeiten verstehen, die zur Erkenntniswirklichkeit keinen direkten Zugang haben.

4.3.2 Sicherheit

Das rationale ontologische Postulat bewirkt (unter anderem) eine Immunisierung gegenüber den schwer kalkulierbaren Wirkungen noumenaler Felder, wie sie in der Form von Geistern, Magiern, Zauberinnen, Seelen- und Naturkräften auftreten können. Im Extremfall werden Wirkungen auf der Ebene der Natur- und Seelenkräften vollständig blockiert. Das ist nicht immer negativ, denn dadurch wird auch die Erkenntniswirklichkeit zum Rückzugsgebiet. In meiner Praxis habe ich immer wieder Kontakt mit Menschen, die sich von magisch-mythischen Wesen und Kräften bedrängt fühlen. Für diese Menschen ist es oft heilsam zu erfahren, dass es die rationale Wirklichkeit als Rückzugsbasis gibt. Auch wer die Reisen in die noumenalen Wirklichkeiten pflegt und liebt, ist zuweilen froh, wenn die Züge nach Fahrplan fahren und dort ankommen, wo man hin will. Die stabile und wache Klarheit der Erkenntniswirklichkeit kann ebenso beruhigend sein, wie die wolkenhafte Geborgenheit der Erfahrungs- und die dichte Verbundenheit der Erlebenswirklichkeit. Klarheit beruhigt den Kopf, Geborgenheit das Herz und Verbundenheit den Bauch.

Was hätten unsere magischen Freunde, denen wir oben in der Jagdszene begegnet sind, wohl nicht alles gegeben, um eine Tiefkühlpizza in den Ofen schieben zu können, nachdem ihnen die Kräfte Wochen nicht gewogen waren? Was hätten sie nicht dafür gegeben, ihr Kind in der Notfallaufnahme eines Krankenhauses vorbeizubringen, nachdem es sich das Bein gebrochen hatte? Vielleicht hätten sie sogar einiges dafür gegeben, um in langen Winterwochen am Fernsehen Vorabendserien zu schauen. Auf jeden Fall haben unsere fernen Ahnen und näheren Vorfahren immer genau das gesucht, was die rationale Wirklichkeit realisiert hat: geschützte vier Wände, technische Hilfsmittel, Notfallmedizin und soziale Auffangnetze. Natürlich sind diese materiellen Sicherheitsdispositive nicht ohne Mängel, entscheidend ist jedoch, dass sie eine erkenntniswirkliche Basis bilden, in die wir uns verlässlich zurückziehen können.

Und wenn wir schon dabei sind, dann soll hier auch einmal das hohe Lied des rationalen Denkens angestimmt werden. Rationales Denken ist diszipliniertes Kopfdenken, zuweilen harte Arbeit an Texten und Konzepten. Dieses Denken kennt nur ein einziges Ziel, und das ist: zu verstehen. Es kennt nur eine einzige Belohnung, und das ist abermals: das Verstehen. Denken macht glücklich, wenn sich im Aha-Effekt die Anstrengung löst. Denken kann süchtig machen, denn Denk-Sicherheit ist wohltuend. Es gibt mithin nicht nur die spirituelle, sondern auch die mentale Weltflucht.

Keine Wirklichkeit vermittelt auch nur annähernd so viel Sicherheit wie die Erkenntniswirklichkeit, sei dies nun auf materieller oder mentaler Ebene. In letzter Konsequenz wird diese Sicherheit zwar mit einem starken Hang zur Leugnung der anderen Wirklichkeiten erkauft. Aber andere Wirklichkeiten bezahlen schließlich auch ihren Preis. Die vermutete Engstirnigkeit des Rationalen kommt nicht vom Denken, sondern von einer eingeschränkten Ontologie, die das Denken auf physikalische und mentale Gegenstände einschränkt. Sobald die Ontologie mit dem NOP erweitert ist, kann das Denken in seiner vollumfänglichen Wirksamkeit erfasst und geschätzt werden.

4.3.3 Freiheit

Oben wurde Kristallisierung als bewusstes Ausrichten an den materiellen Aspekten der Welt besprochen. Für das elementare Ich gibt es ebenfalls eine Art der Kristallisierung. Das bedeutet hier aber nicht Verhärtung (es sei denn in ungesunden Ausprägungen), sondern größtmögliche Reinheit des Ichs als Abstraktion. Das vollkommen auskristallisierte Ich ist eine mentale Abstraktion und ein ausdehnungs-, masse- und eigenschaftsloser Punkt. Dieses eigenschaftslose Ich ist bei voller Klarheit aller Bindungen enthoben.

Der mythische Mensch ist in seinen Stammes- und Seelenbeziehungen, der mystische und religiöse Mensch in seinen heiligen Bezügen, der egoistisch-rationale Mensch ist in seinen irdischen Verstrickungen gebunden. Nur das abstrahierende Ich hat die Möglichkeit, sich radikal aller Bezüge zu entledigen. Abstrahieren, heißt ja: loslösen. Das vollkommen abstrahierte Ich hat sämtliche Bindungen sowie alle guten und schlechten Eigenschaften aller Wirklichkeiten abgelegt. Stolz, Überheblichkeit, Bescheidenheit, Eitelkeit, Zweifel, Furcht, Ehrfurcht und alles andere hat es seinem Ego übergeben. Das Ego ist das rationale Sammler-Selbst und übernimmt das gerne.

Auf diese Weise entsteht in der rationalen Wirklichkeit für einen hypothetischen Moment das von allem abstrahierte Ich. Das ist natürlich kein „Ding" oder „Wesenskern", sondern eben eine Abstraktion. Dieses reine Ich darf sich im Zentrum des Universums sehen, denn es ist nicht vermessen, es darf sich als Schöpfer der Welt betrachten, denn es ist nicht egoistisch, es darf das ganze Universum und Gott und alle Götter sein, denn es ist nicht überheblich. Es darf das und es kann das auch. Doch es will es nicht, weil Willenlosigkeit ebenfalls zur fundamentalen Eigenschaftslosigkeit gehört. Dieses Ich braucht sich nicht mehr darum zu kümmern, ob sein Transzendenzabstand zu Gott oder der Schöpfung angemessen ist, wie etwa die Gelehrten der Renaissance. Es kann sich gar nicht kümmern, weil Kümmern wiederum nicht zu ihm gehört. In diesem singulären Moment ist das reine Ich auch seiner zeitlichen Bindungen enthoben. In metaphysischer Betrachtungsweise, die ja auch eine meta-physikalische ist, kann der Gedanke gewagt werden, dass das vollständig abstrahierte Ich der Erkenntniswirklichkeit die Basis dafür bildet, um für einen einzigartigen Augenblick aus der Zeit hinauszutreten.

Mir geht es dabei allerdings nicht um Erleuchtung oder Erlösung, beides Konzepte, die weit über die rationale Wirklichkeit hinausgreifen. Vielleicht ist das jedoch der *moment parfait*, von dem Sartre[87] sagte, dass es ihn nicht geben könne: ein Moment vollständiger Losgelöstheit und Wertfreiheit. In diesem Augenblick ist Freiheit. Wahlfreiheit. Denn darin besteht der Kern des Abstrahierens und Loslösens: in der Möglichkeit, neue und vor allem freiwillige Bindungen einzugehen. Für das Ich-Individuum beinhaltet dies die Freiheit, sich selber neu zu erfinden und alte Glaubenssätze durch neue zu ersetzen. Es geht also nicht darum, in völliger Losgelöstheit zu verharren, sondern die Gelegenheit zu nutzen, um neue Ich-Identitäten zu modulieren.

Das geschieht nicht in einem einzelnen subjektiven Moment. Ich beschreibe hier keine spirituelle *peak experience* in einem veränderten Bewusstseinszustand, kein plötzliches Erwachen einer Kundalini-Kraft, keine ekstatische Wiedergeburt, keinen Blitz aus heiterem Himmel. Jener ungebundene Moment ist kein spezifisches Datum in einer Lebensgeschichte, sondern eine lose Folge mit einzelnen zuweilen wohl sogar unbemerkten Momenten rationaler Klarheit und emotionsloser Wachheit in einem sehr positiven Sinn. Ein Mensch wird krank, wenn er ununterbrochen in diesem Zustand bleibt. Aber es sind gleichzeitig Momente der Freiheit, in denen ein gesundes Ich geschaffen werden kann.

4.3.4 Wir-Dynamik

Insofern die Erkenntniswirklichkeit der Ausdruck der rationalen und pluralistischen Bewusstseinsform ist, ist Kristallisierung unvermeidlich. Ich habe versucht, die Geschichte der Kristallisierung als eine positive zu erzählen, nach der es erstrebenswert ist, jenen hochrationalen Moment totaler Abstraktion zu suchen, weil in ihm etwas passiert, das man im mythischen Kontext als eine Initiation bezeichnen würde. Das rationale Bewusstsein ist da nüchterner und sieht vor allem die Möglichkeit zu Wahlfreiheit. Das ist ob aller Nüchternheit aber nicht weniger grandios. Das mythische Bewusstsein hat diese Wahlfreiheit jedenfalls nicht, ist es doch in seinen ethnischen Verbindungen nicht unabhängig.

Wahlfreiheit ist die Grundlage, auf der sich das rationale Ich im Prinzip genau diejenigen Eigenschaften aneignen kann, die es auch will. Das ist rationale Persönlichkeitsbildung. Doch neben der individuellen spielt derselbe Prozess auch in der kollektiven Dimension eine wichtige Rolle. Das losgelöste Ich ist in der Lage freiwillig Beziehungen zu anderen Menschen einzugehen. So entsteht das rationale Wir. Anders als die bindende und bergende Uns-Loyalität des Mythischen ist die rationale Wir-Loyalität freiwillig und labil.

Die rationale Bewusstseinsform eröffnet einem Individuum die Möglichkeit in Resonanz mit dem Wir-Feld zu treten. Paradoxerweise geschieht das in jenem hypothetischen Moment der Ungebundenheit, also just im Moment größtmöglichen Alleinseins. Die rationale Wir-Dynamik begründet beinahe beliebige Möglichkeiten, selbstgewählte Bindungen einzugehen und zu beenden, Kollektive aufzubauen und zu verlassen, in Communities ein- und aus ihnen wieder auszutreten. Für ein rationales Individuum bilden die biologischen Ahnen eine Community unter vielen; es ist eine Gemeinschaft, aus der man vielleicht nicht gerade austreten, deren Nähe man aber suchen oder meiden kann. Aus Sicht des mythischen Selbsts ist diese Entwicklung nicht positiv. Aus Sicht des rationalen Ichs ist es eine Befreiung, auch wenn sie nicht gratis zu haben ist und mit der Münze drohender Vereinsamung bezahlt werden muss.

Darin liegt eine der ganz großen Leistungen des rationalen Bewusstseins: dass es dem Individuum aufzeigt, dass es jederzeit allein sein könnte, ihm gleichzeitig die Mittel gibt, um *selbstgewählt* nicht allein zu sein. Mehr Freiheit geht nicht.

Die aufbrechende Wir-Dynamik bewahrt das Ich vor seiner drohenden totalen Isolation. Unzählige Communities sind Ausdruck rationaler Wir-Felder, die der rationale Mensch bildet. Es sind oft ziemlich oberflächliche Kollektive aus ausgeprägten Ego-Individuen. Doch je mehr innerhalb der Erkenntniswirklichkeit das pluralistische Bewusstsein die Führung übernimmt, desto tiefer und weiter werden die Wir-Felder. Das rationale Wir ist noch nüchtern, doch es entfaltet sich allmählich und wenn es genügend stark ist, erhält es mit dem pluralistischen Wir-Alle eine empathische Anreicherung.

Pluralistische Wir-Felder begünstigen eine empathische, teilnehmende Haltung. Je globaler sie zu wirken beginnen, desto mehr werden sie zu pluralistischen Wir-Alle-Feldern unter deren Einfluss, die Einsicht wächst, dass wir alle zusammen gehören. So entstehen echte Kollektive mit zuneigenden Loyalitäten. Und so sehr das nach der guten alten mythischen Verbundenheit tönen mag, so groß ist der entscheidende Unterschied, der darin liegt, dass ein Element von Freiheit, Zustimmung, Bejahung eingeschlossen ist. In PPP-Sprache könnte man den Unterschied wie folgt darstellen: Die mythische Prä-Aussage lautet: „Ich gehöre dazu, ist ja klar" (oder auch: „Ich gehöre dazu, daran lässt sich nichts ändern"). Die pluralistische Post-Aussage lautet: „Ich gehöre dazu, und ich will das".

4.3.5 Rationale Wahrheit

Das rationale Bewusstsein hat es sich mit der Wahrheitsfrage nicht leicht gemacht und unterschiedliche Wahrheitstheorien entwickelt. Vereinfachend kann man vielleicht sagen, es gebe eine rationale Wahrheitsfunktion für den Alltagsgebrauch (die „Korrespondenztheorie" der Wahrheit) und eine für die Wissenschaften (die „Theoriegestütztheit" wissenschaftlicher Aussagen).

Nach der Korrespondenztheorie der Wahrheit ist eine Aussage wahr, wenn sie „zutrifft", d.h. wenn sie an einem Sachverhalt „in der Welt draußen" überprüft werden kann. So kann man mit einem Blick nach draußen sehr leicht sehen, ob die Sonne scheint oder nicht, und damit die Aussage „die Sonne scheint" überprüfen. Im Detail ist diese Überprüfungsmethode allerdings mit vielen Schwierigkeiten behaftet. So kann man die Temperatur auf der Sonne beispielsweise nicht messen, indem man ein Thermometer anbringt und muss stattdessen aufgrund von Theorien und Experimenten indirekt auf die Temperatur der Sonne schließen. Die größten Schwierigkeiten liegen aber im problematischen Status einer „Außenwelt" und in den prinzipiellen Begrenzungen von Theorien und Logiken überhaupt.

So gelten in der Wissenschaft Aussagen letztlich als wahr, solange sie in der Wissenschaftscommunity akzeptiert sind. Streng genommen gibt es auf dieser Welt keine einzige *bewiesene* Theorie. Im Grunde sollte man nicht von Wahrheits-, sondern von Akzeptanzkriterien für gültige Aussagen sprechen. In der Erkenntniswirklichkeit sind dies namentlich: Logik, Mathematik, Theoriegestütztheit, experimentelle Reproduzierbarkeit oder Kausalität auf der Basis einer physikalischen Ontologie.

Wissenschaftliche Aussagen sind nicht isoliert und gelten immer innerhalb eines Geflechtes von anderen Aussagen und Theorien. An dem Tag, an dem dereinst die heute gültige Basistheorie, die allgemeine Relativitätstheorie, revidiert werden wird – und dieser Tag wird unweigerlich kommen – gelten Tausende anderer Theorien über die rationale Wirklichkeit nicht mehr. Sie müssen alle aufgrund der neuen Basistheorie überprüft werden. Wird – was jeden Tag geschieht – eine einzelne Theorie zu einer bestimmten Thematik revidiert, müssen alle mit ihr verbundenen Theorien überprüft werden. Wird – was erst recht jeden Tag passiert – eine einzelne Aussage innerhalb einer bestimmten Theorie revidiert, müssen die Konsequenzen für diese einzelne Theorie überprüft werden. So ist die wissenschaftliche Arbeit ein unablässiges Optimieren von Aussagen, Theorien und Theoriegebäuden, die sich alle gegenseitig stützen.

Zuweilen fallen Theoriegebäude in sich zusammen und neue entstehen, wie vor hundert Jahren beispielsweise die Relativitätstheorie neu entstanden ist. Thomas Kuhn nennt diese Umbrüche „wissenschaftliche Revolutionen".[88] Es liegt eine enorme Kraft im wissenschaftlichen Prozess, so dass die wissenschaftliche Arbeit solche Umwälzungen immer wieder übersteht und nutzt. In Zeiten „normaler Wissenschaften", wenn keine großen Verwerfungen die wissenschaftliche Tektonik erschüttern, wird dagegen allzu leicht vergessen, wie vergänglich auch die wissenschaftlichen Aussagen über die Welt sind. Dann wird sehr schnell eine vermeintlich „ewige" Wahrheit angenommen, die doch eigentlich bloß eine vorläufig gültige Aussage innerhalb eines zu einem bestimmten Zeitpunkt geltenden Theoriegebäudes darstellt.

So erweist sich rationale Wahrheit eigentlich als etwas sehr Tentatives. Aussagen werden nur als wahr akzeptiert, falls sie in ein großes Gefüge von Theorien passen und vielfach überprüft worden sind, und stets ist ihr Wahrheitsgehalt vorläufig.

Während Kausalität oft mit rationaler Wissenschaft gleichgesetzt wird, so steht sie doch nicht exklusiv für die Erkenntniswirklichkeit. Kausalität im Sinne von *Verursachung* gehört ja gerade zum Kern magischer und mythischer Rituale. Kausalität im Sinne von *Erklärung* ist dann aber kennzeichnend für die Erkenntniswirklichkeit. Während sich der mythische Forscher in der Regel mit dem Konstatieren des „Dass" begnügt, fragt der rationale stets auch nach dem „Warum". Schon Aristoteles sagte: „Denn die Erfahrenen [die Wissenden des Mythischen] kennen nur das Dass, aber nicht das Warum; jene [die Wissenschaftler des Rationalen] aber kennen das Warum und die Ursache."[89] Die rationale Formel für Erkenntnis lautet daher: „X ist p, weil q", während die mythische Formel für Wissen meist mit „X ist p" auskommt.

Der wichtigste Unterschied von rationaler und mythischer Wahrheit liegt aber in der Ontologie, die zugrunde gelegt wird. Das rationale ontologische Postulat fordert die Beschränkung der rationalen Arbeit auf materielle und physikalische Phänomene und erklärt noumenale Phänomene zu mental-psychischen, wie wir gesehen haben. Deshalb kann der Satz: „Die Hausgeister wollen niemanden in diesen Räumen dulden" in der Erkenntniswirklichkeit kein wahrer Satz sein, weil es darin Hausgeister gar nicht geben kann. Genau genommen ist die Aussage in der Erkenntniswirklichkeit nicht einmal erlaubt, weil man über etwas, das es nicht gibt, gar nichts aussagen kann. In der Erfahrungswirklichkeit kann die Aussage aber wahr oder falsch sein. Und eine Überprüfung erfolgt wie immer: intersubjektiv. Das heißt, die Aussage wird mit weiteren Aussagen verglichen, die möglichst unabhängig sein sollten.

Jede experimentelle Überprüfung geht letztlich von der stillschweigenden Annahme aus, dass die Außenwelt einer falschen Aussage einen gewissen Widerstand entgegenbringen würde. In der makroskopisch-physikalischen Wirklichkeit ist dieser Widerstand oft sehr einprägsam. Wenn ich die Glasscheibe nicht sehe, werde ich sie spüren, wenn ich in sie hineinlaufe. Wenn die statischen Berechnungen nicht stimmen, stürzt die Brücke ein. Darauf können wir uns verlassen und darüber können sich mehrere Subjekte relativ leicht verständigen. Im subatomaren Bereich wird experimenteller Widerstand schon schwächer und von anderer Art. Aus einer kausalen Wirklichkeit, in der aus einem Set von Ausgangsbedingungen sicher ein bestimmtes Ergebnis erfolgt, wird eine statistische Wirklichkeit, in der ein Ereignis mit einer gewissen Wahrscheinlichkeit eintritt. Und im Übergang in die Erfahrungswirklichkeit verändert sich der experimentelle Widerstand, der nun auch von noumenalen Entitäten erwächst, abermals. Hier kann wohl noch gezählt, aber nicht mehr gemessen werden, weil es kein äußeres Messinstrument gibt. Der experimentelle Widerstand, den eine noumenale Außenwirklichkeit einer falschen Aussage entgegenbringen kann, wird in jedem Fall subjektiv ermittelt. Anstelle von Messungen gibt es hier Beurteilungen und Bewertungen. So zeigt sich ein weiterer Aspekt der fundamentalen Postulate: Während das ROP nur Messungen mit einem „objektiven" Messgerät anerkennt, funktioniert das NOP vor allem mit intersubjektiven Beurteilungen.

Zum Preis von ausgeschlossenen noumenalen Wirklichkeiten erreicht die Erkenntniswirklichkeit eine unvergleichliche Robustheit und Sicherheit. Es ist eine Sicherheit, wie sie von unseren Vorfahren im Kampf gegen die Widerwärtigkeiten der Natur stets auch angestrebt wurde. Ob wir den Preis – der in der Bewusstseinsbarriere gegenüber noumenalen Wirklichkeiten besteht – dafür bezahlen wollen oder nicht, ist uns freigestellt. Dazu gezwungen ist niemand, denn mit dem NOP lassen sich die noumenalen Wirklichkeiten aus ihrem mental-psychischen Verlies, in dem sie nur Imaginationen, Projektionen oder Einbildungen sein dürfen, befreien.

4.4 Integrale Wirklichkeit

Die Reise in die magische Erlebenwirklichkeit bringt uns in Kontakt mit den elementaren Kräften und Wirksamkeiten. Die mythische Erfahrungswirklichkeit kann relativ leicht mit dem Modell eines Seelenselbst bereist werden und eröffnet eine Wirklichkeit aus bedeutsamen Bezügen. Die rational-pluralistische Erkenntniswirklichkeit bereisen wir als materiell-mentale Ich-Selbste in einer räumlichen Außenwirklichkeit und auf einer gerichteten Zeitachse. Doch wie mag die Reise in die integrale Wirklichkeit aussehen? Was könnte es heißen, die integrale Wirklichkeit zu „bereisen" oder zu „aktivieren"?

Die integrale Bewusstseinsform hat überhaupt erst angefangen, sich zu manifestieren. Das Menschheitsbewusstsein ist noch weit davon entfernt, integral zu sein. Die Spuren der integralen Wirklichkeit sind also noch sehr fein und ihre Interpretation ist anfällig für Wunschvorstellungen. Was indessen jederzeit möglich ist, sind temporäre Vorgriffe auf die integrale Wirklichkeit in Flashes und ähnlichen außergewöhnlichen Bewusstseinserlebnissen.

Indem sie zum Ausdruck drängt, begünstigt die integrale Bewusstseinsform Resonanzen mit Feldern, die überindividuelle Ich-Formen und achronische Zeitphänomene aufnehmen. Alle Menschen, die sich absichtlich oder unbemerkt mit dem integralen Bewusstsein befassen, erzeugen und stärken solche Felder. Jeder Flash eines Menschen, der diese Wirklichkeit betrifft, legt eine allerfeinste Spur, die vielleicht von weiteren Menschen in anderen Flashes vertieft wird, so dass die Spur immer leichter begehbar wird. Das Feld wird allmählich stärker und beginnt dann vielleicht sogar, im Bewusstsein von einzelnen Subjekten Wahrnehmungen anzuregen. Manche Wege werden vertieft, andere Spuren bleiben unbenutzt, werden ausgewaschen und verschwinden. Beispielsweise ist das Déjà-vécu ein solches Feld. Vielleicht setzt es sich durch, vielleicht verschwindet es wieder, vielleicht taucht es in dreißig Jahren unter anderem Namen irgendwo wieder auf.

Auch die integrale Wirklichkeit als Ganze kann als ein gigantisches Integrale-Wirklichkeit-Feld mit gemischt physikalischem und noumenalem Charakter gesehen werden. Das integrale Universum ist dann nicht mehr nur die Raumzeithülle, innerhalb derer sich die Evolution aufgrund fester Gesetzmäßigkeiten abspielt, sondern auch der noumenale Organismus, der sich selber auch entwickelt. Das Auftauchen eines neuen Feldes verändert also das ganze Universum. Und zwar nicht einfach nur als eine winzige Änderung der Konfiguration innerhalb des Universums, etwa ein Stein, der von einem Ort an den anderen verschoben wird, sondern auf marginale Weise auch als Veränderung der universellen Grundlagen selber.

Nun glaube ich sogar in Momenten allergrößter Überheblichkeit nicht, dass beispielsweise die Idee des Déjà-vécus die physikalischen Naturgesetze einfach aushebeln würde. Physikalische Gesetze sind momentan die wohl stärksten Felder überhaupt; innerhalb der kristallisierten Erkenntniswirklichkeit sind sie schlicht unanfechtbar. Doch wurde bereits oben deutlich, wie einzelne Fixismen noch in der Erkenntniswirklichkeit in Fluss geraten sind. Dieser Prozess wird sich verstärken, wenn sich immer mehr Menschen immer öfter mit der integralen Wirklichkeit in Beziehung setzen. So kann ein Konzept wie das Déjà-vécu-Feld schließlich durchaus zur Konkretisierung völlig neuer und bisher undenkbarer Zeitformen, Ich-Formen und generell erhöhter Intensitäten beitragen, wie sie die integrale Wirklichkeit ausmachen. Das Konzept wird dabei zum wirksamen Phänomen, ein Prozess, der oben (S. 123) als «Konkretion von Ideen und Konzepten" bezeichnet wurde.

In die integrale Wirklichkeit kann man nicht reisen, wie in andere Wirklichkeiten, einfach deshalb, weil sie für uns, die wir von der Erkenntniswirklichkeit her kommen und uns somit auf dem gerichteten Zeitstrahl bewegen, noch nicht existiert. In einem gewissen Sinn dürfte ein Einstieg in die integrale Wirklichkeit von der Erfahrungswirklichkeit her einfacher sein. Zeitsprünge im magisch-mythischen Kontext sind schon lange bekannt, und auch das Selbst ist hier weicher und ambiguitätstoleranter als in der rationalen Wirklichkeit. Im Sinne einer Vorbereitung auf die integralen Diskontinuitäten dürfte es ein großer Vorteil sein, sich wieder mit den alten Wirklichkeiten vertraut zu machen. Dennoch würde ich sie wegen PPP nicht automatisch mit integralen Déjà-vécus und anderen Achronien gleichsetzen wollen.

Einige werden an dieser Stelle einwerfen, dass die morgenländische Philosophie des Yoga oder des Buddhismus mit ihrer teilweise heftigen Abkehr vom Ich und dem Materiellen den Schritt in das integrale Bewusstseins anstrebte und dass Erleuchtung der Eintritt in eine reife Form der integralen Wirklichkeit sei. Ich neige aber zur Ansicht, dass der Weg über die auskristallisierte Materie und das hochfokussierte Ich eine gewisse Notwendigkeit darstellt, und zwar insofern als die Dynamik und Intensität der integralen Wirklichkeit gefestigte Ichs erfordern dürfte. Und nicht nur gefestigte erkenntniswirkliche Ichs (rational), sondern auch ambiguitätstolerante erfahrungswirkliche Selbste (mythisch) inklusive wirksamkeitserprobten erlebenswirklichen Bezügen (magisch). Dies ist der integrierende Aspekt der ganzen Bewusstseinsentwicklung: Integration der bisherigen Wirklichkeiten als Voraussetzung für den schrittweisen Eintritt in die integrale Wirklichkeit.

4.4.1 Konkretionen

Weiter oben (S. 84) wurde der Satz „Ich bin Form durchflutet von Materie" diskutiert. In der integralen Wirklichkeit besagt der Satz, dass das individuelle Ich-Feld einen bedeutenden Beitrag leistet zur Stabilisierung jenes Sammelsuriums an Teilchen, die ohne Unterlass ausgetauscht werden und doch ohne Unterbrechung einen individuellen Körper nach dem Muster des menschlichen Körper-Feldes bilden.

Bei Sheldrake ist das Körperfeld als Gattungsfeld primär und erhält im individuellen Wachstum eines Menschen eine physische Gestalt. (Das heißt: Phylogenese, dann Ontogenese.) Im Materialismus z.B. eines Metzinger ist der physische Körper primär, und er erhält im Bewusstsein des Menschen eine geistige Entsprechung: eine Vorstellung gebildet aus physikalischen Inputs und aus dem im Hirn als Informationswolke erzeugten Körpermodell. (Das heißt: Ontogenese, dann Körpermodell.) Doch wenn sich in der Überkreuzungslogik die Wirksamkeiten schrittweise verändern und schließlich sogar umdrehen können, dann dürfte für den integralen Menschen auch das individuelle Körpermodell zur primären Instanz werden können. „Ich bin Form durchflutet von Materie" bedeutet dann, dass der physische Körper durch die individuelle Vorstellung eines eigenen Körpermodelles beeinflusst werden kann. (Das heißt: Köpermodell, dann Ontogenese.) Dadurch wird die integrale Wirklichkeit auf einer individuellen Ebene zur *Wirk*-Wirklichkeit.

Die noumenalen Felder des integralen Bewusstseins bilden die wirksame Brücke zwischen *res cogitans* (etwas Denkendes, Geistiges) und der *res extensa* (etwas Ausgedehntes, Materielles), nach der Descartes erfolglos gesucht hat. Er konnte die Verbindung nicht finden, weil sie in der Erkenntniswirklichkeit nicht existiert. In der integralen Wirklichkeit fragt man vermutlich nicht mehr, wie es möglich ist, dass Geist und Seele auf Materie wirken können, sondern eher, wie es möglich war, dass sie *nicht* wirkten.

Dieses Einwirken des integralen Bewusstseins auf materielle Wirklichkeit bedeutet *nicht* die Herrschaft von Geist über die Materie. Darin unterscheidet sich integrales Bewusstsein von spirituellen Bestrebungen, die Materie zu bemeistern, sie aus egoistischen oder altruistischen Gründen zu bezwingen und sich vielleicht auch von ihr zu lösen, weil sie oder die Anhaftung an sie Quelle des Leidens sei. Das Einwirken des integralen Bewusstseins auf materielle Wirklichkeit hebt die umgekehrte Einwirkung der materiellen Wirklichkeit auf das Bewusstsein nicht auf. Es überwindet lediglich die unidirektionale Ausrichtung. Die bewusste Wirklichkeit wird dadurch komplizierter und komplexer. Komplizierter wird sie, indem zusätzliche Phänomene zu berücksichtigen sind und komplexer wird sie dadurch, dass es zusätzliche nicht-berechenbare Phänomene gibt.

Konkretionen sind die manifestierten Resultate der integralen Bewusstseinswirkung auf die materielle Wirklichkeit. Wenn jemand Form ist, durchflutet von Materie, dann kann sich diese Person letztlich eine andere Form vorstellen und dadurch den materiellen Aspekt der Wirklichkeit, das heißt die Konkretion seiner selbst verändern.

Rationale Menschen nutzen diesen Effekt eigentlich bereits, wenn auch in einem entgegengesetzten Sinn. Dem starken Bedürfnis des rationalen Ich-Bewusstseins nach zeitlicher Kontinuität entspricht der Hang zur Bestätigung der aktuellen Konkretion, statt zu ihrer Veränderung. Eine Selbstdefinition, die um rationale Ich-Identität kreist, erträgt nur kleinste Veränderungen von einem Zeitpunkt zum nächsten. Auch auf diese Weise hat sich das rationale gegen die Unwägbarkeiten des späten mythischen Bewusstseins immunisiert. Aber es ist dieselbe Beharrungstendenz, die vielen Heilprozessen in der rationalen Wirklichkeit im Weg steht.

Ein rationales Ich lässt sich nicht so leicht mit einem Zauber belegen, denn dieser würde seine Bewusstseinskontinuität durchbrechen. Man hat das fälschlicherweise dahingehend interpretiert, dass ein rationaler Mensch nicht verzaubert werden könne, weil er nicht an den Zauber *glaube*. Und dass umgekehrt der magische Mensch nur deshalb einem Zauber unterliegen könne, *weil* er daran glaube. Dass also mithin nicht der Zauber wirke, sondern der Glaube daran, dass die Wirkung eines Zaubers eine psychologische und subjektive sei, eine Einbildung.

Eine integralere Sicht auf die Dinge legt aber eine andere Interpretation nahe. Nach dieser wirkt der Zauber durchaus. (Einmal abgesehen von falschem Zauber und faulem Zauber, die es ja auch gibt und die dann tatsächlich darauf bauen, dass das Individuum sich die Wirkung einbildet. Zaubern ist wie Autofahren oder an der Börse handeln: nicht alle sind gleich gut darin, nicht immer gelingt es und manche tun nur so, als ob sie es könnten.) Magie wirkt aber auf einer noumenalen Ebene. Wenn mythischer Zauber auf eine Person gerichtet ist, zielt er vor allem auf ihre Seelenebene. Der Trick des rationalen Bewusstseins besteht darin, sich von dieser Ebene abzukoppeln. Die Zauberwirkung erfolgt dann auf den noumenalen Ebenen tatsächlich, aber sie wird nicht auf der materiellen Ebene manifestiert. Das ist wünschenswert, wenn man sich vor schädlichem Zauber schützen will, doch es ist ungünstig, wenn es darum ginge, etwas zu heilen, das sich auf einer noumenalen Ebene besser heilen lässt als auf der materiellen.

Konkretionen bedeuten in letzter Konsequenz, dass sich intensive Gedanken und Visualisierungen materialisieren können. Der integrale Mensch geht daher sehr vorsichtig mit seinen Gedanken und inneren Bildern um. Allerdings geht es hier nicht um beiläufige Gedanken oder absichtslose Reverien, sonst könnte der Gedanke „mir fällt gleich die Decke auf den Kopf" der letzte gewesen sein. Aber (absichtlich oder unabsichtlich) intensivierte Gedanken und Vorstellungen können zu Konkretionen werden, weil die Intensität den Grad an Resonanz mit Feldern und Wirksamkeit von Feldern maßgeblich beeinflusst.

Die integrale Wirklichkeit ist viel redundanter als die rationale und etablierte – als zwanglose Konsequenz aus der Fähigkeit integralen Bewusstseins, mehrere Perspektiven gleichzeitig einnehmen zu können – vielfältige Mehrfachheiten. Im Zusammenhang mit Konkretionen kann dann auch von mehrfacher kausaler Verursachung gesprochen werden. So kann Feuer durch Blitzschlag entstehen, durch Funkenschlag mit Feuersteinen, durch chemische Reaktionen, mit dem Feuerzeug oder auch mit dem Zündholz. Diese Ursachen können einzeln zu Feuer führen. In der magisch-mythischen Wirklichkeit kommt noch Magie dazu. Und in der integralen Wirklichkeit dürfte sich auch noch die mentale Kraft als mögliche Ursache dazu gesellen. Die Redundanz entsteht nun dadurch, dass das integrale Bewusstsein in gewissen Situationen für ein und dasselbe Feuer mehrere dieser Ursachen anerkennen kann. Die Kerze auf meinem Schreibtisch ist dann nicht entweder mit dem Feuerzeug oder mit dem Zündholz angezündet worden, sondern vielleicht mit beiden. Und zwar nicht indem ich gleichzeitig sowohl das Feuerzeug und das Zündholz an den Docht gehalten hätte, sondern in einer Bewusstseinsvariante allein mit dem Feuerzeug und in der anderen allein mit dem Zündholz.

Sigmund Freud hat in seinem Buch *Die Traumdeutung* für derartige Phänomene in Träumen den treffenden Begriff der „Überdeterminierung" verwendet. Es ist nicht weiter erstaunlich, dass pluralistische und systemische Soziologie, Ökonomie und weitere Disziplinen den Begriff auch aufgegriffen und komplexe Verursachungen damit bezeichnet haben. Eine überdeterminierte Billardkugel ist eine, die nicht nur von einer einzigen Kugel angestoßen wurde, sondern von mehreren gleichzeitig. Integrale Wirklichkeit ist ihrem Wesen nach überdeterminiert. Nicht nur sind mehrere Interpretationen möglich, sondern es sind effektiv multiple Verursachungen möglich, die einander verstärken können oder auch nicht.

Integrale Gewissheiten können nicht mehr aus der Eindeutigkeit einer dinglichen Außenwelt geschöpft werden, wenn es diese Eindeutigkeit wegen ihrer Überdeterminiertheit nicht gibt. Die Bedeutung der materiellen Wirklichkeit nimmt deshalb im integralen Bewusstsein laufend ab.

Nun herrscht in vielen spirituellen Kreisen die Auffassung, dass nicht Materie, sondern vielmehr Energie primär sei. Begründet wird das oft mit Einsteins berühmter Formel $E = m \times c^2$, nach der sich Materie in Energie umwandeln lässt und umgekehrt. Diese Formel sagt aber gerade nicht, dass Energie grundsätzlicher sei, sondern vielmehr, dass Materie und Energie äquivalent seien, zwei Seiten einer Medaille, denn schließlich handelt es sich ja um eine Gleichung und nicht eine Un-Gleichung. In integraler Manier mag man einmal die Materie als elementar ansehen oder ein anderes Mal auch Energie. Man mag physikalische Energie meinen oder auch spirituelle Varianten von „Energie". Im überdeterminierten Kontext der integralen Wirklichkeit wird man auch alle zusammen betrachten können. Der Hang zu monistischer Reduktion, das Bedürfnis, alles auf ein Einziges zurückzuführen, wird im Integralen nicht aufgehoben, aber dadurch überwunden, dass es mehrere Einzige geben kann, auf die alles zurückgeführt werden kann. Es entsteht so etwas wie Poly-Monismus.

Das ist stärker als Pluralität, nach der etwas aus unterschiedlichen Perspektiven betrachtet und je nach Standpunkt unterschiedliche Aspekte wahrgenommen werden können, die zusammengenommen aber ein konsistentes Ganzes ergeben müssen. Im integralen Poly-Monismus können auch widersprüchliche Einzelne gleichzeitig als zutreffend gelten. Mit integraler Überdeterminiertheit kann es mehrere Wurzeln für ein und dieselbe materielle Welt geben. Mehrere Quellen haben sie dann erzeugt, geformt und genährt und tun es immer noch. Eine dieser Quellen darf der Urknall in einem physikalischen Erklärungsrahmen sein. Eine andere mögen die Bewusstseinsformen sein, welche mit der mythischen eine dingliche Wirklichkeit manifestieren und mit der rationalen ein materielles Universum kristallisieren lassen. Eine weitere Quelle für die Welt können aber auch die Menschen sein: Sie, ich, unsere Freunde und Feinde, unsere Familien, Vorfahren und Nachfolgende, welche alle einen individuellen Zugang zur Materie unterhalten und damit die Materiehaftigkeit selber beeinflussen.

Wenn Materie als Feld (als wirksames Konzept) gefasst wird, dann erhellt, dass die Materiehaftigkeit von Wirklichkeit wandelbar ist. Im überdeterminierten Kontext der integralen Wirklichkeit trägt dann jedes einzelne Individuum zu diesem Wandel oder zum Nichtwandel bei, ohne dabei allmächtig oder allein verantwortlich zu sein.

Die Materiehaftigkeit von Wirklichkeit ist ein zentraler Satz in der Erkenntniswirklichkeit, nicht jedoch in anderen Wirklichkeiten. Die integrale Wirklichkeit behält weiterhin materielle Charakteristika der rationalen Wirklichkeit; die Kristallisierung löst sich nicht einfach auf. Mit den Konkretionen – spontan oder absichtsvoll – zeigt sich aber ein neues Verhältnis zwischen dem, was in der Erkenntniswirklichkeit ein nicht überbrückbarer Dualismus von Geist/Seele und Körper, von mentaler Innen- und materieller Außenwelt ist. Aus dem Dualismus wird ein Zusammenspiel von geistiger und materieller Wirklichkeit.

Dieses Zusammenspiel ist im Grunde bereits bekannt als Koproduktion von Bewusstseinsinhalten, als wir feststellten, dass diese das Resultat eines Zusammenspiels von externen Reizen mit mentalen Gegebenheiten sind. Unter ROP haben die externen Stimuli der rationalen Außenwirklichkeit Vorrang, denn nur sie eignen sich für eine experimentelle Überprüfung. Unter dem Einfluss einer integralen Bewusstseinsform, die Materielles zwar anerkennt, aber keinen besonderen Fokus darauf hat, nehmen der experimentelle Widerstand und auch die alltägliche Dominanz von Materie jedoch ab. Dann kann man die Außenwirklichkeit auch an den Imaginationen messen und nicht nur umgekehrt. Und vielleicht ist der experimentelle Widerstand von Imaginationen zuweilen sogar größer als derjenige von Vorstellungen der Außenwirklichkeit. Und das führt dann im Integralen zu Konkretionen: zu materiellen Manifestationen von Gedanken.

Das Integrale kennt die materielle Wirklichkeit, aber es interessiert sich immer weniger dafür. Das Integrale interessiert sich eher für das, was Dinge zusammenhält; es richtet sich auf Strukturen, Prozesse, Beziehungen. Die Fixierung der Welt in Materie (bzw. Energie) ist bereits heute am Wanken. Wohl sucht die heutige Physik immer noch nach „Teilchen", beispielsweise dem Higgs-Teilchen. Doch das hat mit der alltäglichen Vorstellung von etwas Dinglichem (einem „Kügelchen") überhaupt nichts mehr zu tun. Die Teilchenphysik ist nicht so sehr an seiner Teilchenhaftigkeit als an seinem Strukturbeitrag zum Standardmodell interessiert. Die Mathematik als Grundlage für Physik ist ja selber schon strukturell und nicht dinglich. Nach bald hundert Jahren Quantenphysik müsste die rationale Teilchenfixierung eigentlich längst überwunden sein. Dennoch bleibt die allgemeine Teilchenverliebtheit der Menschen noch kraftvoll, solange das menschliche Hauptbewusstsein rational ist.

4.4.2 Kosmische Kollektive

Die beliebten Diskussionen um parallele Universen zeigen, dass sich etwas bewegt. Diese Universen sind aber alle insofern noch vom rationalen Typus als sie das Leben im Universum weiterhin als ein Produkt von unbelebten Grundlagen darstellen. Bahnbrechende Varianten von Universen werden dagegen ebenso die grundsätzliche Belebtheit des Universums betonen und dingliche Aspekte als abgeleitet betrachten. Dafür ist aber noch viel nötig, namentlich eine Revision der Definition von Leben, die ja auf den materiellen Menschen als stoffwechselnde Ansammlung von Kohlenstoffverbindungen zugeschnitten ist.

Integrales Bewusstsein akzeptiert eine innere Gleichartigkeit von allem, Belebtem und Unbelebtem. „Wir alle und alles" lautet daher sein Mantra. Das integrale Ich gesteht dem Kosmos gewissermaßen dieselben Eigenschaften zu, wie sich selber. Und umgekehrt. Ein schöner Ausdruck einer solchen Haltung ist Gebsers Satz: „Das Schöpferische im Menschen ist eine Auswirkung des Schöpferischen in der Welt."[90] Mit einer solchen Haltung gehen integrale weit über frühere Kollektive hinaus.

Die mythische Stammesgemeinschaft ist natürlich, aber letztlich ein unreflektiertes Zwangskollektiv (Uns). Die rationale Gesellschaft ist ein freiwilliges

Zweckkollektiv, aber gerade dadurch immer etwas oberflächlich (Wir). Die pluralistische Gemeinschaft ist ein empathisches Kollektiv aller Menschen und für viele auch des biologisch Belebten (Wir alle). Während sich das mythische Uns um verwandtschaftliches und das pluralistische Wir-Alle um biologisches Leben herum formiert, bildet das integrale Wir-alle-und-Alles beliebige Kollektive aus biologisch Belebtem und Unbelebtem. Dadurch wird der Materieaspekt des Universums einerseits aufgewertet, weil auch er in den Rang von grundsätzlich Belebtem oder Schöpferischem erhoben wird, andererseits verliert er den extremen Fokus, den er in der Erkenntniswirklichkeit genießt.

Es ist höchst bemerkenswert, dass Thomas Metzinger, der ja eine „starke Version des Materialismus" vertritt, gleichwohl etwas beobachtet, von dem er sagt, dass man es „das ‚soziale Universum' nennen könnte."[91] Als erklärter Materialist äußert er in den feierlicheren Seiten seines Buches dennoch Sätze wie diesen: „In gewisser Weise sind Milliarden von bewussten Gehirnen wie Milliarden von Augen, mit denen das Universum sich selbst als *gegenwärtig* betrachten kann."[92] Hier postuliert er nichts anderes als ein Universum als noumenales Selbst. Doch wo befindet sich das universelle Gehirn, das neuronale Korrelat des Bewusstseins (NCC) des Universums, das Metzinger ja als physikalische Voraussetzung für Bewusstsein betrachtet? Ist die Summe aller Gehirne der Menschen das universelle NCC? Wie sollte dann aber das Universum „sich selbst als gegenwärtig betrachten" können? Hier gelangen wir wieder in die rationalen Paradoxien, die kein Ende finden, es sei denn wir gehen das noumenale ontologische Postulat ein. Dann ist das Feld offen, um auch kollektiven Abstrakta wie dem „Universum" Bewusstseinsfähigkeit zu verleihen. Erst dann, so glaube ich, machen Aussagen wie die von Metzinger, wirklich Sinn. Dann kann akzeptiert werden, dass der Unterschied zwischen belebter und unbelebter Materie vielleicht gar nicht so groß ist, wie er innerhalb der Erkenntniswirklichkeit scheint.

Kosmische Kollektive der Form Wir-alle-und-Alles beruhen auf dieser Einsicht, die im klaren Bewusstsein einer grundsätzlichen Verbundenheit liegt. Integrale Verbundenheit unterscheidet sich von der mythischen. Mythische Verbundenheit ist personenhaft und in Stammesloyalitäten zentriert. Die Erde, Gestirne, Geist- und Seelenwesen werden wie Personen angesprochen und neben Freunden gibt es nun einmal auch Feinde. Integrale Verbundenheit ist struktureller Natur. Die Verbindung ist wichtiger als die Verbundenen.

4.4.3 Identifikation

Im Kapitel zur integralen Bewusstseinsform wurden Achronien skizziert. Das sind Zeitphänomene, die zu erwarten sind, wenn integrales Bewusstsein nichtkontinuierliches Erleben erprobt. Neben solchen zeitlichen kommen in einer integralen Wirklichkeit noch strukturelle Diskontinuitäten, wie etwa die Überdeterminierung, hinzu. In diesem Moment bin ich Form, durchflutet von Materie, im nächsten Augenblick bin ich Materie in dieser Form und schon bin ich Geist, der ebendiese Form bewirkt. Eben war ich perspektivisches Ich, das seinen Blick kreisen ließ und die Landschaft betrachtete, und schon bin ich die Landschaft, die mich von außen als ein Teil von ihr gewahrt. Und im Grunde bin ich alles gleichzeitig.

Unsere Sprache kann diese Verhältnisse nicht angemessen beschreiben, denn „ich bin die Landschaft" stimmt offensichtlich nicht, und „ich fühle mich als Teil der Landschaft" wird der Situation auch nicht gerecht. Weiter oben (S. 144) habe ich eine Notation für verschiedene Erscheinungsformen des Selbst skizziert, die bereits für noumenale Reisen in die traditionellen Wirklichkeiten klar macht: Es gibt viele Erscheinungsformen des Selbst, und es ist ohne weiteres möglich, sich in unterschiedlichen Erscheinungsformen sogar selbst zu begegnen.

Mit Bewegungen in der integralen Wirklichkeit wird die Situation noch viel drastischer, weil es nicht mehr nur um Selbst-Bewusstsein gehen kann, sondern auch um Fremd-Bewusstsein. „Ich bin die Landschaft" ist eigentlich keine Identitätsaussage. Der Satz macht keine Aussage, welche Person ich als Inhaber eines bestimmten Schweizer Passes oder wer ich in meinen Charakterzügen sei. Der Satz dokumentiert vielmehr eine Beziehung zwischen einem meiner Selbste und einem noumenalen Selbst (der Landschaft). In der personalisierenden Erfahrungswirklichkeit würde mein Selbst das Landschaftsselbst vermutlich fragen, was es für mich tun kann und umgekehrt. In der strukturell ausgerichteten integralen Wirklichkeit dürften andere Aspekte eine Rolle spielen: die intensive Nutzung von Wirksamkeiten, die Balance von Elementarteilchen in Formen, die durchflutet sind von Materie. In einer derartigen Beziehung ist ein bewusster Austausch möglich und auch die Regel.

Das wird noch viel spannender, wenn es um Beziehungen geht wie: „Ich bin du", „er ist sie" oder „Petra ist Michael". Ob Petra dann Michaels Gedanken lesen kann? – Zweifellos. Allerdings ist das nicht Telepathie, ein Lesen von fremden Gedanken durch Petra. Eher ist es eines von Petras Selbsten, das diese Gedanken *hat*, während es mit einem Selbst von Michael in Beziehung steht. Und umgekehrt natürlich auch.

Unser heutiges Bewusstsein macht im Grunde eines: er stellt Kontinuitäten her. In räumlicher, zeitlicher und narrativer Hinsicht. Integrales Bewusstsein wird noch viel mehr *Dis*-Kontinuitäten managen. Nicht nur kann sich das eigene Selbst in viele verschiedene Unterselbste aufsplitten, es kann sich auch mit anderen Selbsten verbinden. Doch wessen Gedanken sind das dann, wenn ein Subselbst von Petra dieselben Gedanken wie ein Subselbst von Michael hat? Sind es gemeinsame Gedanken? Kann Petra die Gedanken dieses Subselbstes zurückweisen? Gibt es ein Hauptselbst als Zentrum und Zentrale verschiedener Subselbste? Wenn ja, besteht ein solches Hauptselbst ein Leben lang oder sogar mehrere Leben lang und bildet somit den Bewusstseins- oder Seelenkern entlang dessen Inkarnationen ihr Werk verrichten? Oder gibt es gar kein Hauptselbst und Petra ist das Konglomerat ihrer Subselbste? Ist sie dann auch das Subselbst von Michael, mit dem sie Gedanken geteilt hat? Wer *ist* Petra überhaupt?

Die radikalste Antwort muss die gleiche sein, die die großen spirituellen Traditionen immer schon geäußert haben: Petra ist Petra, Petra ist das Universum, Petra ist alles, Petra ist nichts. *Tat tvam asi* sagten die vedischen Texte: „Das bist du". Und setzten das universelle und das individuelle Selbst gleich, während sie sich gleichzeitig einer logisch auflösbaren Antwort verweigerten. Doch so wahr diese tautologischen Aussagen in einem Gesamtkontext sein mögen, so wenig erklären sie in einem konkreten Lebenszusammenhang. Aber auch eine konventionelle Antwort, nach der Petra am Soundsovielten geboren sei, heute als Beraterin arbeite, zwei Kinder habe und mit Michael verheiratet sei, ist im integralen Kontext unbefriedigend und im besten Fall ein Teil der Wahrheit.

Die langsam ins integrale Bewusstsein eintretende Petra wird sich damit abfinden müssen, dass es nicht wirklich klar ist, wer sie ist. Denn es ist nun nicht mehr nur das Ich im Zeitlauf, welches das Gefühl von Bewusstseinskontinuität stiftet. Vielmehr wird Ich-Kontinuität ins Wir-alle-und-Alles reichen und neue Identitätsfragen aufwerfen. Dem im Wir-alle-und-Alles verlinkten und stabilisierten Ich-Bewusstsein werden aber auch Identitätssprünge möglich, bei denen ein rationaler Mensch verrückt würde. Das integrale Bewusstsein stellt hohe Ansprüche an die Identität, doch es unterstützt die Menschen auch in der Bewältigung der Herausforderungen, indem es auch die Fähigkeit, die Diskontinuitäten zu managen, verstärkt. Allerdings erhält Petra als sehr frühe Einsteigerin in die integrale Wirklichkeit erst die Ansätze zu Instrumenten, zu deren Ausformung sie selber beitragen wird.

Wenn Petra Michaels Gedanken liest und teilt, dann heißt das, dass die integrale Wirklichkeit transparent ist. Für westliche Gesellschaften, die ja (für das abgegrenzte Ich-Individuum folgerichtig) ein relativ starkes Bedürfnis nach Privatsphäre haben, wird dies eine beträchtliche Herausforderung darstellen. Integrale Persönlichkeitsentwicklung heißt dann auch, anzufangen transparent zu werden. Anzufangen so zu leben, dass alle alles von einem wissen könnten. Oder anders herum gesagt aufzuhören, Teile von sich zu verstecken, die einem nicht so richtig behagen. Dazu bedarf es auch einer hohen Transparenz sich selber gegenüber: Wir lassen dann nicht nur andere sehen, wer wir sind, sondern vor allem auch uns selber. Integrales Bewusstsein kennt keinen Datenschutz.

Das eigentliche Wunder des Bewusstseins besteht ja in allen Wirklichkeiten darin, dass es *überhaupt* Kontinuitäten herstellt. Die Bewusstseinsforschung zeigt, dass die Inputs über unsere Wahrnehmungskanäle nicht kontinuierlich sind. Nicht die „Außenwelt" ist kontinuierlich, sondern der narrative Strang des Bewusstseins. Kontinuitäten sind konstruiert. Und zwar je nach Bewusstseinsform auf unterschiedliche Weise. Der tentative Vorgriff auf die integrale Wirklichkeit und ihre spezifische Zeithaftigkeit lässt vermuten, dass das integrale Individuum irgendwo zwischen Zeitchaos und Zeitfreiheit schwingen dürfte. Das erlaubt auch Identitätsbrüche, in denen ein integrales Selbst sich augenblicklich verändern kann, was für die subjektive Integrität natürlich bedrohlich ist. Das integrale Selbst ist jedoch gleichzeitig durch überindividuelle Bezüge definiert, die ich als Wir-alle-und-Alles bezeichnet habe. Auf dieser überindividuellen Ebene existiert individueller Bruch aber nicht. Wenn das Selbst nicht mehr das Zentrum der Welt sein muss, gibt es immer eine Ebene, auf der Kontinuität besteht. Wenn das Bewusstsein nicht mehr allein auf Kontinuität in der individuellen Dimension angewiesen ist, kann ein narrativer Strang auf der Kontinuität einer anderen Dimension beruhen. Dieses Spiel mit Kontinuitäten und Diskontinuitäten ist meines Erachtens eine Spezialität des integralen Bewusstseins, die in einer Übergangszeit enorm unterstützt wird, indem alte Bewusstseinsformen und Wirklichkeiten integriert werden.

4.4.4 Integrale Wahrheit

In der integralen Wirklichkeit fehlt ein dominierendes Referenzsystem für Wahrheit. Die mythischen Wahrheitskriterien sind Verbindlichkeit und Autorität in einem Referenzsystem aus Sinnzusammenhang. In der rationalen Wirklichkeit wird theoriegestützte Richtigkeit mit einer raumzeitlichen Außenwelt als Referenzsystem erwartet. Nun werden in der integralen Wirklichkeit die Referenzsysteme relativiert. Keines – auch kein neues – kann die alleinige Wahrheitshoheit erreichen.

„Das Wahre ist das Ganze", schreibt Hegel und trifft den Nagel auf den Kopf. Durch zunehmende Transparenz verliert Wissen an Bedeutung. Integrale Transparenz bewirkt eine bemerkenswerte Umkehrung des Konzeptes eines „Schleiers des Nichtwissens" (*veil of ignorance*), das der Philosoph John Rawls 1971 in seinem Buch *Eine Theorie der Gerechtigkeit* eingeführt hat. Rawls hatte gefordert, dass moralische Entscheidungen zur Verteilungsgerechtigkeit unter der hypothetischen Voraussetzung gefällt werden sollten, dass niemand der Beteiligten wissen dürfe, welche Rolle er nach der Verteilung innehaben werde. So würden egoistische Motivationen bestmöglich ausgeschlossen. Die Umkehrung besteht nun darin, dass in einem integralen Kontext alle Beteiligten alles wissen. Statt dass alle unter demselben Schleier des Nichtwissens stecken, baden alle in demselben See des Wissens. Informationsasymmetrien spielen in einem derartigen Umfeld keine bedeutende Rolle mehr. Wo Transparenz vorliegt, ist Wahrheit im Sinne von Verfügbarkeit von Fakten nicht belangvoll. Denn erstens macht Transparenz Fakten allen Beteiligten verfügbar und zweitens ist die Faktenlage unter Umständen nur von kurzer Dauer. Schließlich prägen Diskontinuitäten das integrale Bewusstsein.

Falls die Überlegungen zur Möglichkeit spontaner Konkretionen in einem reifen integralen Bewusstsein stimmen: Welche Bedeutung hat dann ein an sich unwahrer Satz wie: „Hier liegt eine blaue Schachtel", wenn durch den intensiven Gedanken gerade eine blaue Schachtel konkretisiert wird? Was ist eine Lüge, wenn sie sich selber wahr macht? Deskriptive Wahrheit als Richtigkeit, die einen Widerspruch zwischen behaupteter und beobachteter Schachtel konstatiert, greift zu kurz. Sie wird zwar nicht irrelevant, aber doch relativ unbedeutend gegenüber einer integralen Wahrheit als Wahrhaftigkeit. *Wahrhaftigkeit* bedeutet hier nicht, einen Sachverhalt korrekt darzustellen, sondern sorgsam mit der Weltkreation umzugehen. Wahrhaftigkeit hat die Funktion, schädliche Weltkreation zu vermeiden. Es spielt in diesem Zusammenhang auch gar keine große Rolle, ob die blaue Schachtel effektiv physikalisch realisiert wird (in einer Art Materialisierung) oder ob sie allenfalls in einer parallelen Wirklichkeit schon realisiert war und nun durch den intensiven Gedanken irgendwie aktiviert wird oder ob sonst ein Mechanismus dahinter steckt; integrale Physik wird dazu früher oder später schon eine Theorie liefern.

4.5 Transzendente Wirklichkeit

Unter den Wirklichkeiten nimmt die transzendente eine Sonderstellung ein. Sie umfasst mystische, religiöse oder metaphysische Erfahrungen in ihrer geistigen, überindividuellen und heiligen Dimension und steht auf diese Weise gewissermaßen den anderen Wirklichkeiten zur Verfügung. Im Zentrum des Dreiecks aus Erfahrungs-, Erkenntnis- und transzendenter Wirklichkeit ist es das Nous, das den Bezug zwischen dem Seelenselbst, Ich-Selbst und dem übersubjektiv Geistigen herstellt.

Das transzendent Heilige, das erst mit dem rationalen Bewusstsein möglich wurde, in ihm selber aber keinen Ort fand, ist von anderer Art als das handfest Heilige des mythischen Bewusstseins. Um sich abzugrenzen haben die Religionsgründer und die Kirchen stets danach getrachtet, die neuen Gottheiten und Heiligkeiten als transzendente zu positionieren und so von den erdnahen Göttern des Mythischen zu distanzieren. Diese Positionierung war und ist eine höchst rationale Angelegenheit, die mit größter intellektueller Akribie und Anstrengung erledigt wird.

Die transzendente Wirklichkeit enthält das von der Erde losgelöste Heilige, den durch eine prinzipielle Schranke vom Menschen gesonderten Gott, das universell Geistige, den „unbewegten Beweger" des Aristoteles, den Beobachtergott, der eine Perspektive hat und auch alle Perspektiven. Sie enthält Brahman, im Hinduismus der eigenschaftslose Urgrund des Universums, der mit *Sat-Chit-Ananda* (Sein-Bewusstsein-Glückseligkeit) nun doch wieder eine Eigenschaft zugesprochen erhält, die ihn mit der Schöpfung verbindet. Da wo *Sat-Chit-Ananda* das Subjektive berührt, ähnelt es sehr stark dem Nous, welches in umgekehrter Richtung die Verbindung vom Subjekt zum Transzendenten schafft.

Rational betrachtet sind alle diese „letzten" Entitäten paradoxe Entitäten, wie das Konzept des „unbewegten Bewegers" schon im Namen zeigt. Man kann eine solche Entität weiter zerlegen, wie es beispielsweise die Gnostiker taten, indem sie den Demiurgen, einen niederen, mit seiner Schöpfung notwendigerweise identifizierten (und wohl auch infizierten) Schöpfergott, vom reinen, von der Schöpfung völlig losgelösten, eigentlichen Gott unterschieden. Doch wie soll dieser Gott auch nur beobachten können, wenn er völlig losgelöst ist? Oder wie soll er völlig losgelöst sein, wenn er auch nur den Demiurgen beauftragt und sich dann vom Universum abwendet? Die Logik findet hier keinen Ausgang. Die unvermeidlichen Paradoxien zeugen von der rationalen Unmöglichkeit, einen Anfang und ein Ende zu denken.

Die Philosophie hat sich fast vollständig aus dem Transzendenten zurückgezogen und die Metaphysik aufgegeben, nachdem diese lange Zeit ihre Königsdisziplin war. Ich glaube und hoffe, dass integrales Bewusstsein das Mentale wieder in die transzendente Wirklichkeit ausdehnen wird. Nun nicht mehr, um darin „ewige" Ideen zu verankern, wie es Platon tat, sondern um unter dem Titel von Intensität die Dimensionen von Erkenntnis und Erfahrung neu zu verbinden. Es gibt nicht nur in der Teilchenphysik offene Fragen, die Aufmerksamkeit verdienen. Wieso sollte die Eschatologie (die Lehre von den „letzten Fragen") auf die physikalische Kosmologie beschränkt sein? Auch in einer noumenalen Kosmologie gibt es „letzte" Fragen, denen man sich wieder zuwenden sollte. Wie verhält es sich beispielsweise mit dem noumenalen Verhältnis von Schöpfer und Geschöpfen?

Im Integralen besteht zwischen Schaffenden und Geschaffenem eine wechselseitige Abhängigkeit. Aber es ist nicht die hierarchische Abhängigkeit, wie die des Chefs von seinen Mitarbeitenden, ohne deren Leistung er seine Rolle als Chef nicht ausüben kann. Es ist auch nicht die Abhängigkeit der Künstlerin von ihrem Werk, ohne dessen Produktion und Rezeption sie ihre Berufung nicht erfüllen kann. Es ist eine performative und rekursive Abhängigkeit, in der das Geschaffene ebenso den Schöpfer schafft, wie umgekehrt. Für das rationale Denken stellt dies keine befriedigende Möglichkeit dar, doch wie schon das pluralistische Denken systemischer ist als das rationale, so wird auch integrales Denken noch weitere gültige Möglichkeiten aufzeigen. Die transzendente Wirklichkeit könnte dann das Spielfeld für ein gleichzeitig selbstbewusstes und bescheidenes Denken sein, das den Umgang mit den Paradoxien der „letzten Fragen" und auch den intellektuellen Kontakt mit dem Heiligen nicht scheut.

4.6 Tabellarische Übersicht der Wirklichkeiten

Bewusstsein erzeugt Wirklichkeiten wurde weiter oben gesagt. Der Plural ist eine Folge der Persistenz der Bewusstseinsformen, welche in jedem Moment einen Fächer von ineinander verwobenen Wirklichkeiten eröffnen. Die Wirklichkeiten beinhalten spezifische Charakteristika, von denen einige hier noch einmal zusammengestellt sind.

Wirklichkeit	Erlebenswirklichkeit	Erfahrungswirklichkeit	Erkenntniswirklichkeit	Integrale Wirklichkeit
Weltmodell	Vitalmodell	Bedeutungsmodell	Teilchenmodell (Materiemodell)	Evolutionsmodell
Erkenntniswelt	Vitalkosmos	Kohärenzkosmos	Kausalkosmos	Intentionskosmos
Einstellung zur Wirklichkeit	Alles wirkt	Alles ist bedeutungsvoll	Alles ist erkennbar	Alles wird geschaffen
Wahrnehmender Zugang	Verbindung mit Kraft	Innere Bilder	Äußere Bilder	Transparenz, Luzidität
Verbindungstechnik	Tiefe Meditation, Ritual	Traum, Meditation, Schamanische Reise	Waches Denken	Hellwache Intention
Ausdruck absichtsvollen Handelns	Bitte (Beschwörung)	Wunsch (Beschwörung, Disziplin)	Wille, Wollen (Entschiedenheit)	Intentionales Sein (Intensität)
Kräfte	Elementar-, Naturkräfte	Ahnenkräfte, Seelenkräfte	Physikalische Kräfte	Intentionale Kräfte
Wirklichkeitszugang: etwas...	tun (beeinflussen)	wissen (empfangen)	verstehen (erklären)	einsehen (erschauen)
Wahrheitsfunktion	-	Verbindlichkeit (Versprechen, Bündnis), Autorität, Stimmigkeit (Kohärenz)	Theoriegestütztheit (Konsistenz), Tatsächlichkeit (Korrespondenz)	Wahrhaftigkeit
Positiver Ausdruck	Magie, Zaubern	Polare Dynamik	Gerichteter Fokus	Intensives Wirken
Negativer Ausdruck	Macht	Bedeutungsüberfluss	Atomisierung	Identitätsverlust
Symbol	Punkt	Kreis	Gerichtete Gerade	Transparente Kugel
Lokalisation	Bauch, Becken, Unterleib	Brust (Herz)	Kopf	nicht lokal (u.a. Beobachter)
Chakren	1/2/3 Muladhara, Svadhisthana, Manipura	4/5 Anahata, Vishudda	6/7 Ajna/ Kutashta, Sahasrara	8/9 transpersonale Chakren

Tabelle 5 – Wirklichkeiten

– Das Denken der Seele –

Teil 3
Noumenale Praxis

5. Die Praxis: Integrieren

An dieser Stelle des Buches ist bereits sehr viel erreicht. Es wurde über die historischen Bewusstseinsformen gesprochen, welche das menschliche Bewusstsein auf eine spezifische Weise strukturieren. Es wurden die Hauptwirklichkeiten beschrieben, welche durch diese Bewusstseinsformen erzeugt werden. Und nicht zuletzt wurde einiger methodischer Aufwand betrieben, um darzulegen, dass es und auf welche Weise es diese Wirklichkeiten tatsächlich geben kann. Dabei wurde auch die Bewusstseinsbarriere erkannt, die durch die rationale Bewusstseinsform errichtet wurde, um sich gegen die historischen Auswüchse mythischen Überflusses zu immunisieren und das rationale Territorium abzugrenzen.

Bezeichnenderweise ist die Funktion einer Immunsierung stets ein Bannen und entstammt als magische Funktion aus dem Instrumentarium des Gebannten. Wie bei einer Impfung trägt das immunisierende Serum den Keim des Gebannten in sich. Trotz Bewusstseinsbarriere, Immunisierung, Bilder- und Ritualverbot existieren die alten Wirklichkeiten weiter. Und unter dem Einfluss der weiterhin wirksamen mythischen Polarität meldet sich das Gebannte umso stärker, je stärker der Bann ist. Das Rationale kann die Existenz des Mythischen und Magischen nicht vollständig leugnen. Sie werden deshalb neu gedeutet: Nicht mehr als Phänomene einer Außen-, sondern als Imaginationen einer subjektiven Innenwelt, die zunächst eine seelische ist und dann zu einer mentalen wird. Die mythischen Seelenphänomene werden von der Psychologie usurpiert, wie die heidnischen Orte und Feiertage von den Eroberern und der Kirche. Weil Bewusstseinsformen vorbewusst wirken, bleibt auch die Bewusstseinsbarriere im Alltag unsichtbar und vermittelt den rationalen Bewohnern der Welt den Eindruck von Exklusivität.

Im immunisierten Raum hat der rationale Mensch gewaltige Leistungen vollbracht, ist zum Mond geflogen, hat die Lebenserwartung der westlichen Menschen verdoppelt und allergrößte Geräte gebaut, um die allerkleinsten Bausteine des Universums zu erforschen. Doch das rationale Bewusstsein ist (wie vormals das mythische) in ein Alter gekommen, in der es die eigenen Mittel nicht mehr vollständig beherrscht. Die fundamentalen Unsicherheiten der Menschen haben wieder zugenommen und sie sind in ihrer Qualität wieder vorrational: sie sind unberechenbar, unkontrollierbar, und die Menschen sind ihnen ausgeliefert. Die

Arbeitsplatzsicherheit ist unkalkulierbar geworden und scheint einzig von den Launen der Firmengötter abhängig, die globalen Finanzströme wirken und wüten wie kosmische Urkräfte und die irdische Ökologie ist labil wie das griechische Pantheon in den Darstellungen Homers.

Es ist Zeit, dass sich das rationale Bewusstsein in die Reihe der Bewusstseinsformen einordnet. Mit der Entfaltung des pluralistischen und mit dem Anbrechen des integralen Bewusstseins ist der Moment gekommen, um die rationale Bewusstseinsbarriere wieder aufzuheben. Sie hat ihren Zweck erfüllt und wird nicht mehr benötigt. So kann man sich respektvoll allen Bewusstseinsformen und Wirklichkeiten als gleichberechtigten zuwenden.

In den abschließenden Kapiteln soll deshalb die Praxis einer aktiven Integration von Bewusstseinsformen und Wirklichkeiten noch kurz beleuchtet werden.

5.1 Reisemetapher und Reisemethodik

Mit dem Begriff der „noumenalen Reise" ist das bewusste Aktivieren einer bestimmten Bewusstseinsform und der entsprechenden Wirklichkeit gemeint. Eine geführte Meditation ist eine noumenale Reise. Ebenso die schamanische Reise, welche hier als Prototyp dient. Die Erkenntniswirklichkeit mit seinem Anspruch auf Exklusivität wird sich zunächst dagegen sträuben. Das wirksamste Mittel, das dem rationalen Bewusstsein zur Aufrechterhaltung seiner Exklusivität zur Verfügung steht, ist der Zweifel. Bekannt ist René Descartes' Satz: „Ich denke, also bin ich". Tatsächlich lautete seine erste Version noch: „Ich zweifle, also bin ich". Damit hatte der französische Philosoph ursprünglich den Zweifel zur Basis seiner Existenz gemacht. Das ist ein schönes Beispiel für die Funktionsweise des rationalen Bewusstseins, das seinen laserscharfen Fokus auch durch zweifelnde Abgrenzung erreicht.

Mit dem noumenalen ontologischen Postulat wird der rationale Zweifel respektiert, denn als Postulat steht es zunächst einmal bloß für eine hypothetische Annahme weiterer Wirklichkeiten. Gleichzeitig drückt das NOP aber auch die Zuversicht aus, dass sich die Wirklichkeiten praktisch erforschen lassen. Ich formuliere hier also ein sehr behutsames Vorgehen. Es ist natürlich auch möglich, die rationale Erkenntniswirklichkeit direkt zu unterlaufen: Dies geschieht bei überwältigenden Lebensereignissen, in spirituellen Flashes, in spontanen spirituellen Initiationen oder auch beim Einsatz psychedelischer Substanzen. Solche Ereignisse können eine destabilisierende Wirkung auf das rationale Bewusstsein haben und sind in ihrer Bedeutung ambivalent: sie weisen auf eine reichere Welt hin, als die Erkenntniswirklichkeit zu vermitteln vermag, aber sie verunsichern dabei möglicherweise das Individuum übermäßig. Ich glaube nicht, dass das rationale Ich unterlaufen, überwunden, geschwächt oder negiert werden sollte. Vielmehr lautet das Programm, alle Wirklichkeiten als ungleiche, aber gleichberechtigte zu akzeptieren.

Aus der Perspektive der Erkenntniswirklichkeit kann man die anderen Wirklichkeiten nur „im Kopf" bereisen: in der Imagination und in der Fantasie. Aus dieser Perspektive kann man nur innerhalb der Erkenntniswirklichkeit irgendjemandem oder irgendetwas wirklich begegnen. Das ist sehr passend, wenn mentale Klarheit, logische Eindeutigkeit und materielle Sicherheit angestrebt werden; keine Wirklichkeit hat nur annähernd so viel davon realisiert wie die Erkenntniswirklichkeit. Zuweilen ist die ROP-Wirklichkeit aber zu eng. Es stimmt einfach nicht, dass alles, was uns im Kontakt mit anderen Wirklichkeiten widerfährt, Imaginationen, Projektionen oder gar Halluzinationen sind. Zahllose Erfahrungen vollkommen vernünftiger Menschen erzählen etwas anderes. Es gibt auch echte Begegnungen mit äußeren Entitäten der NOP-Wirklichkeiten. Mit dem NOP darf man sagen, dass hinter von Bingens „Stimme" etwas Äußeres steht, das sich nicht nur in ihrem Kopf befindet. Wir sind nicht so naiv zu glauben, dass hinter der „Stimme" ein weiser Mensch oder ein Engel stehen müsse, auch wenn Personifizierungen häufig sind. Vielmehr lassen wir offen, was *wirklich* dahinter stecken mag, so wie die moderne Bewusstseinsforschung offen lassen muss, was *wirklich* hinter der Vorstellung eines wahrgenommenen Baumes stecken mag.

Mit dem NOP wird ein Teil der Sicherheiten der Erkenntniswirklichkeit freiwillig wieder aufgegeben, denn in den NOP-Wirklichkeiten gibt es weniger Eindeutigkeit und Klarheit als innerhalb der ROP-Wirklichkeit. In allen Wirklichkeiten gibt es Halluzinationen, Einbildungen und Selbsttäuschungen. Die Linie zwischen einer Halluzination und einer Wahrnehmung ist oft ausgesprochen schwierig zu ziehen, manchmal gar unmöglich. Gerade in den NOP-Wirklichkeiten. Das noumenale ontologische Postulat sagt nicht, diese Unterscheidung sei einfach, es sagt bloß, dass es sie gibt.

Die Reisemetapher stammt aus der Tradition der schamanischen Reise und sie ist auch als psychedelische Reise bekannt. Die Metapher bedient das Transfermodell (S. 152), nach dem eine Wirklichkeit scheinbar „verlassen" und eine andere „bereist" wird. Wirklichkeiten verhalten sich aber nicht so zueinander wie Länder, bei denen wir ein Land verlassen, wenn wir das nächste betreten. Sie sind auch nicht in Schichten angeordnet, durch die wir wie mit einem Aufzug hindurchfahren, wobei wir von einem Stockwerk zum anderen gelangen. Die Wirklichkeiten sind tatsächlich ineinander verwoben, so dass sie bis zu einem gewissen Grad gleichzeitig bewusst gemacht werden können. So gesehen ist das gemischte Modell von Wirklichkeiten angemessener als das Transfermodell. Wenn ich mich hier dennoch auf das Transfermodell stütze, dann deshalb, weil das Reise-Feld hinter der Reisemetapher stark habitualisiert ist und nur schon deshalb tiefe Erfahrungen ermöglicht.

Subjektiv gesehen wird eine Reise oft als Veränderung des Bewusstseinszustandes beschrieben. Der Wachzustand begünstigt die Bewegung in der Erkenntniswirklichkeit. Der Traum entführt uns in mythisch-magische Wirklichkeiten und liefert uns dem Geschehen weitgehend aus (es sei denn, jemand beherrscht Techniken des luziden Träumens). In aller Regel ist die Grundlage für eine bewusst erfahrene Reise in noumenale Wirklichkeiten eine leichte Trance. Die Trance braucht nicht ekstatisch zu sein, wie es bei vielen indigenen Schamanen oft der Fall war und ist. Der Fundus, aus dem westliche Reisen gespeist werden, sind nur selten Ungeheuer oder rohe Gestalten, die es in heroischen Kämpfen zu bezwingen gilt. Die urtümlichen Archetypen von indigenen und westlichen Kulturen mögen in vielen Fällen die gleichen sein, doch ihr Habitus ist unterschiedlich. Deshalb kann die Überwindung eines Hindernisses für den indigenen Schamanen darin bestehen, mit List, Kraft und Wagemut einen heldenhaften Kampf auszufechten, für einen westlichen Reisenden jedoch vielleicht einfach darin, den Blick nicht abzuwenden. Entscheidend in der mythischen Wirklichkeit ist die Sinnhaftigkeit, nicht das Zeichen.

Letztlich besteht die Reise aus der Erkenntniswirklichkeit „hinaus" darin, das Hirn davon zu überzeugen, nicht nur erkenntniswirkliche Entitäten ins Bewusstsein zu bringen. In Bezug auf visuelle Wahrnehmung heißt das, den visuellen Cortex anzuregen, auch andere Wahrnehmungsinhalte für das visuelle Bewusstsein aufzubereiten als physikalische Raumzeitkörper. Bewusste Wahrnehmung ist sowieso ausgesprochen selektiv und blendet ohnehin höchst relevante Teile der Welt aus. Wenn es nun gelingt, dem Hirn plausibel zu machen, dass es temporär nicht nur die üblichen physikalischen Informationen verarbeiten und darstellen soll, dann wird der Weg frei für die Entdeckung weiterer Wahrnehmungsfelder. Es sind Wahrnehmungen, die von den Sinnen jederzeit registriert, von unserem Hirn ähnlich wie bei Blindsicht normalerweise jedoch nicht bewusst gemacht werden. Die meisten von uns sind „blindsichtig" in dem Sinn, dass wir den noumenalen Reiz zwar wahrnehmen, dass der Stimulus aber irgendwo im Hirn versandet ohne ins Bewusstsein zu gelangen. Doch wie bei Blindsicht kann man Informationen über das unbewusst Wahrgenommene auf alternativen Wegen ins Bewusstsein bringen. Mit etwas Übung können auch rationale Menschen ihre Wahrnehmung wieder auf die noumenalen Wirklichkeiten einschwingen. Wir erhalten dadurch allmählich die praktische Möglichkeit zurück, um beispielsweise Auraköper, mythische Seelen- oder Geistwesen oder auch noumenale Kollektive, wie eine Firmenpersönlichkeit, und viele weitere Entitäten bewusst wahrzunehmen.

Es gibt immer wieder Situationen, in denen ein Mensch „besucht" wird, in denen ein noumenales Bewusstseinsereignis von der noumenalen Seite her aufgebaut wird. Das kann der Fall sein in Besetzungen, spontanen Visionen, sinnfälligen Wachträumen, bedeutsamen Träumen und vermutlich auch in vielen Geistesblitzen, die wir gerne uns selber zuschreiben. Doch normalerweise wird eine noumenale Vorstellung vom Subjekt her aufgebaut. Darin besteht ja auch der Sinn einer noumenalen Reise: im absichtsvollen Auslösen noumenaler Bewusstseinsereignisse. Das Ego, der problematische Zwilling des Ichs, hat aber die Tendenz, sich in den Vordergrund zu spielen und eine Reise endgültig festzulegen. Dann bleibt schlicht kein Raum für übersubjektive Anteile. Noumenale Entitäten müssen einen freien Raum vorfinden, sonst dringen sie normalerweise nicht durch. Die Reise bleibt dann subjektiv und mit den Vorstellungen des eigenen Egos behaftet. Die Kunst der noumenalen Reise besteht darin, eine möglichst spezifische Absicht zu formulieren und dann möglichst viel Raum für die Entfaltung der noumenalen Entitäten zu lassen. Es ist nicht das Spektakuläre, das eine noumenale Reise ausmacht, sondern ihre Bedeutung. Wer das Spektakuläre sucht, droht das Wesentliche zu verpassen, denn je größer die eigenen und vor allem die versteckten Erwartungen sind, desto größer wird der Anteil an subjektiven Teilen an einem Bewusstseinsinhalt sein.

Ein einzelner Mensch kann sich grundsätzlich auf drei Arten mit einer Wirklichkeit in Beziehung setzen:

(1) *Inklusion* („Eingeborener"): Jemand lebt IN einer bestimmten Wirklichkeit. Ein typisches Beispiel dafür ist ein westlicher rationaler Mensch, der vollständig in der Erkenntniswirklichkeit aufgeht. Ein anderes ein indigener mythischer Mensch, eingebunden in eine traditionelle Erfahrungswirklichkeit. Bis zur Aufnahme der weltumspannenden Reise- und Geschäftstätigkeit im 16. Jahrhundert war die Inklusion die Regel, danach wurde sie zunehmend zur Ausnahme und heute im Zeichen der Globalisierung dürfte sie beinahe inexistent sein.

(2) *Perspektive* („Beobachter"): Jemand betrachtet eine bestimmte Wirklichkeit AUS der Warte und mit dem Apparat einer anderen Wirklichkeit. Das klassische Beispiel dafür ist der rationale Anthropologe, welcher sich aufmacht, ein indigenes Volk einer mythischen oder magischen Kultur zu erforschen. Umgekehrt ergeht es dem Vertreter eines indigenen Stammes beim Beobachten der Tätigkeiten ebendieses Forschers. Auch dieses Buch ist eine perspektivische Arbeit, in der die einzelnen Wirklichkeiten aus einer zumeist pluralistischen Warte studiert werden.

(3) *Immersion* („Reisender", „Immigrant"): Jemand versetzt sich in eine andere Wirklichkeit HINEIN und versucht, die Mittel dieser anderen Wirklichkeit zu erlernen und anzuwenden. Der Indianer, den es in die Stadt zieht, der Aboriginal, den die Arbeitslosigkeit in die Vororte treibt, der amerikanische Manager, der seinen Frieden in den Wäldern oder der westliche Aussteiger, der seinen Sinn auf der Alp sucht; sie alle gehören zu den Reisenden und Immigranten. Sie alle begeben sich in eine Gegend und in ein Umfeld, in der eine andere Wirklichkeit manifestierte Formen angenommen hat. In die gleiche Kategorie gehören aber auch die Yoga-Schüler, die Meditierenden und die schamanisch Praktizierenden und noumenal Interessierten, welche die rationale Erkenntniswirklichkeit als eingrenzend empfinden und den Zugang in eine andere Wirklichkeit suchen.

Diese dritte Form, die Immersion, ist eine der zentralen Empfehlungen dieses Buches: sich in eine andere Wirklichkeit versenken, sich hineinversetzen, die entsprechende Bewusstseinsform aktivieren.

Jede noumenale Reise ist Immersion und hat diese Grundstruktur:

(1) Absicht

(2) Reduktion der rationalen Bindungen

(3) Erzeugen von Resonanz mit der Zielwirklichkeit

(4) Reise in der noumenalen Wirklichkeit (Immersion)

(5) Rückkehr

Zu (1) *Absicht*: Die Absicht, in eine noumenale Wirklichkeit zu reisen, ist das Signal an das Ego, sich während der Reise zurückzunehmen und ein Vertrag mit dem Ich, von der Reise zurückzukommen. Es könnte ja einmal sehr schön sein auf einer Reise, so dass der Wunsch aufkommen könnte, für immer in der noumenalen Wirklichkeit zu bleiben. Für einen Menschen geht das aber nicht. Er muss zurückkommen, will er gesund bleiben.

Timothy Leary hat gezeigt, wie wichtig „set and setting" für die bewusste Drogenreise ist, und dasselbe gilt für die noumenale Reise ohne Drogenunterstützung. Das Setting bezeichnet den äußeren Rahmen, in dem die Reise geschieht, das Set die innere Verfassung der Reisenden. Die Reiseabsicht bestimmt ganz wesentlich das Set. Je präziser und je stärker die Absicht, desto größer die Chance, in einen relevanten Austausch mit noumenalen Entitäten zu gelangen. „Mir ist langweilig und ich möchte etwas erleben" ist deutlich weniger wirksam als „ich bin hoffnungslos ausgebrannt und bitte flehentlich um Unterstützung". Die stärkste Absicht wird unter Lebensgefahr erzeugt, und viele wundersame Wandlungen erfolgen in Todesangst. Dennoch kann es natürlich nicht das Ziel sein, Lebensgefahr heraufzubeschwören, um eine wirksame Absicht zu erzeugen. Es funktioniert auch mit ernsthafter Hingabe.

Viele Schamanen fasten vor wichtigen Zeremonien und enthalten sich sexuell. Selbst die Selbstkasteiung gehört zu den traditionellen Methoden von Schamanen und Asketen, um ein spezifisches Ziel zu erreichen. Auch wenn ich nicht für derartige Extremformen plädiere, so geht es doch auch in der westlichen Welt weiterhin darum, den Fokus auf die Aufgabe zu demonstrieren. Konzentration auf die Reise, Fokus auf die Absicht und Ausblenden von allem anderen: das ist es, was im Kopf für eine wirksame Reise gemacht werden kann. Hingabe ist der Beitrag des Herzens. Rückenschmerzen, eine störende Fliege, blendendes Licht, Geräusche vor dem Fenster, ein summendes Mobiltelefon, die Einkaufsliste für das Abendessen, das Projekt im Büro oder der Geburtstag der Kinder; all das kann bei etwas Fokus und Hingabe zwanzig Minuten warten.

Zu (2) *Reduktion der rationalen Bindungen*: Die meisten Techniken unter dem Titel Bewusstseins*erweiterung* dienen dem Zweck, in einer ersten Phase rationale Bindungen aufzulösen, weshalb eigentlich von Bewusstseins*einschränkung* gesprochen werden sollte. Gerade Drogen bewirken dies, indem sie viele Funktionen des rationalen Bewusstseins begrenzen oder ganz ausschalten. Gemeint ist eine

Einschränkung der ROP-Wirksamkeiten von Zweifel, Zeit, Raum, Materialität, rationaler Logik und Kontrolle. Methoden der „Sperrung des Bewusstseinsflusses"[93] und sogar der „Bewusstseinsleerung"[94], wie es Mircea Eliade nennt, sind seit alters her bekannt. Psychologisch gesehen geht es gemäß Ralph Metzner darum, einen „konzentrierten, fokussierten Zustand" zu erreichen, „in dem Dissoziation überwiegt."[95] In meinem Modell heißt Dissoziation: sich abgrenzen von den Einschränkungen der rationalen Bewusstseinsform. Drogen sind bekanntermaßen das einfachste Mittel, um ROP-Wirksamkeiten zu überwinden, jedoch auch mit ein paar Nachteilen behaftet, so dass man besser auch andere Techniken erlernt.

Bereits die Vorbereitung des „Settings", der Umgebung, in welcher eine Reise unternommen wird, ist bedeutsam. Die äußerlichen Mittel für ein angemessenes Setting sind bekannt: meditative Musik, Räucherwerk, sanfte Farben, rhythmische Bewegungen, Summen und Singen; alles was jemanden in wache Entspannung gleiten lässt. Physiologisch geht das einher mit einer Veränderung der Frequenz der Gehirnströme.

Zu (3) *Erzeugen von Resonanz mit der Zielwirklichkeit*: In den NOP-Wirklichkeiten bewirken Habitualisierung und Ritualisierung, dass relevante noumenale Felder erzeugt und genährt werden. Der Kontakt mit ihnen kann als Resonanz betrachtet werden. Der Begriff ist leider etwas abgenutzt, aber sehr zutreffend. Hier zeigt sich auch die Bedeutung von Absicht und Hingabe: Je klarer die Absicht, desto präziser kann ein noumenales Feld aktiviert werden. Je intensiver die Hingabe, desto stärker wird es in Resonanz aktiviert.

Zielwirklichkeit ist oft die mythische Erfahrungswirklichkeit, die uns durch die Möglichkeit von Personalisierungen strukturell sehr nah ist. Zudem erlaubt sie ganz zwanglos eine Weiterreise in die magische Erlebenswirklichkeit. Es ist einfacher als Seelenwesen mit anderen Seelenwesen in Kontakt zu treten, als einen angemessenen Umgang mit Kräften zu erlernen.

Die klassische schamanische Kosmologie unterteilt die Erfahrungswirklichkeit in eine obere, mittlere und untere Welt. Allerdings ist es nicht unerlässlich, die Erfahrungswirklichkeit räumlich-geografisch zu fassen. Die bekannten räumlichen Darstellungen dürften sogar relativ „moderne" Formulierungen aus einer Zeit sein, als die rationale Mutation bereits im Gang war. Viel charakteristischer für die mythische Wirklichkeit scheinen mir Orte mit spezifischen Bedeutungen unabhängig von ihrer räumlichen Anordnung. Meine eigene noumenale Methodik beschäftigt sich deshalb mit *bedeutungsvollen* Räumen, wobei der physikalische Raumaspekt sekundär ist:

Noumenaler Raum = (Raumzeit) + Bedeutung + Wirkkraft.

Das kann man sich für eine Reise zunutze machen, indem man den Ort, an den man reisen möchte, in die Absicht einbezieht. Der *Ort der Heilung*, der *Ort, wo die Ahnenseelen sind*, der *Ort, wo ich meine Verbündeten treffe*, der *Platz, an dem ich inneren Frieden finde*, der Bereich, wo ich *meinem zeitlosen Seelenselbst begegne*. Mit derartigen Zieldefinitionen wird die Erfahrungswirklichkeit bedeutungsvoll bestimmt, was vollkommen ihrer inneren Sinnhaftigkeit entspricht. Ganz analog funktioniert es auch mit der transzendenten (der *Ort, an dem Weise leben, die mir bei einer bestimmten Aufgabe helfen können*) und mit der magischen Wirklichkeit (der *Ort, wo ich Tierkraft erlebe*). Mit etwas Übung werden die Absichten klarer, die Hingabe tiefer, die Felder präziser, die Resonanz stärker, die Orte bedeutungsvoller und die Wirkungen regelmäßiger.

Eine präzise Absicht, die Fokussierung auf nichts als die Absicht und Hingabe an den Prozess sind ausreichend, um die relevanten noumenalen Felder zu aktivieren. Praktisch wird der Prozess oft durch eine Vorstellung gestartet. Das ist bei den meisten Menschen eine Visualisierung, eine eigentliche Imagination also. Es braucht aber keine bildhafte Vorstellung zu sein; es kann auch ein einheitliches Gefühl sein, eine innere Haltung oder ein „Wissen" um den Ort.

Methodisch ist diese Vorstellung von größter Bedeutung, steht sie doch an der Schwelle von Imagination zur Wahrnehmung externer Stimuli. Als Imagination ist die Vorstellung mental, subjektiv und innerhalb der ROP-Wirklichkeit. Als Resonanzgeneratorin reicht sie jedoch in die NOP-Wirklichkeiten hinein, deren Echo erst eine echte Wahrnehmung erzeugt, die dann auch externe Stimuli enthält. Weiter oben (auf Seite 123) wurde der Übergang in die noumenalen Wirklichkeiten deshalb als der Moment bezeichnet, an dem eine Visualisierung allmählich zur Wahrnehmung von externen Reizen wird. Dieser Übergang lässt sich nun noch anders charakterisieren. Diente die Fokussierung in Phase (2) nämlich noch der Dissoziation von den erkenntniswirklichen Limitierungen, so werden nun in Phase (3) „expansivere, diffusere" Zustände angestrebt, „in denen assoziative Prozesse" (Metzner) dominieren und denen man sich hingeben kann. Somit lässt sich das Eintauchen, die Immersion in die noumenalen Wirklichkeiten auch als dieser Übergang von dissoziativen zu assoziativen Prozessen, d.h. von Phase (2) zu (3), beschreiben.

Zu (4) *Reise in der noumenalen Wirklichkeit*: Mit dem ersten noumenalen Echo beginnt die eigentliche noumenale Reise. Doch wie erkennt man externe Stimuli? Wie kann man sicher sein, Anteile aus einer übersubjektiven NOP-Wirklichkeit zu empfangen, sich mithin in der NOP-Wirklichkeit zu befinden? Die ehrliche Antwort ist: Man kann nicht sicher sein. Diese Fragen gehören aber überhaupt nicht in die Reisephase (4), sondern hätten eigentlich in der Vorbereitungsphase (2) abgelegt werden sollen. Erscheint der Zweifel in der Reisephase – und das tut er bei westlichen Menschen ziemlich oft – dann ist es ratsam, sich daran zu erinnern, dass man sich nicht in der ROP-Wirklichkeit aufhalten möchte und den Zweifel nach der Rückkehr in Phase (5) angehen wird. Danach kann man sich erneut auf die Absicht fokussieren und mit Hingabe die Reise fortsetzen. Die Absicht ist im Idealfall die einzige bewusste Verbindung zur ROP-Wirklichkeit und zusammen mit der Rückkehrabsicht auch die „Lebenslinie", der „Silberfaden", der verhindert, dass man verlorengehen könnte.

Die noumenale Reise kann grundsätzlich gemischt sein oder nach dem Transfermodell ablaufen. Beim Transfermodell entsteht der Eindruck, sich in eine andere Wirklichkeit hineinzubewegen. Diese Konstellation ist für die Reisemetapher ja auch namensgebend. Zuweilen kann man richtiggehend nach oben, unten oder in eine andere Richtung „gezogen" werden. Beim schamanischen Klassiker einer Reise in die sinnliche untere Welt wird bewusst die Visualisierung eines Hinabsteigens erzeugt, die dann meist eine Eigendynamik annimmt. In einer geführten Meditation werden im Kopf je nach Absicht unterschiedliche Umgebungen visualisiert, die in der Folge (oft unbemerkt) in ein Gefühl übergehen können, als sei man „dort". Und dann ist man auch dort.

Im gemischten Modell scheint sich dagegen der Raum, in dem man sich befindet, zu wandeln. Es ist, als ob sich der ROP-Raum in einen NOP-Ort verwandeln würde. Es entsteht eine Überlagerung von ROP- und NOP-Wirklichkeit. Dabei wird der geometrisch-geografische Raum zu einem bedeutungsgeladenen Ort, in dem unterschiedliche Erfahrungen möglich sind. Menschen, die mit offenen Augen einen gemischten Raum erschaffen können, weil sie es wieder gelernt haben oder seit je können, vermögen all die noumenalen Lebewesen, die unsere Erde auch noch bevölkern, wahrzunehmen.

Die noumenale Reise kann sehr sinnlich, aber auch völlig abstrakt sein. In unserer Kultur sind wir darauf fixiert, visuelle Wahrnehmungen als die höchste Form von Bewusstseinsinhalten zu betrachten. In der Erkenntniswirklichkeit nimmt der Mensch über 80% aller Informationen über den Sehsinn auf. Es lohnt sich jedoch, offen zu sein für andere Eindrücke. Ich habe schon von mehreren Schamanen gelesen, dass sie im Grunde danach strebten, alle Sinne ineinanderfließen zu lassen, vollkommene Synästheten zu werden, um möglichst viele noumenale Informationen aufnehmen zu können.

Eine noumenale Reise kann als Flash einige Sekunden dauern, wird als bewusste Reise in der Regel auf zehn bis zwanzig Minuten angesetzt, kann unter Einfluss bewusstseinsverändernder Drogen auch einige Stunden anhalten (einer der Nachteile von psychoaktiven Substanzen besteht gerade darin, dass die Dauer durch die Substanz vorgegeben ist).

Zu (5) *Rückkehr*: Jede noumenale Reise endet mit der bewussten Rückkehr. Rückkehr heißt: Orientierung in der perspektivischen Wachwirklichkeit mit einem Ich als Zentrum. Dieser Schritt ist nötig, weil in der mythischen und erst recht in der magischen Wirklichkeit ein stark abgegrenztes Selbst nicht existiert. Wer mit dem vollen Ich (inklusive Ego) reist, wird nie in eine noumenale Wirklichkeit gelangen. Und wer in die noumenale Wirklichkeit gelangt, wird nie mit vollem Ich oder Ego dabei sein. Das Seelen-Selbst ist ein geeignetes Modell für noumenale Reisen.

Nach der Rückkehr ist der Moment gekommen, um ROP-Zweifel zu würdigen. Vielleicht war die ganze Reise eine einzige Einbildung. Unter Umständen hat sie aber auch eine tiefe Einsicht oder ein ausgesprochen nützliches Wissen vermittelt. Möglicherweise ist auf seelischer Ebene eine markante Heilung erfolgt, die in der Erkenntniswirklichkeit nur noch begrüßt zu werden braucht. Es wird innerhalb der Erkenntniswirklichkeit nie einen endgültigen Beweis dafür geben, dass es sich um eine Reise mit echten noumenalen Wahrnehmungen gehandelt hat. Auf persönlicher Ebene besteht aber die Möglichkeit, Erfahrungen zu sammeln und verschiedene Intensitäten unterscheiden zu lernen, die für eine unterschiedliche Gewichtung von ROP- und NOP-Anteilen in einer Reise stehen können. Zudem dürfte früher oder später die Situation eintreten, dass spontan neues Wissen verfügbar wird (das ist bei Hildegard von Bingens „Stimme" der Fall), dass eine noumenale Kraft sehr deutlich und eindeutig erlebt wird (so erging es mir selber anlässlich meiner ersten Familienaufstellung) oder dass eine Wirkung erzeugt wird, die man in einen klaren Zusammenhang mit der noumenalen Reise bringt (Heilerfolge nach einer schamanischen Sitzung zum Beispiel). Ein wirksames Mittel, um rationale Zweifel zu besänftigen, ist auch die intersubjektive Überprüfung von noumenalen Bedeutungsclustern.

Ein zentraler Aspekt einer strukturierten Rückkehr besteht darin, die noumenalen Erfahrungen in einen narrativen Strang zu bringen. Wie oben deutlich wurde, ist Bewusstsein narrativ in dem Sinne, als es stets bestrebt ist, Bewusstseinskontinuitäten herzustellen. Die Ordnungsprinzipien in der Erkenntniswirklichkeit sind zwar anders als in der Erfahrungswirklichkeit, gemeinsam ist ihnen jedoch das Bedürfnis eine passende Geschichte zu finden. Diese Gemeinsamkeit ist ausgesprochen nützlich im Transfer von Inhalten aus den NOP- in die ROP-Wirklichkeit. Deshalb ist es bereichernd, sich nach einer Reise hinzusetzen und das Erlebte und Erfahrene zu erzählen oder in einem kurzen Text aufzuschreiben. Oft wird einem erst in diesem Schritt bewusst, was man zuvor eigentlich erlebt hat. Stark visuell veranlagte Menschen sind von den Eindrücken der noumenalen Reise oft derart beeindruckt, dass ihnen die Bedeutung, die hinter den Bildern liegt, zu entgehen droht. Und nicht-visuelle Menschen – zu denen auch ich gehöre – merken oft erst beim Niederschreiben, dass sie überhaupt etwas Bedeutsames erlebt haben. Das ist der „Blindsicht-Effekt": es wird einem erst bewusst, dass man etwas gesehen oder erlebt hat, wenn man danach gefragt wird, wenn man es erzählt oder niederschreibt. Natürlich lauert hier die Gefahr von Rationalisierungen, deshalb sollte der Text keine Interpretationen enthalten und als möglichst passive Niederschrift eines erinnerten *flow of consciousness* gestaltet sein. Der Effekt kann sehr verblüffend sein.

5.2 Bewusstseinsformen als Stufen des Bewusstseins

Während in den ersten Teilen des Buches der bewusstseinsbildende und wirklichkeitserzeugende Charakter der Bewusstseinsformen im Vordergrund stehen, können Bewusstseinsformen auch mit der individuellen Bewusstseinsentwicklung eines Menschen in Beziehung gebracht werden. Man wird dann eher von Bewusstseins*stufen* sprechen, statt von -*formen*.

Die von der Menschheit erworbenen Bewusstseinsformen, wie sie im ersten Teil beschrieben wurden, geben die Stufen vor, die ein einzelner Mensch in einer bestimmten Epoche erreichen kann. Vor 30.000 Jahren konnte sich ein Mensch demnach bis zur Stufe des magischen Bewusstseins entwickeln. Vor fünftausend Jahren ging es bis zur Stufe des mythischen und vor zweihundert Jahren maximal bis zur Stufe des rationalen Bewusstseins. Heute erreichen viele Menschen pluralistisches und einige wenige bereits integrales Bewusstsein.

Ein Mensch wird aber nicht nur von einer einzigen Bewusstseinsform beeinflusst: das ist gerade eine Kernaussage dieses Buches. Deshalb spreche ich vom *Hauptbewusstsein* eines Menschen und den übrigen Bewusstseinsformen, die auch noch auf ihn einwirken. Das Hauptbewusstsein eines Menschen ist seine am stärksten wirksame Bewusstseinsform.

Ken Wilber betont einen weiteren zentralen Punkt der Persönlichkeitsentwicklung: Ein Mensch ist nicht einfach als Ganzes auf einer Bewusstseinsstufe. Verschiedene Persönlichkeitsaspekte sind in der Regel auf unterschiedlichen Stufen. Wilber spricht in diesem Zusammenhang von „Linien", und er meint damit Bereiche des menschlichen Seins, die sich sinnvoll unterscheiden lassen und die mehr oder weniger unabhängig voneinander entwickelt werden können. In Anlehnung an Wilber[96] seien hier die folgenden Entwicklungslinien oder *Lebensaspekte*, wie ich sie nenne, erwähnt:

Lebensaspekt	Fragestellung
Kognitiv	Wessen bin ich mir bewusst?
Selbst	Wer bin ich?
Werte	Was ist mir wichtig?
Moral	Was soll ich tun?
Interpersonal	Wie sollen wir interagieren?
Spirituell	Was ist für mich von höchster Gültigkeit?
Bedürfnisse	Was sind meine Bedürfnisse?
Kinästhetisch	Wie soll ich physisch dieses oder jenes tun?
Emotional	Was empfinde ich über dieses oder jenes?
Sexualität	Wie lebe ich Erotik und Körperlichkeit?
Ästhetisch	Was gefällt mir?

Ein bestimmter Mensch kann demnach kognitiv auf rationaler Stufe sein, emotional mythisch und in seiner Selbstdefinition magisch. Für seine Persönlichkeitsentwicklung würde dieser Mensch dann nicht nur versuchen, die kognitive Stufe zu erhöhen, sondern vor allem auch an der Selbstdefinition zu arbeiten, um diesen Lebensaspekt weiter zu entwickeln. Das maximal erreichbare Hauptbewusstsein dürfte in aller Regel durch den kognitiven Lebensaspekt vorgegeben sein, denn mit ihm wird auch der Umfang dessen angegeben, wessen sich jemand bewusst sein kann. Ein Mensch kann beispielsweise im interpersonalen Lebensaspekt keine höhere Stufe haben als im kognitiven, weil ihm die entsprechenden interpersonalen Bewusstseinsinhalte nicht gegeben sind. Das bedeutet beispielsweise, dass Menschen (und Kulturen) mit einem mythischen Hauptbewusstsein nicht vollständig in der Lage sind, die grundlegende Gleichheit jedes einzelnen Menschen bewusst wahrzunehmen, denn die Atomisierung, die dafür nötig ist, wird erst vom rationalen Bewusstsein geleistet und die empathische Ausweitung auf „wirklich alle" Menschen erfolgt erst mit dem pluralistischen Bewusstsein.

Die meisten Menschen dürften also genügend Entwicklungsarbeit vorfinden, um nur schon sämtliche Lebensaspekte auf den Stand der kognitiven Obergrenze zu bringen. Bei mir selber ist das jedenfalls so. Und wenn das nur annähernd gelingt, dann verschiebt sich gewiss auch die kognitive Grenze auf eine nächsthöhere Stufe. Ein Mensch mit mythischem Hauptbewusstsein hat durchaus die Möglichkeit, die rationale und die pluralistische Stufe zu erreichen. Wilbers Arbeit legt den Schluss nahe, dass geeignete meditative und spirituelle Praxis wesentlich dazu beiträgt, die kognitive Schwelle zu erhöhen. Voraussetzung dafür ist aber, dass die übrigen Lebensaspekte ebenfalls entwickelt werden. Es nützt nichts, mit spirituellen Höchstleistungen die kognitive Grenze anzuheben, wenn andere Lebensaspekte vernachlässigt werden.

Weist ein einzelner Mensch in verschiedenen Lebensaspekten unterschiedliche Bewusstseinshöhen auf – was praktisch für alle Menschen zutrifft –, dann heißt das nichts anderes, als dass verschiedene Lebensaspekte von unterschiedlichen Bewusstseinsformen gelenkt werden. Es kann verheerende Auswirkungen haben, wenn man sich dessen nicht bewusst ist. Weiter oben wurde den Kernmitgliedern der Roten Armee Fraktion (RAF) und anderen extremistisch veranlagten Menschen pluralistisches Hauptbewusstsein zugebilligt (S. 69). Das bedeutet nun etwas genauer, dass diese Menschen zumindest im kognitiven Lebensaspekt pluralistisch sind. Doch wie sieht es mit ihren übrigen Lebensaspekten aus? Der kinästhetische Lebensaspekt kreist um die Frage, wie Dinge physisch erledigt werden. In diesem Punkt sind gewaltbereite Menschen drastisch, indem sie gezielt Sprengstoff und Waffen einsetzen und sich darin gezielt ausbilden lassen. Waffen sind jedoch letztlich Mittel eines negativen magischen Bewusstseins. Das Symbol der negativ magischen Erlebenswirklichkeit ist der Pfeil, der bewusst (!) tötet. Der interpersonale Lebensaspekt zeigt die Interaktionsarten zwischen Menschen an. Auch hier lassen sich für Extremisten irregeleitete Formen vermuten; nämlich negativ mythisch: Wer sich gegen ihren Loyalitätskreis wendet, verliert den Existenzanspruch.

Diese Konstellation mit hohem kognitivem Bewusstsein gepaart mit wenig entwickelten anderen Lebensaspekten, d.h. eine stark heterogene Struktur im Zusammenspiel von Bewusstseinsformen und Lebensaspekten, deutet – immer aus Sicht der Bewusstseinsformen – auf eine spannungsgeladene und wohl auch unreife Selbstdefinition hin. Mit dem Lebensaspekt des Selbst ist das Verhältnis zu sich selber gemeint: Wer bin ich? Wie nehme ich mich wahr? Erst eine rudimentäre Selbstdefinition, wie sie für das magische Bewusstsein charakteristisch ist, erlaubt die extreme Kombination von effektiv pluralistisch-rationalen Elementen mit starken defektiv magischen. Dass gerade Kindersoldaten, die ja gar keine ausgebildete Selbstdefinition haben können, mit beinahe unüberbietbarer Grausamkeit agieren können, bestätigt diesen traurigen Befund.

Nach dieser eher düsteren Analyse wollen wir uns nun aber noch den sehr positiven Möglichkeiten einer integrierenden Persönlichkeitsentwicklung zuwenden.

5.3 Integrierende Persönlichkeitsentwicklung

Es ist einer der größten Irrtümer der Moderne zu glauben, die älteren Bewusstseinsformen seien durch die jüngeren abgelöst worden. Beispielsweise zu glauben, das magische Bewusstsein sei „überwunden". Die Bewusstseinsformen sind kumulativ und nicht sukzessiv. Dank dieser Persistenz aller Bewusstseinsformen hat der heutige Mensch die Wahl, andere Wahrnehmungsdimensionen, die anderen Bewusstseinsformen entsprechen, wieder zu entdecken und in ihre Wirklichkeiten einzutauchen.

Während *integrale* Persönlichkeitsentwicklung bereits zum integralen Bewusstsein gehört, bereitet *integrierende* darauf vor. Sie orientiert sich hauptsächlich an der Erkenntniswirklichkeit, die dem aktuellen Hauptbewusstsein der westlichen Welt entspricht, und unterliegt namentlich den Zwängen einer rationalen Zeit. Doch weil sie integrierend ist, führt sie über die Erkenntniswirklichkeit hinaus. Und zwar in vier Dimensionen: (1) vorwärts, (2) rückwärts, (3) aufwärts und (4) einwärts.

(1) *Vorwärts.* Auf den ersten Blick ist die Antwort auf die Frage, worin persönliche Weiterentwicklung bestehe, relativ einfach: Werden Bewusstseinsformen als Stufen aufgefasst, dann geht es darum, neue Stufen zu erklimmen. Nach der mythischen die rationale, dann die pluralistische und möglichst rasch die integrale. Diese sportliche Sicht auf Weiterentwicklung gründet auf dem rationalen Zeitkonzept, nach dem es ein Vorwärts aus der Vergangenheit in die Zukunft gibt, in diesem Fall verbunden mit einer Weiterentwicklung auf „höhere" Bewusstseinsstufen. Obwohl das zweifellos sinnvoll ist und auch funktioniert, so hat es dennoch einen Haken: Es ist linear gerichtet und funktioniert deshalb letztlich nur innerhalb der Erkenntniswirklichkeit. In letzter Konsequenz bindet das Modell einer Weiterentwicklung als Vorwärtsentwicklung das Individuum an die Erkenntniswirklichkeit. Deshalb darf es nur ein Modell unter anderen sein.

Für Menschen mit mythischem Hauptbewusstsein heißt Vorwärtsentwicklung, die mythischen Bewusstseinsanteile zu vervollkommnen und den Anteil an rationalen zu steigern. Allgemein ausgedrückt werden diese Menschen dem Verstand mehr Gewicht geben. Etwa indem sie ihre Erfahrungen zunehmend systematisieren. Viele Menschen mit mythischem Hauptbewusstsein werden einem solchen Vorschlag spontan wenig Sympathie entgegenbringen, weil sich das Mythische zuweilen ebenso dezidiert vom Rationalen abgrenzt wie umgekehrt. Da die Entwicklung jedoch *integrierend* sein sollte, braucht mythisches Bewusstsein nicht etwa überwunden oder verlassen zu werden; es wird vielmehr ergänzt. Die mythische Erfahrungswirklichkeit darf verfügbar bleiben, selbst wenn einmal ein paar zusätzliche rationale Zweifel daran aufkommen sollten.

Für Menschen mit rationalem Hauptbewusstsein bedeutet Entwicklung „vorwärts", pluralistische Perspektivenwechsel zu praktizieren. Spielerisch einen anderen als den eigenen Standpunkt vertreten und beobachten, was dabei im Umfeld und bei einem selber passiert. Dabei gelten auch Bewusstseins*zustände* als Standpunkte, die bewusst gewechselt und erforscht werden können. Alltägliche Zustände wie Wachsein, Träumen, Tagtraum oder Flow, aber auch Meditationen oder noumenale Reisen. Über unterschiedliche Bewusstseins*zustände* werden absichtlich unterschiedliche Bewusstseins*formen* inklusive deren Ontologien und Phänomenologien aktiviert. Solche Perspektivenwechsel schließen dann möglicherweise auch Begegnungen mit noumenalen Entitäten ein. Sie zielen aber nicht in erster Linie auf psychedelische Bewusstseinserlebnisse ab, sondern auf ein Überprüfen von Wertungen und Glaubenssätzen. Es geht nicht um überwältigende spirituelle oder atemberaubende mystische Erfahrungen, sondern um die schlichte Erfahrung von Perspektivenwechseln in mehreren Wirklichkeiten. Ich nehme zu diesem Zweck beispielsweise regelmäßig als Repräsentant an systemischen Familienaufstellungen teil und erhalte dabei ein wunderbares „Seelentraining".

„Vorwärts"-Entwicklung für Menschen mit pluralistischem Hauptbewusstsein besteht in einer intensivierten Pflege unterschiedlicher Bewusstseinsformen und Bewusstseinszustände. Weil die noumenalen Felder der integralen Bewusstseinsform erst im Entstehen sind, ist es nur sehr beschränkt möglich, sich in eine bestehende integrale Wirklichkeit einzuklinken. Deshalb kommt auf pluralistischer Stufe dem Perfektionieren und Komplettieren der anderen Integrationsdimensionen, „rückwärts" „aufwärts" und „einwärts", eine noch größere Bedeutung zu als auf den übrigen Stufen.

(2) *Rückwärts.* Im rationalen Zeitkonzept beschäftigt sich „Rückwärts"-Integration logischerweise mit den Vergangenheitsaspekten der Zeitachse. Dabei gibt es zwei Grundformen; die *gerichtete* und die und die *komplettierende*.

Gerichtete „Rückwärts"-Integration ist das, was ich als versuchte Rückkehr in die uranfängliche Einheit betrachte. In seinen Studien zur indischen Yoga-Philosophie beschreibt Eliade diesen Prozess sehr einprägsam: „Es handelt sich also darum [...] die Zeit nach rückwärts zu durchlaufen [...], um *ad originem* zu gelangen, wo die erste Existenz die Zeit in Gang brachte und in die Welt ‚ausbrach', um wieder jenen paradoxen Augenblick zu erreichen, jenseits dessen die Zeit nicht existierte, weil noch nichts sich manifestiert hatte. [...] Man kommt zum Beginn der Zeit und erreicht wieder die Nichtzeit, das ewige Gegenwärtige, das dem durch die erste gefallene menschliche Existenz begründeten zeitlichen Erleben vorausging."[97]

Nach meinem Verständnis hieße das, die archaische Bewusstseinsform zu aktivieren. Archaische Einheit ist jedoch *bewusstlose* Einheit und so ist archaisches Bewusstsein paradoxerweise nur im Rahmen einer anderen Wirklichkeit erfahrbar. Sie wirkt bis heute in allen anderen Wirklichkeiten als *Sehnsucht nach Einheit*. Diese Sehnsucht ist selbstauslöschend, weil sie in dem Moment alles Bewusstsein eliminiert, in dem sie befriedigt wird. Diese Bewusstseinslosigkeit ist alles andere als etwa *Samadhi* im Yoga, welches vom Denken und Fühlen befreites vollkommenes Aufgehen in einem Objekt bedeutet und eigentlich ein Maximum an Bewusstheit bezeichnet und nicht ein Minimum. Deshalb empfehle ich ein Zurückgleiten in die uranfängliche Einheit wohl für temporäre Versenkung, nicht jedoch als Entwicklungsziel. Statt Einheit sollte meines Erachtens Ganzheit angestrebt werden. Ganzheit ist *bewusste* Einheit.

Mehr als die gerichtete ist die *komplettierende* „Rückwärts"-Integration von größter Bedeutung. Sie hat zwei Aspekte von denen bereits ausführlich die Rede war. Einerseits geht es darum, die alten Bewusstseinsformen zu aktivieren und die alten Wirklichkeiten zu pflegen. Andererseits aber auch darum, möglichst viele Lebensaspekte möglichst umfassend zu entwickeln. Komplettierende „Rückwärts"-Integration trachtet also danach, die älteren Bewusstseinsformen in ihren positiven Ausprägungen und für alle Lebensaspekte möglichst vollkommen zu erwerben. Ein Mensch kann nur ganz werden, wenn er in allen Wirklichkeiten und in allen Lebensaspekten ganz wird.

(3) *Aufwärts*. Die dritte Dimension, in der Integration geschehen, die dritte Art, wie integrierende Persönlichkeitsentwicklung erfolgen, die dritte Richtung, in der die Erkenntniswirklichkeit transzendiert werden kann und sollte, ist „aufwärts". So energisch das rationale Bewusstsein das Spirituelle in das Geistige und das Geistige in das Mentale und das Mentale teilweise ins Unterbewusste zurückziehen mag, so hartnäckig hält sich die Gewissheit, dass neben und in dem Profanen das Heilige besteht. Wie überall in diesem Buch ist das Heilige sehr allgemein gefasst und nicht nur religiös gemeint. Es drückt etwas zutiefst Übersubjektives und Transzendentes aus.

Über den ontologischen Status des Heiligen brauchen wir uns hier nicht mehr aufzuhalten: Mit dem NOP weisen wir ihm mit derselben Rechtfertigung einen eigenen Status zu, wie ihn ihm andere mit dem ROP absprechen. Nach und nach stellen viele Menschen aber ganz *praktisch* fest, dass man mit dem NOP weiter kommt als ohne. Die Welt wird reicher, denn „der lautere Einbruch des Jenseitigen ins Diesseitige, die Präsenz des Jenseits im Diesseits, des Todes im Leben, des Transzendenten im Immanenten, des Göttlichen im Menschen wird transparent."[98] Ein wichtiges Wort in diesem Satz von Gebser ist „lauter", d.h. redlich, aufrichtig, schlicht. Es ist hier weder von blindem Glauben noch von schwärmerischer Gläubigkeit, weder von religiöser Ergriffenheit noch von mystischer Verzückung die Rede, sondern es ist einfach die Feststellung, dass das Noumenale im Universum Platz hat und nach meiner Definition bedeutungsvolle Orte schafft.

Integrierende Weiterentwicklung befasst sich also auch mit der transzendenten Wirklichkeit. Da das Integrierende letztlich immer auch pluralistisch ist, ist von vornherein klar, dass es mehrere Perspektiven auf das Heilige gibt. Manche mögen es nicht einmal so benennen und Begriffe wie „Geistiges", „universelles Bewusstsein" oder (wie ich) „Noumenales" vorziehen. Stets gibt es unterschiedliche Ansätze, wie man sich damit befassen kann. Ein achtsamer Spaziergang am Wasser ist wohl ebenso geeignet wie ein Gebet, eine Meditation oder intellektuelle Beschäftigung. Weil die integrierende Weiterentwicklung pluralistisch ist, darf man auch nicht erwarten, dass es je Einigkeit über die Art des Transzendenten geben wird. Die Dienstleistung eindeutiger Antworten gibt es nur in der rationalen und der mythischen Wirklichkeit und dort kann sie jederzeit beziehen, wer von der integrierenden Pluralität vielleicht einmal erschöpft ist.

Peter Sloterdijk warnt vor spiritueller „Weltflucht" und bringt damit ein wichtiges Thema auf: Weiterentwicklung soll nicht Eskapismus sein. Nicht zuletzt deshalb gründet integrierende Weiterentwicklung auf einer *praktischen* Argumentation und nicht auf einer spirituell oder religiös abgehobenen. Sloterdijk übersieht aber auch seine eigene Befangenheit innerhalb der ROP-Wirklichkeit. Was er als *Welt*-Flucht ansehen muss, ist im Rahmen eines erweiterten Modells von Wirklichkeiten bloß das Überschreiten der Grenzen der Erkenntniswirklichkeit und nicht der „Welt". Der Kontakt mit noumenalen Wirklichkeiten lässt einen nicht aus der Welt fallen.

(4) *Einwärts*. Die vierte Dimension integrierender Persönlichkeitsentwicklung ist „einwärts". Das ist die meditative und spirituelle Praxis schlechthin und für integrierende Zwecke unerlässlich. Während integrales Bewusstsein meines Erachtens früher oder später dazu führen wird, dass unser Alltagsbewusstsein narrative Kontinuität ohne zeitliche Kontinuität wird bewältigen können, strebt die „Einwärts"-Meditation seit der Erfindung des Zeitstrahls danach, dem zeitlichen Zwang punktuell zu entfliehen. Die *zeitliche* Gegenwart, die sich als Zeitpunkt zwanghaft auf der Zeitlinie zu bewegen scheint und uns diesen Zwang auch auferlegt, wandelt sich dabei idealerweise zur *wirksamen* Gegenwart, zur Gegenwärtigkeit, zur Lücke in der Zeitlinie, die sich mehr und mehr expandieren lässt.

Sollen die noumenalen Wirklichkeiten erschlossen werden, ist dieses meditative Ausklinken unverzichtbar. Es ist das performative Tor zu den übrigen Dimensionen der Integration. Viele verschiedene Arten der meditativen Versenkung bieten sich dafür an. Ich selber pflege die schamanische Reise (traditionell oder als noumenale Reise) sehr gern, weil sie direkt und wirksam ist.

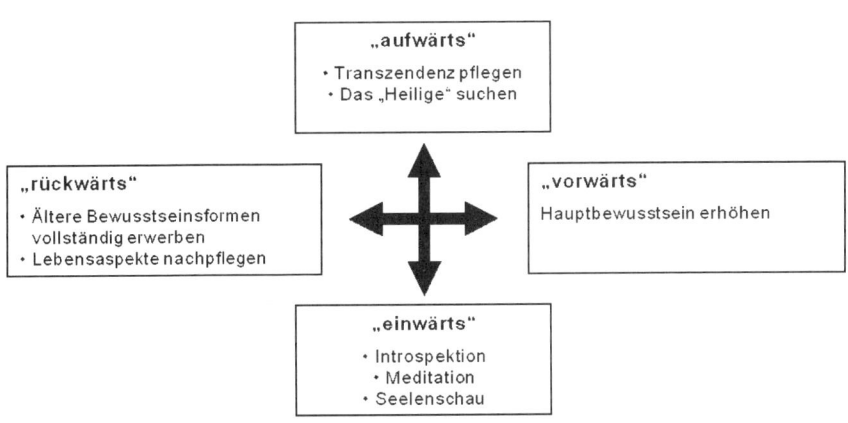

Abbildung 31 – Dimensionen der Integration

Die Dimensionen der Integration von Bewusstseinsformen und Wirklichkeiten sind die Dimensionen integrierender Persönlichkeitsentwicklung. Das ist Entwicklung in vier praktische Richtungen. Nach noumenaler Auffassung müssen alle gepflegt werden. Die gerichtete „Vorwärts"-Entwicklung kann nach dieser Ansicht noch so beeindruckend sein und Bewusstseinsstufe um Bewusstseinsstufe realisieren; wenn die „unteren" Stufen vernachlässigt werden, entsteht ein Vakuum, das die Entwicklung früher oder später kollabieren lässt. Umgekehrt kann die gerichtete „Rückwärts"-Entwicklung noch so tief sein; wenn sie nicht vom Streben nach dem Erwerb weiterer Bewusstseinsstufen genährt wird, bleibt sie ob der archaischen Bewusstlosigkeit ohnmächtig.

Die Wiederaneignung der alten Bewusstseinsformen und Wirklichkeiten dient als Sprungbrett für alle anderen Entwicklungsdimensionen und zu mehr Ganzheit. Weil denken für die rationale, erfahren für die mythische, erleben für die magische und transzendieren für die Transzendente Wirklichkeit steht, lautet die Formel für einen ganzheitlichen Weltzugang: Denken + Erfahren + Erleben + Transzendieren.

Ganzheit bleibt stets vorläufig. Sie ist ein *moving target*, denn was immer neu dazu kommt (ob im Universum oder im individuellen Bewusstsein) erweitert das Ganze und legt das Ziel neu fest. Ken Wilber hat einmal die Vermutung geäußert, dass Gautama Siddhartas (Buddhas) Bewusstseinszustand heute nicht mehr zur Erleuchtung reichen würde, weil sich das Hauptbewusstsein der Menschheit verschoben hat. Das dürfte stimmen. Erleuchtung, *Awakening, Samadhi, Unio mystica, Sahaj, Satori*, entsprechen dann nicht einer absoluten Stufe, sondern jeweils dem

Erreichen einer momentanen Ganzheit. Man könnte sagen: Einheit ist ewig, dafür ist sie unwiederbringlich verloren. Ganzheit ist temporär, dafür ist sie erreichbar.

5.4 Bewusstseinsprofile

Die Bewusstseinsformen wurden in ihrer Entfaltungsgeschichte als Menschheitsbewusstsein vorgestellt. Träger dieses Makrobewusstseins sind in erster Linie die einzelnen Menschen. Deshalb ist es naheliegend, bei einem bestimmten Menschen zu fragen, welcher Art sein Bewusstsein wohl sein mag. Wer sich mit der Übersichtstabelle der Bewusstseinsformen (ab Seite 100f) beschäftigt, überlegt wohl fast unweigerlich, wo er oder sie sich selber einordnen würde. Es versteht sich von selbst, dass man bei einem solchen Vorhaben sehr behutsam mit sich selber und mit anderen sein sollte. Eine Selbsteinschätzung ist ebenso mit blinden Flecken behaftet wie eine Fremdeinschätzung. Dennoch kann es nützlich und auch vergnüglich sein, sich, andere Menschen und andere Entitäten (z.B. Nationen) durch die Linse der Bewusstseinsformen zu betrachten.

Das *Bewusstseinsprofil* zeigt wie stark die verschiedenen Bewusstseinsformen in einem Menschen oder einer anderen Entität zu einem gegebenen Zeitpunkt entfaltet sind. Dabei sind drei wichtige Punkte zu beachten: Erstens verfügt jeder Mensch zumindest potenziell über sämtliche Bewusstseinsformen. Ein Mensch hat meist ein dominierendes Hauptbewusstsein und daneben weniger starke Anteile der anderen Bewusstseinsformen. Ein mythischer Mensch ist demnach ein Mensch mit einem mythischen Hauptbewusstsein. Zweitens kann und sollte sich das Bewusstseinsprofil eines Menschen im Laufe der Zeit verändern. Persönlichkeitsentwicklung wirkt sich in vielen Aspekten des Lebens aus, aber schließlich auch im Bewusstseinsprofil. Und drittens beeinflussen die Umfeldbedingungen das Bewusstseinsprofil ganz erheblich. Menschen im Krieg werden beispielsweise viel stärkere magische Anteile zeigen als Menschen in einer Wohlstandssituation. Nicht wenige Menschen werden zudem im Berufsleben ein anderes Profil aufweisen als am Feierabend oder in der Familie. In einem erweiterten Modell von Wirklichkeiten handelt es sich dabei um ein ganz natürliches Phänomen. Ein Beispiel ist der hochgradig rationale Architekt, der in seinen vier Wänden eine durch und durch mythische Familienform mit ausgeprägter Vaterautorität praktiziert. Dies ist völlig in Ordnung, gibt es ja nicht eine Bewusstseinsform, die besser wäre als andere.

Die Bestimmung eines individuellen Bewusstseinsprofils bedarf eines großen Respekts gegenüber dem profilierten Menschen, umgekehrt aber einer gewissen Respektlosigkeit gegenüber der Klassifikation: es geht nicht um Kommastellen, sondern um die großen Linien. Das Bewusstseinsprofil (BP) hat folgende Struktur:

BP = (integral, pluralistisch, rational, mythisch, magisch)

In der Folge seien ein paar typische Bewusstseinsprofile betrachtet:

BP(rationaler Mensch) = (0, 10, **80**, 60, 40)

Die Zahlen sind Prozentanteile und geben ganz grob an, wie viel einer Bewusstseinsform realisiert ist. Fett markiert ist das Hauptbewusstsein. Oben das Bewusstseinsprofil eines rationalen Menschen, wie es in der westlichen Welt Hunderttausende geben dürfte. 80 an der dritten Stelle heißt: „80% der rationalen Bewusstseinsform sind entfaltet". Das sollte aber nicht allzu mathematisch verstanden werden, sondern eher in der Form von: „sehr viel". Das ganze Profil zeigt von links nach rechts interpretiert: „gar nichts integral", „Spuren von pluralistisch", „sehr viel rational und das ist das Hauptbewusstsein", „viel mythisch" und „einiges magisch". Rationale Menschen sind sich ihrer mythischen und magischen Anteile meist nicht bewusst. Trotz der rationalen Bewusstseinsbarriere verfügen die meisten aber über starke Anteile an altem Bewusstsein. Die Bewusstseinsbarriere ist eben vor allem eine kognitive Angelegenheit und wirkt sich nicht direkt auf die anderen Lebensaspekte aus. Die verdeckt vorhandenen Anteile führen aber nicht selten zu einer Geringschätzung wichtiger Anteile seiner selbst. Worüber das Profil in dieser Form auch nichts aussagt, ist ob die Anteile positiv oder negativ genutzt werden. Oben wurde der Architekt erwähnt, der an der Arbeit mit dem rationalen Hauptbewusstsein und im Familienleben mit ausgeprägtem mythischem Bewusstsein agiert. Der besagte Architekt könnte ebenso gut als liebevoll sorgender Vater auftreten wie als Familientyrann.

Das Profil eines Menschen mit mythischem Hauptbewusstsein könnte wie folgt aussehen:

BP(mythischer Mensch) = (0, 10, 70, **80**, 20)

Die allermeisten mythischen Menschen der westlichen Welt haben automatisch ein weit entwickeltes rationales Bewusstsein, im obigen Beispiel sogar praktisch gleichwertig, aber dennoch nicht bestimmend für das persönliche Hauptbewusstsein. Ein Mensch mit diesem Profil ist vermutlich mitten in seiner persönlichen rationalen Mutation und dürfte einige der Anfechtungen, die anhand der rationalen Mutation auf Ebene Menschheit beschrieben wurden, aus individueller Erfahrung kennen.

Erwähnenswert scheint mir der tiefe Wert für das magische Bewusstsein, das ich mit 20% tiefer angesetzt habe als beim rationalen Menschen. Das ist eine paradoxe Situation, weil die mythische und die magische Bewusstseinsform eigentlich sehr komplementär sind und das mythische das magische Bewusstsein im historischen Kontext intensiv nutzt, wie man an den mythischen Ritualen sieht, die ohne magische Wirksamkeiten bedeutungslos wären. Ich treffe aber erstaunlich viele mythische Menschen, die sich von ihren magischen Anteilen distanzieren. Es scheint, als hätten sie Angst vor einer Macht, zu der sie als mythische Menschen relativ einfach Zugang haben. Diese Angst haben rationale Menschen nicht und ihr magischer Anteil ist deshalb oft größer, obwohl es ihn nach dem rationalen ontologischen Postulat eigentlich nicht geben dürfte. Zum magischen Bewusstsein gehört auch die biologische Sexualität. Das ist Sex unterhalb der Schwelle von familiärer Bindung oder emotionaler Fülle. Es ist die unmittelbare und unverstellte Körperlichkeit, zu der viele gesellschaftliche Lebenssysteme, zu denen die Religionen gehören, ein mehr als gebrochenes Verhältnis haben. So wird magische Körperlichkeit oft in den Schmuddelecken der Gesellschaft abgehandelt und die magischen Anteile einer Person bleiben tragischerweise unterentwickelt.

Weiter oben habe ich den Schamanismus als die magisch-mythische Praxis *par excellence* beschrieben. So mag man sich beispielsweise einen indigenen Schamanen im Amazonas vorstellen, der weitab der Verkehrsachsen praktiziert und nur selten in Kontakt mit der westlichen Welt ist. Sein Hauptbewusstsein ist sicher mythisch. Er wird von zyklischen Prozessen erzählen, die Ahnen ehren und mit Seelenwesen kommunizieren. Vielleicht ist er Kräuterschamane, dann hat er auch eine starke Bindung zu den Pflanzenkräften. Pflanzenkräfte sind eher mythisch, Tierkräfte eher magisch. Der Schamane wird Rituale durchführen und seine Helfer und Kräfte um Wirkung bitten.

$$BP(\text{indigener Schamane}) = (0, 0, 40, \mathbf{90}, 90)$$

Ich spreche diesem Schamanen auch einen erheblichen rationalen Anteil zu, obwohl er in einer abgelegenen Gegend vorgestellt wurde. Dem rationalen Bewusstsein kann man sich in der heutigen Welt nicht mehr entziehen.

Für die Bewusstseinsentwicklung einer Person lassen sich aus den Bewusstseinsprofilen drei Aussagen ableiten: Ein Mensch durchläuft grob gesehen eine Entwicklung von rechts nach links, d.h. von magisch zu mythisch zu rational zu pluralistisch zu integral. Die integrierende Absicht besteht darin, möglichst alle Bewusstseinsformen zu entwickeln. Und schließlich gilt es, diese Entwicklung für möglichst alle Lebensaspekte zu erreichen.

Aber auch nicht-menschliche Entitäten haben Bewusstseinsprofile. Das Profil der Menschheit dürfte aktuell ungefähr die folgende Struktur aufweisen. Die westliche Menschheit deutlich rational; die gesamte Erdbevölkerung mit rationalem Hauptbewusstsein, dabei aber mit ebenso starkem mythischem Bewusstsein.

$$BP(\text{westliche Menschheit}) = (1, 40, \mathbf{90}, 60, 30),$$

$$BP(\text{ganze Menschheit}) = (1, 20, \mathbf{80}, \mathbf{80}, 40)$$

Interessanterweise gibt es auch Bewusstseinsprofile von Kollektiven: Auch Länder, Firmen, Organisation, politischen Parteien usw. haben Bewusstseinsprofile, die sich teilweise markant unterscheiden.

Um die Überlegungen dieses Buch nun noch etwas abzurunden, soll nun im letzten Kapitel noch kurz auf Persönlichkeitsentwicklung als Seelenarbeit eingegangen werden.

5.5 Seelenarbeit

Im erweiterten Modell von Wirklichkeiten spielt die Seele als innere Persönlichkeit eine zentrale Rolle. Sie befriedigt unser Bedürfnis nach Individualität und Personalität und ist daher relativ einfach erreichbar. Gleichzeitig ist sie aber sehr viel weicher als das abgegrenzte Ich und findet daher leichter Zugang zu den noumenalen Wirklichkeiten und Wirksamkeiten. Und schließlich ist die Seele mythisch und hat wichtige kollektive Komponenten: ihre Verankerung in Stammes- und anderen Kollektiven erleichtert Veränderungen in den Persönlichkeitsstrukturen ganz massiv.

In meiner Praxis hat es sich als einsichtig und wirksam erwiesen, verschiedene Seelenselbste zu unterscheiden und als mythische Vertiefungen des rationalen Ichs/Egos zu betrachten: Die individuelle konkrete Seele (IKS), die individuelle zeitlose Seele (IZS) und die universelle Seele. All diese Entität sind – in moderner Sprache – Abstraktionen und bilden ein Kontinuum ohne feste Grenzen.

Die allgemeinste Form eines Seelenselbsts ist die universelle Seele. Auf der Stufe der universellen Seele gibt es keine Individuation. Die universelle Seele ist der innere Zugang zum kosmischen Ganzen. Über sie können wir in die Nähe gelangen von Kosmos, Gott, Einheit, Ganzheit, universellem Bewusstsein, dem All-Einen, der allgemeinen Seele *Paramatman* oder wie die Begriffe für das eigentlich „Unsagbare" alle lauten mögen. Auch C.G. Jungs Archetypen als noumenale Felder eines kollektiven Unbewussten sind nahe dieser Stufe angesiedelt, sind sie doch überindividuell. (Allerdings würde ich, der ich nicht von der Psychologie her komme, eher von einem kollektiven Bewusstsein sprechen, denn von einem Unbewussten. Und ich würde die verborgene Wirkkraft von Archetypen eher als nicht erkannte, aber erkennbare Feld-Wirkung ansehen, denn als Wirkung des Unbewussten.)

Die individuelle konkrete Seele (IKS) bezeichnet das innerliche Selbst eines Wesens oder in unserem Fall eines Menschen. Sie ist am ehesten das, was wir gemeinhin als die „Seele" bezeichnen: eine auf wundersame Weise mit einem Körper und einem Ich verbundene Entität, die an das spezifische Leben einer Person gebunden ist. Diese Seele ist *in der Zeit*, insofern sie in dieser Form während einer Periode von Zeugung bis Tod existiert und sie ist *zeithaft* in dem Sinn, als sie selber die Lebensprozesse als zyklisch und polar erfährt. Die IKS hat keine irdischen Bedürfnisse, kennt weder Hunger noch Schmerzen, aber sie kann verletzt sein. Oft spricht man von seelischen Wunden, von Schatten im Energiekörper oder auch von karmischer Ladung. Und so wie die Seele verletzt sein kann, kann sie auch geheilt werden. Innere Heilung, noumenale Heilung, wie ich es nenne, erfolgt überwiegend auf dieser Ebene einer individuellen konkreten Seele.

Das große Desaster im Zuge der Eingrenzung mit der rationalen Usurpation besteht darin, dass sie innere Heilung auf Ebene IKS ausschließt, einfach deshalb, weil es mit dem rationalen ontologischen Postulat die Seele nicht mehr gibt, es sei denn als Metapher.

— Das Denken der Seele —

Die Bedürfnisse der individuellen konkreten Seele sind allzu oft völlig verschieden von denen des Ichs und erst recht von denen des Ego. Die psychologischen Wiederholungsfallen, in die so viele Menschen immer wieder tappen, sind nicht selten die Wirkungen einer Seele, die etwas sucht, wovon das Ich nichts ahnt. Undeutliche Krankheitsmuster, Antriebsschwäche, Unlust, Entscheidungsunfähigkeit oder Visionslosigkeit sind Beispiele für Phänomene, bei denen jemand oft erfolglos einen Ansatz auf der Ich-Ebene sucht, während die Ursache in vielen Fällen darin liegt, dass Ich-Ebene und Seelen-Ebene nicht zusammen agieren. Dann schadet sich ein Mensch selber, ohne sich dessen bewusst zu sein. Integration von Bewusstseinsformen und Wirklichkeiten bedeutet in diesem Fall, die noumenale Existenz einer individuellen konkreten Seele zu akzeptieren und einen Ausgleich zwischen Bedürfnissen von Ich-Selbst und Seelen-Selbst zu suchen. Dazu sind weder Zauberei noch jahrzehntelanges spirituelles Training nötig, sondern bloss ein paar handfeste Techniken und die Bereitschaft, sowohl ROP als auch NOP zu akzeptieren.

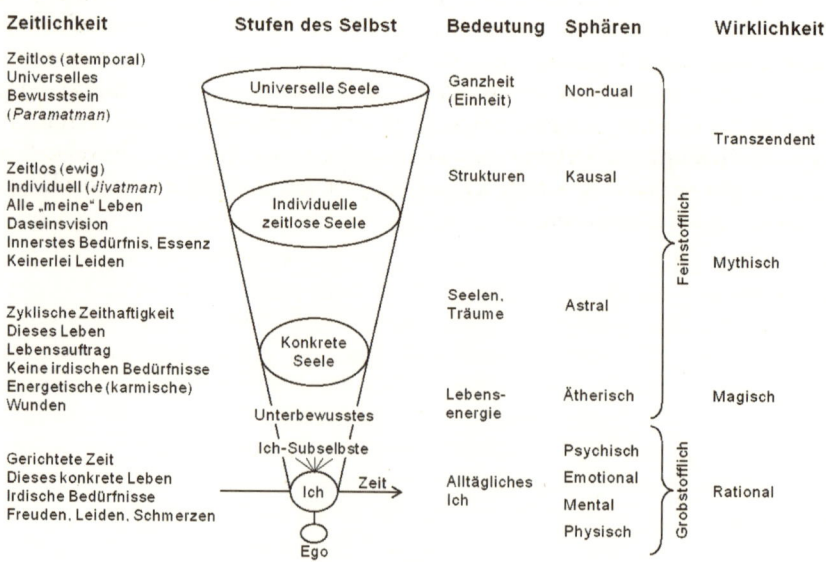

Abbildung 32 – Noumenales Seelenkonzept

Das IKS-Feld liegt systemisch gesehen in weiteren Feldern. Dazu gehört das Feld der weiterhin individuellen, nun aber zeitlosen Seele (IZS). Dahinter steckt die Idee einer *unverletzten* Seele. Das Konzept ist unabhängig von Weltanschauungen. Die westliche Welt und viele schamanische Traditionen gehen davon aus, dass ein Mensch nur einmal geboren wird. Im Hinduismus und Yoga wird dagegen Seelenwanderung als Sukzession vieler Inkarnationen beschrieben. Im Buddhismus gibt es ebenfalls Inkarnationshistorien, nun aber nicht von Seelen, sondern von Bewusstsein. Für alle diese Weltanschauungen kann – sofern man NOP akzeptiert – die individuelle zeitlose Seele angenommen und als noumenale Entität kontaktiert werden.

Das innerste Bedürfnis der zeitlosen Seele zeigt sich in der konkreten Seele als Drang nach Ausdruck. Die zeitlose Seele selber genügt sich vollkommen. Nur die konkrete Seele IKS wird krank, wenn sie ihre tiefsten Anlagen, die sie bei der individuellen Seele IZS findet, auf Dauer nicht auszudrücken vermag. Und wenn die Seele krank ist, ist das Ich nie gesund, selbst wenn man das zuweilen meint und mit viel Aufwand die Täuschung aufrecht erhält.

Nach noumenaler Auffassung geht es also letztlich darum, das Ich die innersten Bedürfnissen der IZS ausdrücken zu lassen. Das psychophysische Ich ist die einzige Instanz, die den innersten Bedürfnissen der Seele auf dieser Erde, d.h. in effektiv kristallisierter Form, Ausdruck zu verleihen und damit eine essenzielle Daseinsvision zu verwirklichen vermag. Die Bedürfnisse der IZS sind aber gleichzeitig Ressourcen. Gewissermaßen als Gegenleistung erhält das Ich Zugang zu den tiefsten inneren Ressourcen, wenn es die Bedürfnisse der IZS ausdrückt. Man könnte auch sagen: Es ist das Bedürfnis der IZS, dem Ich seine spezifischen Ressourcen zur Verfügung zu stellen. Wenn das Ich dieses Angebot annimmt, dann ist auch die IKS und der ganze Mensch gesund. Man kann deshalb Persönlichkeitsentwicklung und Heilung des ganzen Selbst auch als die Aufgabe verstehen, die Bedürfnisse und Ressourcen der individuellen zeitlosen Seele kennenzulernen und sich darauf einzulassen.

– Das Denken der Seele –

Schlusswort

In einem erweiterten Modell von Wirklichkeiten ist es gegenwärtig das rationale Bewusstsein, welches die größte Wirksamkeit entfaltet. Es leistet noch immer Widerstand gegen das mythische Bewusstsein, das zwar eine hohe Verbindlichkeit pflegt, mit seiner inneren Dynamik dem rationalen Bewusstsein aber unberechenbar erscheinen muss. Es immunisiert sich weiterhin gegen die magischen Kräfte, was nicht nur schlecht ist, aber auch einen ganzen Wirkkomplex ausschließt. Und nun ringt es in der aktuellen Mutation auch noch mit dem pluralistischen Bewusstsein, das es mit seinen Perspektivwechseln ermüdet. Die rationale Wirklichkeit wird ihr Primat verlieren, doch gegenwärtig ist sie noch dominant.

In diesem Buch wird der Versuch unternommen, mit den Mitteln der Erkenntniswirklichkeit ein Szenario zur Rehabilitierung sämtlicher Bewusstseinsformen und Wirklichkeiten zu entwickeln. Das gelingt, weil das pluralistische Bewusstsein innerhalb der Erkenntniswirklichkeit immer stärker wird. Pluralistische Argumentation ist systemischer und weniger abgrenzend als rein rationale. In ihrem Kern nimmt die Argumentation in diesem Buch folgende Richtung:

1. Die Geschichte der Bewusstseinsformen zeigt, dass sich die Grundparameter für das Verständnis der Menschen von der Welt und von sich selber ganz massiv verändert haben. Dies betrifft Größen wie Raum und Zeit, das Selbst und Loyalitäten, Dinglichkeit und Wirksamkeiten. Diese Parameter und damit der Weltzugang des Menschen haben sich gewandelt, und es gibt keinen Grund zu glauben, dass sie sich nicht weiter verändern werden.

2. Die moderne Bewusstseinsforschung und Philosophie des Bewusstseins machen deutlich, dass es keinen direkten Kontakt von Bewusstseinssubjekt und Außenwelt geben kann. Vielmehr sind Bewusstseinsinhalte vermittelt und konstruiert. Deshalb ist es auch nicht möglich festzustellen, ob die „wirkliche" Außenwelt physikalisch ist oder nicht. Die rationale und die pluralistische Bewusstseinsform erzeugen eine physikalisch-mentale Wirklichkeit, die mythische eine beseelte, die transzendente eine übersubjektiv-heilige und die magische eine durch Kräfte wirkende. Aus allen Wirklichkeiten können externe Stimuli zu Bewusstseinsinhalten beitragen, die nicht rein mental sind.

3. Die grundlegende Ontologie (was es geben kann) der Erkenntniswirklichkeit wird im rationalen ontologischen Postulat (ROP), diejenige der übrigen Wirklichkeiten im noumenalen ontologischen Postulat (NOP) formuliert. Weil es weder für den einen noch den anderen Bereich eine ab-

schließende theoretische Begründung geben kann, werden die Grundlagen als „Postulate" bezeichnet; als gut begründete, aber nicht bewiesene und auch nicht beweisbare Annahmen. Mit dem NOP werden die alten Bewusstseinsformen und Wirklichkeiten theoretisch rehabilitiert.

4. Gefasst als Wirklichkeiten beweisen die Bewusstseinsformen ihre Persistenz und ihre praktische Relevanz. Die rationale Erkenntniswirklichkeit bietet materielle Sicherheit und leistet in ihrer maßvollen Form eine sinnvolle Immunisierung vor nicht-physikalischen Wirkmächten (Zaubereien). Die mythische Erfahrungswirklichkeit bietet Geborgenheit und vermag mit ihrem Seelenbezug vielfältige Heilkräfte zu aktivieren. Die magische Erlebenswirklichkeit bietet zweckfreie Verbundenheit und Zugang zu elementaren, vitalen Wirkkräften.

5. Als Vehikel für Wirkkräfte wird das Konzept von Feldern vorgeschlagen. Zu Feldern physikalischer wie auch noumenaler Art gehört Fernwirkung. Wie diese tatsächlich zustande kommt, ist im physikalischen wie im noumenalen Bereich gleichermaßen ungeklärt. Das Konzept eines Feldes drückt einfach aus, dass Wirkungen beobachtet werden können. In der Erkenntniswirklichkeit sind es physikalische in den übrigen Wirklichkeiten auch noumenale Wechselwirkungen.

Das Resultat dieser Argumentation ist ein erweitertes Modell von Wirklichkeiten, die ineinander verschränkt sind und einander beeinflussen. Der Exklusivitätsanspruch des Rationalen erweist sich als Lebenskraft des rationalen Feldes, das sich inmitten von anderen Feldern zu behaupten trachtet. Es zeigt sich, dass alle Bewusstseinsformen dieselbe Lebenskraft entwickeln und nach ihrem eigenen Ausdruck drängen.

Bewusstseinsformen, Wirklichkeiten, das noumenale ontologische Postulat und noumenale Felder sind konzeptuelle Mittel, mit denen auf theoretischer Ebene sämtliche Wirklichkeiten rehabilitiert und integriert werden können.

Integration als Praxis bedeutet, sich alle historischen Bewusstseinsformen in ihrer vollen und aktuellen Wirksamkeit bewusst zu machen. In einem engeren Sinn läuft das auf eine Versöhnung von rationalem und mythischem Bewusstsein hinaus, nicht jedoch auf deren Verschmelzung. Integration ist eine grandiose Bereicherung. Der integrierende Mensch lässt sich nicht mehr so sehr von den vorbewussten Äußerungen der Bewusstseinsformen treiben, als dass er sich ihrer zu bedienen lernt. Darin steckt sowohl Bemächtigung als auch Ermächtigung. Bemächtigung ist hier aber nicht etwa Unterwerfung, sondern effektive Teilhabe an den Kräften und Wirkungen des Universums (des noumenalen ebenso, wie des physikalischen). Ermächtigung ist vor allem Selbstermächtigung zur Erforschung der Wirklichkeiten, welche durchaus auch etwas Mut erfordert, denn jede Reise in eine neue Wirklichkeit ist stets auch Arbeit an einem sich verändernden Selbst.

Mit dieser Argumentation werden auch die Ausgangsfragen geklärt: Ja, rationale Menschen dürfen spirituell sein. Denn es gibt erwachsenengerechte Begründungen nicht nur für Spiritualität, sondern auch für mythische, magische und transzendente Wirklichkeiten mit nicht-physikalischen Wirksamkeiten. Und ja, mythische Menschen dürfen über Spiritualität nachdenken, ohne dass sie ihrer Kraft verlustig gehen. Denn sie brauchen die mythischen Wirksamkeiten dabei nicht aufzugeben.

Der Mensch ist nicht nur Bewusstsein. Doch vor allem ist er nicht nur ein *einziges* Bewusstsein. Wer die verschiedenen Bewusstseinsformen in eine wirkende Gegenwärtigkeit zusammenzieht, erreicht eine komplettere Weltsicht und erfährt ein reichhaltigeres Leben als in einer einzelnen Wirklichkeit allein. Zugleich bietet diese Integration die Basis für das neue integrale Bewusstsein, welches enorme Anforderungen an die Identitätsbedürfnisse eines Individuums stellen wird.

Auf dem rationalen Zeitstrahl verortet liegt der uranfänglichen Einheit gegenüber die Ganzheit. Ganzheit ist das vollbewusste Pendant zur bewusstlosen Einheit. Ganzheit wird dem pluralistischen Bewusstsein zunächst zur hypothetischen und dem integralen dann zur konkreten Möglichkeit. Jedoch kommt vor dem Integralen noch das Integrieren. Dabei werden die alten Bewusstseinsformen als Wirklichkeiten gleichsam herangezogen und verdichtet. Gegenwärtigkeit wird erlebt, erfahren, erkannt und als vollkommen empfunden, weil die magische Bewusstseinsform für Erleben, die mythische für Erfahren, die rationale für Erkennen und die transzendente Wirklichkeit für das Heilige steht. Darin liegt bereits ein wenn auch vorläufiger Zugriff auf Ganzheit. Noumenale Integration strebt aber nicht nach Erleuchtung, sondern nach einem reichen Alltag, der alle Wirklichkeiten berührt. Darin ist sie in hohem Maße bejahend.

Die Welt an sich bleibt uns Menschen verschlossen. Die Wirklichkeiten jedoch, die unser Bewusstsein unter dem strukturierenden Einfluss der Bewusstseinsformen erzeugt, lassen sich sehr wohl erschließen. Und hier kommt die wichtigste aller Wirklichkeiten zum Zug: Die spezifische, persönliche Wirklichkeit, die wir jeden Tag selber erzeugen. Im besten Fall eine farbige, dynamische und harmonische Verbindung aus allen Wirklichkeiten im Einklang mit den konkreten Lebensumständen, den persönlichen Absichten und den inneren Ressourcen der eigenen Seele. Diese Wirklichkeit ist gleichermaßen reich und bereichernd.

– Das Denken der Seele –

Glossar

Achronien – Ansätze veränderten Zeiterlebens des integralen Bewusstseins, bei denen die Kontinuität eines in die Zukunft fortlaufenden Zeitempfindens durchbrochen ist. Griechisch *chronos*: Zeit.

Bewusstsein – Daseinsgewissheit. Die Fähigkeit, gewisse Wirklichkeitsaspekte als daseiend zu bemerken und darüber zu reflektieren. Was von einem Bewusstsein als daseiend empfunden wird, hängt von der Bewusstseinsform ab.

Bewusstseinsbarriere – Die rationale Abgrenzung zur Immunisierung gegenüber den Unberechenbarkeiten und Zaubereien der alten Bewusstseinsformen. Etwas schwächer gibt es umgekehrt auch die mythische Abgrenzung vor dem Rationalen mit seiner „Entzauberung" der Welt.

Bewusstseinsformen – Vorbewusste Strukturen, die festlegen, was überhaupt ins Bewusstsein gelangt. Damit schaffen Bewusstseinsformen ganze Wirklichkeitskomplexe, in denen nicht nur vorstrukturiert ist, was existiert, sondern auch welche Haltungen der Mensch dem gegenüber einnimmt, was existiert und wie er damit umgeht.

Bewusstseinsprofil – Die Darstellung der Anteile aller Bewusstseinsformen bei einem Menschen, einem Kollektiv oder einem noumenalen Wesen.

Depression (mythische, rationale) – Pessimistische Grundstimmung in der historischen Schlussphase einer Bewusstseinsform. Wirren in der Mutation zur nächsten Bewusstseinsform.

Dualismus/Dualität – Das Vorliegen zweier unvereinbarer Prinzipien oder Arten von Entitäten, die als Gegensätze empfunden werden. Rationales Bewusstsein hat einen starken Hang zu Dualismen und Dualitäten. Materie/Geist, Geist/Seele, Seele/Körper, Form/Materie, Raum/Zeit, Idealismus/Materialismus, Rationalität/Spiritualität, Subjekt/Objekt, Freiheit/Notwendigkeit u.v.a.m.

Ego – Problematische Form des rationalen Selbsts. Tendiert zum Anhäufen. Zieht Eigenschaften und Kontrolle an sich. Verhindert dadurch oft Heilung.

Emergenz – Hypothese, nach welcher höhere Seinsstufen aus niedrigeren hervorgehen. Die Metapher, nach welcher Bewusstsein einzig aus den Hirnaktivitäten hervorgeht.

Entität – Eine gegebene Einheit, eine gegebene Größe. Etwas, das existiert.

Felder – Kraftzonen mit Fernwirkung. Nicht weiter erklärbare Medien von Wechselwirkung. Träger von Information über Raum und Zeit hinweg. Ein Beispiel für physikalische Felder sind Magnetfelder. Sheldrakes „morphische Felder" erklären formgebende Wirkungen innerhalb der rationalen Wirklichkeit. „Noumenale Felder" sind Kraftzonen der noumenalen Wirklichkeiten, die innerhalb der noumenalen Wirklichkeiten, aber auch in die rationale Wirklichkeit hinein wirken.

Hauptbewusstsein – Die zu einem bestimmten Zeitpunkt am stärksten wirksame Bewusstseinsform eines Menschen.

Ich – Gesunde Form des rationalen Selbsts. Perspektivisch in der rationalen Raumzeit. In der Abstraktion eigenschaftslos und damit Basis für das rationale Wir aus freiwilligen Kollektiven.

Idealismus, Idealist – Hält Ideen, etwas Geistiges, „Urbilder" für das eigentlich Wirkliche, wovon die physikalische Wirklichkeit ein mangelhaftes Abbild ist.

Immunisierung – Rationaler Schutz vor Wirkungen aus Magie und Zauberei durch Verschließen der alten Bewusstseinsformen.

Ingression – Metapher, nach welcher Bewusstsein von außen in den Menschen „hineinfließt", ihm mithin geschenkt wird, wie Licht oder Sauerstoff. Nach dieser Ansicht stellen die Hirnaktivitäten bewusste Prozesse bloß dar, statt dass sie sie schaffen.

Insourcing – Verlegen von Phänomenen der magischen, mythischen und transzendenten Wirklichkeit, die sich trotz Immunisierung und Bewusstseinsbarriere nicht leugnen lassen, in die rationale Erkenntniswirklichkeit hinein. Eine Mentalisierung und Psychologisierung, bei der aus objektiven Prozessen subjektive werden.

Konkretion – Wirkung des Bewusstseins auf die materielle Wirklichkeit. Manifestierte Resultate namentlich der integralen Bewusstseinswirkung auf die materielle Wirklichkeit.

Kognitiv – Das Denken und intellektuelle Vermögen betreffend.

Kristallisierung – Typische Konkretionsweise der rationalen Bewusstseinsform. Dabei erscheint die Außenwelt als materielle und aus Elementarteilchen aufgebaut.

Magie – Noumenale Wirksamkeiten mit Auswirkungen in der physikalischen Wirklichkeit. Kausale Effekte, die nicht allein physikalisch, psychologisch oder soziologisch erklärt werden können.

Makrobewusstsein – Beobachtbares menschliches (anthropomorphes) Bewusstsein und Bewusstsein von nicht-menschlichen Wesen, die ähnliche Leistungen erbringen.

Materialismus, Materialist – Führt die Vorgänge und Phänomene der Welt auf Materie und deren Gesetzmäßigkeiten zurück. Zuweilen auch als „Physikalismus" bezeichnet.

Menschheitsbewusstsein – Das Hauptbewusstsein der Menschheit als Kollektiv. Das aktuelle Menschheitsbewusstsein ist rational, obwohl vermutlich weit mehr Menschen auf der Erde mythisches Hauptbewusstsein haben als rationales.

Metaphysik – Philosophische Disziplinen, die sich mit den Grundlagen der Welt jenseits der beobachtbaren und manifestierten Wirklichkeit befassen.

Mutation – Veränderung, Wechsel. Im erweiterten Modell von Wirklichkeiten der historische und von Unsicherheiten begleitete Übergang von einer Bewusstseinsform zur anderen. Gegenwärtig ist in der westlichen Welt die pluralistische Mutation im Gang und die integrale kündigt sich bereits an.

Neuronales Korrelat des Bewusstseins – Das „neural correlate of consciousness" (NCC) zeigt die Aktivitäten des Hirns bei bestimmten Bewusstseinstätigkeiten.

Noumenal (ausgesprochen: „numenal") – Im erweiterten Modell von Wirklichkeiten der Gegenbegriff zu den materiellen, physikalischen, rationalen Aspekten. Bezieht sich auf geistige, spirituelle, seelische und vitale Sphären. Im griechischen „noumenon" steckt der Begriff des „Nous".

Noumenale Reise – Die noumenale Variante der schamanischen Reise. Eintauchen in die noumenalen Wirklichkeiten und Aufsuchen oder Aktivieren von bedeutsamen Räumen zum Zweck der Heilung, Problemlösung, Persönlichkeitsentwicklung oder Entspannung.

Noumenale Wirklichkeiten – Grob gesprochen gelten alle Wirklichkeiten als noumenal, die nicht rational sind. Das sind namentlich die mythische (seelische), die magische (vitale) und die transzendente (geistige, spirituelle, religiöse) Wirklichkeit. Die integrale Wirklichkeit ist gemischt, weil sie sowohl rationale wie auch noumenale Aspekte aufweist.

Nous (ausgesprochen: „Nus") – Das griechische „nous" bezeichnet das „Geistige", setzt sich aber von bloßer Logik und reinem Intellekt ab. Im erweiterten Modell von Wirklichkeiten ist das Nous die gewissenhafte und gefühlvolle Vernunft, die das Individuum mit dem Überindividuellen verbindet. Über das Nous ist das Individuum mit allen Bewusstseinsformen und sämtlichen Wirklichkeiten im Kontakt.

Ontologie – Die Lehre vom Sein. Beschäftigt sich mit den grundlegenden Entitäten (Gegenstände, Eigenschaften, Prozesse usw.) der Realität und fragt danach, was es „wirklich" gibt. In meinen Überlegungen lautet die zentrale ontologische Frage, ob es noumenale Entitäten (Seelen, magische Kräfte, transzendente Kräfte u.a.) auf eine vergleichbare Weise geben kann wie physikalische Entitäten (Gegenstände, Wechselwirkungen u.a.). Weil sowohl physikalische wie auch noumenale Wesenheiten zu externen Reizen in der Wahrnehmung beitragen können, wird die Frage bejaht.

Persistenz – Eigenschaft der Bewusstseinsformen, die trotz Nachfolgemutation weiter bestehen bleiben und in spezifischen Wirklichkeiten weiterhin Wirksamkeit entfalten.

Phänomenologie – Die Lehre von den Erscheinungen in dieser Welt. Die Phänomenologie ist der Zoo an Wesenheiten, die unsere bewusste Welt bevölkern. Je nach Bewusstseinsform und Wirklichkeit unterscheiden sich die Phänomenologien sehr stark. In der rationalen Phänomenologie gibt es beispielsweise keine Seelenwesen, in der mythischen schon.

Polarität – Wesensmerkmal des mythischen Bewusstseins. Anders als in dualistischen Systemen wirken die Pole nicht als Gegensätze, sondern als sich gegenseitig bedingende Ergänzungen.

Postulat – Eine sachlich oder denkerisch notwendige Annahme. Eine logisch nicht weiter beweisbare, aber einsichtige These. Ein Postulat wird nicht logisch, sondern praktisch begründet. Das rationale ontologische Postulat (ROP) des rationalen Bewusstseins grenzt eine Erkenntniswirklichkeit ab, in der es primär physikalisch-materielle Entitäten gibt. Das noumenale ontologische Postulat (NOP) rehabilitiert die Entitäten der alten Bewusstseinsformen (Seelenwesen, Geistwesen, Kräfte usw.) und bereitet den Boden für das integrale Bewusstsein, welches materielle und nicht-materielle Entitäten virtuos verbindet.

Prä-Post-Phänomen/Problem (PPP) – Bezeichnung für die Beobachtung, dass prä-rationale (mythische) und post-rationale (pluralistische) Aussagen oft sehr ähnlich sind, obwohl sie auf völlig unterschiedlicher Grundlage erfolgen. Wegen der Ähnlichkeit der Aussagen werden grundlegende Unterschiede gerne übersehen. Das kann zu Verwirrung führen, weil die mythische Bewusstseinsform ganz andere Assoziationen und Wirksamkeiten aktiviert als die pluralistische.

Reise – Metapher für das Aktivieren von bestimmten Bewusstseinsformen und Wirklichkeiten durch Meditation, Trance oder dergleichen. Während die Rede von Bewusstseinszuständen die subjektiven Voraussetzungen anspricht, verweist die Reisemetapher auf die objektiven Wirklichkeiten mit ihren spezifischen Ontologien und Phänomenologien.

Schamanismus – Sammelbegriff für eine Vielzahl alter Traditionen zur Problemlösung und Heilung mit mythischen und magischen Wirksamkeiten. Noumenaler Schamanismus leistet zudem eine Verknüpfung mit rationalen Begründungen und ist damit pluralistisch.

Seele – Die Selbst-Form des mythischen Bewusstseins mit einer starken Identifikation mit Familie, Stamm, Natur und Kosmos. Die Vorstellung eines autonomen Individuums entwickelt sich erst allmählich und erreicht erst im rationalen Bewusstsein die starke Ausprägung als Ich, die heute in der westlichen Welt erkennbar ist.

Selbst – Allgemeine Bezeichnung für individuelle Identitäten. Die mythische Form des Selbsts ist die Seele, die rationale das Ich mit seinem problematischen Zwilling, dem Ego.

Transzendent – Die Grenzen der praktischen Erfahrung und der sinnlich erkennbaren Welt übersteigend. Kann auf metaphysische Grundlagen in der Philosophie verweisen, auf das Heilige in der Religion oder auch auf das Übersinnliche in der Esoterik. Im erweiterten Modell von Wirklichkeiten wird das Transzendente als eine eigene Wirklichkeit gesehen, die zwar vom rationalen Bewusstsein erzeugt, heute von ihm aber weitgehend verneint wird.

Überkreuzungslogik – Eine Form integraler Logik, die zwei oder mehrere Standpunkte, Argumentationslinien und Wirksamkeiten gleichzeitig zulässt, die nach rationaler Logik widersprüchlich wären. Dies kann in zeitlicher, kausaler, räumlicher, logischer oder auch konzeptueller Hinsicht geschehen.

Wirklichkeit – Während die „Welt" nicht erkannt werden kann und eigentlich nichts über sie ausgesagt werden kann, bezeichnen „Wirklichkeiten" Weltausschnitte, die von Bewusstseinsformen strukturiert sind und deshalb erkannt und beschrieben werden können. Je nach Bewusstseinsform werden unterschiedliche Wirklichkeiten erzeugt.

– Das Denken der Seele –

Index von Begriffen und Personen

Achilles 41ff, 46, 142
Achronien 75, 79, 81f, 101, 164, 169
Ahnen 33f, 39, 43, 52f, 88, 99, 111, 128, 131, 143, 145, 153, 157, 159, 175, 183, 196
Ahnenpyramide 43
Alchemie 139, 151
Anati, Emmanuel 25
Anführerpyramide 43
Aristoteles 44ff, 51f, 74, 75, 85, 161, 173
Atomisierung 49, 54, 63, 92, 101, 175, 188

Bewusstsein 17, 105, 107; mythisch 33, 37, 131, 189; rational 40, 44, 73, 91, 103, 114, 121, 195, 205
Bewusstseinsbarriere 116f, 162, 177f, 195, 205f
Bewusstseinsformen 13-19, 22, 25, 29, 37, 39, 43, 47f, 53-55, 60, 63f, 66f, 71-75, 83, 86, 90f, 94f, 98-101, 103f, 109-113, 116, 121, 123, 128f, 131ff, 143, 148, 153, 155, 167, 172, 174, 177f, 186-191, 193f, 196, 198, 201-209
Bewusstseinsinhalte 15, 24, 107, 122ff, 126, 137, 167, 185, 187, 201
Bewusstseinskontinuität 44, 81, 86, 149f, 165, 171, 186
Bewusstseinskontinuum 34
Bewusstseinsprofil 71, 194ff, 205
Bewusstseinszustände 190, 209
Bilderverbot 43
Blindsicht 106, 180, 186
Buddha 42, 44, 58, 59, 193
Buddhismus 34, 47, 60, 108, 155, 164, 199
Burckhardt, Jakob 90

Capelle, Wilhelm 46
Christus/Jesus 40, 44, 58f, 126

Dante Alighieri 39
Darwin, Charles 72f, 93
Daseinsgewissheit 96, 98, 104f, 112f, 129, 131, 139, 205
De Boer, Esther 57, 59
Déjà-vécu 75, 77-81, 163f
Demokrit 47
Dennett, Daniel 51, 108
Depression (mythische, rationale) 42, 46, 56, 205
Descartes, René 91f, 110, 164, 178

Diskontinuitäten 164, 169, 171f
Drogen 37f, 62f, 182f, 185
Dualismus 47, 83, 167, 205
Dualität 23, 99, 101, 205

Eddington, Arthur 81
Effektiv/defektiv 31, 149, 166, 173, 188, 199, 202
Ego 11, 39, 60, 86ff, 92f, 138, 149, 158f, 165, 172, 180ff, 184, 197f, 205, 207
Egozentrisch 86f
Eingeborene (Natives) 181
Einheit 21ff, 30, 33, 47, 54, 68, 77, 90, 95, 98, 100f, 120, 131, 139, 143, 148, 190f, 194, 197, 203, 205
Einstein, Albert 52f, 75, 81, 115, 167
Eliade, Mircea 38, 81, 111f, 155, 183, 190
Emergenz 21, 33, 83, 109, 205
Experimenteller Widerstand 120, 162

Felder: morphische 85, 126ff, 205; noumenale 126-129, 133, 135, 138, 142f, 194f; physikalische 127, 205
Fixismen 73ff, 163
Frames 15
Freud, Sigmund 93, 166

Ganzheit 19, 67, 133, 191, 193f, 197, 203
Gebser, Jean 11, 27, 35, 60, 72, 79, 80, 136, 168, 191
Gödel, Kurt 83
Greenpeace 65

Halluzination 13, 114f, 121, 179
Hauptbewusstsein 14ff, 64f, 71, 116, 120, 154, 168, 187-190, 193-197, 206f
Heilung 37f, 40, 118, 126, 143, 149-152, 183, 185, 197, 199, 205, 207f
Heraklit 46
Heterochronie 75
Hildegard von Bingen 111, 114, 186
Hirn im Tank 107, 111, 129
Homer 41, 141f, 178
Huchzermeyer, Wilfried 42
Husserl 92

Ich 11, 21, 39, 44, 47, 49f, 52, 54-58, 61, 63, 75, 77, 86f, 89-97, 99f, 103, 109ff, 118, 121, 144, 146, 148ff, 157ff, 162-165, 168, 170f, 173, 182, 185, 197ff, 206f
Immunisierung 43, 156, 177, 202, 205f
Ingression 21, 33, 109, 207

Inkarnation 36, 58f, 151, 170, 199
Insourcing 60f, 116, 124, 207
Intensität 11, 81, 84f, 86, 99ff, 132, 147, 155, 163f, 166, 174f, 186

Jagd 20, 30, 134-137, 157
James, William 73
Jonas, Hans 66, 68, 117
Jung, Carl Gustav 197

Kant, Immanuel 119
Kelten 44f, 100, 126
Kesey, Ken 62, 69
Kohlberg, Lawrence 70
Konkretionen 164-168, 172
Kristallisierung 128, 154f, 157, 159, 167, 207
Kuhn 161
Kypria 41

Lakoff, George 15
Leary, Timothy 182
Lebensaspekt 71, 187f, 191, 195f
Letztbegründung 52
Logos 46
Luther, Martin 94

Macht 31f, 66, 88, 101, 122, 126, 138, 153, 175, 195
Magie 30ff, 37, 91, 98, 122, 137f, 140, 143, 151, 156, 165f, 175, 206
Makrobewusstsein 104f, 108f, 112, 194, 206
Maria Magdalena 56f, 61, 114, 117
Materialismus 47, 83, 155, 164, 169, 205f
Materialist 47, 83, 118, 126, 169, 206
Menschenrechte 15, 64, 95
Menschheitsbewusstsein 71, 162, 194, 207
Metaphysik 50, 56, 59f, 67, 115f, 174, 207
Metzinger, Thomas 24, 75, 93, 96, 108f, 126, 144, 155, 164, 169
Mutation 11, 14, 17, 44, 48-51, 53, 55-59, 61, 72, 82, 90, 116, 132, 183, 195, 201, 205, 207f
Mythos 40ff, 45, 49ff, 57, 90, 101, 153

Naiver Realismus 96, 122
Narziss 49ff, 57ff, 86, 89ff, 145
Neuronales Korrelat des Bewusstseins (NCC) 108, 169, 207
Noumenal 56, 118f, 147f

Noumenales ontologisches Postulat (NOP) 39, 115, 118f, 121, 126, 141, 143, 169, 178f, 201f, 208
Nous 56f, 59ff, 97, 113, 117ff, 156, 173, 207

Ontologie 68, 113, 145, 157, 160f, 190, 201, 207f
Out of Body Experience (OBE) 144f

Pagels, Elaine 58
Pascal, Blaise 79
Peirce, Charles Sanders 85
Persistenz (der Bewusstseinsformen) 174, 189, 202, 208
Perspektive 13ff, 18, 36, 49ff, 61f, 66, 69, 76f, 80, 83, 86, 90f, 94, 99f, 109, 131, 145, 147, 166f, 173, 179, 181, 190f
Pfaller, Robert 93
Pförtner 111f, 114, 117, 120, 130, 147
Phänomenologie 111f, 121f, 125, 190, 208
Platon 44, 47, 85, 115, 119, 174
Polarität 34f, 40, 43, 66, 74, 101, 177, 208
Postulat 115
Prä-Post-Phänomen/Problem (PPP) 69ff, 77, 86f, 95, 208
Projektion 13, 60, 86, 119, 121, 123, 147, 162, 179
Psychologisierung 60, 124, 142, 206

Rationales ontologisches Postulat (ROP) 114f, 156, 161, 194f, 201, 208
Raum 50, 52f
Rawls, John 172
Reise 11f, 68, 111, 119f, 139, 152, 162, 186, 202, 207f; noumenale 143-147, 170, 178, 181f, 184f, 190, 192, 207; schamanische 12, 38f, 122f, 175, 178, 192; Seelenreise 62
Resonanz 25, 126-129, 135, 138, 140, 142f, 145, 148, 150, 159, 163, 166, 182ff
Ritual 11, 135, 137f, 175
Römer 44f, 100
Rote Armee Fraktion (RAF) 69, 71, 189

Sartre, Jean Paul 63, 158
Schamane, Schamanismus 11, 25, 30, 36ff, 40, 45, 62, 77, 100, 111f, 114, 120, 127f, 138, 147, 153, 156, 180, 182, 185, 196, 208
Seele 11, 13, 21, 32-35, 37f, 40, 49f, 55-60, 83, 86, 88-92, 97, 100, 110, 113, 118, 120f, 127f, 141ff, 148f, 165, 167, 197ff, 203, 205, 208f
Seelenschau 49, 145
Selbst 11, 24, 34, 38, 40, 47, 49f, 55, 77, 86-100, 109, 137, 143-146, 148ff, 158, 163, 169-173, 185, 187f, 197ff, 210f, 208f
Sheldrake, Rupert 85, 126f, 164, 205
Sloterdijk, Peter 192

Spiegelneuronen 108
Spiegeltest 22, 109
System 68, 70, 72-75, 83, 112, 125

Transfermodell 151f, 179, 184
Turing, Alan 108
Turing-Test 108f, 111f, 129

Überdeterminiertheit 166f
Übergangsbewusstsein 61, 67
Überkreuzungslogik 79-84, 164, 207

Van Kampenhout, Daan 128
Venus von Willendorf 26, 139
Vergangenheit 12, 33, 35, 78, 81, 140, 155, 189f
Villoldo, Alberto 153
Vision 11, 54, 56f, 60, 63, 95, 111, 114, 117, 119, 128, 180, 198

Wahrnehmung 15, 21-24, 27, 36, 50, 56, 86ff, 99, 104-107, 113f, 120, 122ff, 133, 135f, 139, 142f, 146, 148, 150, 163, 171, 179f, 184ff, 189, 207
Welt-Null-Hypothese 96
Werkzeuge 20, 24, 33, 100f
Whitehead, Alfred North 49
Whorf, Benjamin 35
Wilber, Ken 70, 72, 92, 187f, 193
Wirklichkeit 15f, 113, 131
Wirklichkeiten 11, 131, 174
Wirkungen 24, 31f, 39, 62, 65, 71f, 82, 84ff, 88, 97f, 111, 114, 122, 125-131, 135, 149, 151, 156, 184, 198, 202, 205f
Wolfe, Tom 62

Zahl 47f, 91
Zaubern 39, 165, 175
Zeit 51f, 81ff, 188f, 197
Zeus 41f, 45f
Zukunft 11, 35, 41, 44, 52, 66f, 78, 81, 88, 99, 104, 140, 155, 189, 205
Zumstein, Carlo 12, 25, 37, 156
Zyklen, Zyklus, zyklisch 18, 35, 40, 48, 52, 5,5, 78

– Das Denken der Seele –

Literatur

Anati, Emmanuel. Höhlenmalerei. Albatros Verlag Düsseldorf 2002
Aristoteles. Philosophische Schriften. Felix Meiner Verlag 1995
Böhme, Gernot. Alternativen der Wissenschaft. Suhrkamp, Frankfurt a.M. 1980
Burckhardt, Jacob; Bilder des Ewigen – Ein kulturgeschichtliches Lesebuch. Manesse-Verlag, Zürich 1997
Capelle, Wilhelm. Die Vorsokratiker, Fragmente und Quellenberichte. Akademie Verlag, Berlin 1958
Dante Alighieri. Die göttliche Komödie. Diogenes, Zürich 1991
De Boer, Esther A. The Gospel of Mary – Beyond a Gnostic and a Biblical Mary Magdalene. T&T Clark International, London 2004
Dennett, Daniel C. Consciousness Explained. Back Bay Books, New York 1991
Eliade, Mircea. Schamanismus und archaische Ekstasetechnik. Suhrkamp, Frankfurt 1975
Eliade, Mircea. Das Heilige und das Profane. Hamburg 1957
Eliade, Mircea. Yoga. Insel Taschenbuch, Frankfurt 2004
Gebser, Jean. Ursprung und Gegenwart. Novalis, Schaffhausen 2007
Homer. Ilias. Übersetzt von: Schadewaldt, Wolfgang. Insel Verlag, Frankfurt 1975
Huchzermeyer, Wilfried. Die Heiligen Schriften Indiens – Geschichte der Sanskrit-Literatur. Verlag Huchzermeyer, Karlsruhe 2003
Jonas, Hans. Organismus und Freiheit – Ansätze zu einer philosophischen Biologie. Vandenhoeck, Göttingen 1973
Jonas, Hans. Das Prinzip Verantwortung – Versuch einer Ethik für die technologische Zivilisation. Suhrkamp Taschenbuch, Frankfurt 1979
Jung, Carl Gustav. Synchronizität, Akausalität und Okkultismus. dtv, München 2001
Kant, Immanuel. Kritik der reinen Vernunft. Suhrkamp taschenbuch wissenschaft, Frankfurt 1974
Kuhn, Thomas S. Die Struktur wissenschaftlicher Revolutionen. Suhrkamp, Frankfurt a. Main 1988
Lakoff, George; Wehling, Elisabeth. Auf leisen Sohlen ins Gehirn – Politische Sprache und ihre heimliche Macht. Carl-Auer, Heidelberg 2008
Leakey, Richard. Die ersten Spuren – Über den Ursprung des Menschen. C. Bertelsmann Verlag, 1994
Lorblanchet, Michel; Höhlenmalerei. Jan Thorbecke Verlag, Sigmaringen 1997
Maturana, Humberto R.; Varela, Francisco J. Der Baum der Erkenntnis. Die biologischen Wurzeln des menschlichen Erkennens. Fischer Verlag, Frankfurt 2010

Metzinger, Thomas. Der Ego Tunnel – Eine neue Philosophie des Selbst: von der Hirnforschung zur Bewusstseinsethik. Berlin Verlag, Berlin 2009

Metzner, Ralph. Mind Space and Time Stream – Understanding and Navigating Your States of Consciousness. Regent Press, Berkeley 2009

Pagels, Elaine. Das Geheimnis des fünften Evangeliums – Warum die Bibel nur die halbe Wahrheit sagt. dtv, München 2003

Pfaller, Robert. Das schmutzige Heilige und die reine Vernunft – Symptome der Gegenwartskultur. Fischer, Frankfurt 2008

Sartre, Jean-Paul. Ist der Existentialismus ein Humanismus? In: Drei Essays. Ullstein Frankfurt/M 1985

Sartre, Jean-Paul. Der Ekel. Rowohlt, Stuttgart 1949

Schadewaldt, Wolfgang. Der Aufbau der Ilias. Insel Verlag, Frankfurt 1975

Sheldrake, Rupert. Das Gedächtnis der Natur – Das Geheimnis der Entstehung der Natur. Scherz, Frankfurt 2008

Sloterdijk, Peter. Kritik der zynischen Vernunft. Suhrkamp, Frankfurt 1983

Sloterdijk, Peter. Weltfremdheit. Suhrkamp, Frankfurt 1993

Sutter, Willy. Noumenale Wirklichkeiten. Wie Bewusstseinsformen Wirklichkeiten erzeugen. Ennetbaden 2010

Sutter, Willy. Die noumenale Organisation. Welche Kräfte im Geschäftsleben auch noch am Werk sind. Ennetbaden 2011

Van Kampenhout, Daan. Die Heilung kommt von ausserhalb – Schamanismus und Familienstellen. Carl-Auer-Systeme Verlag, Heidelberg 2003

Villoldo, Alberto. Die vier Einsichten – Weisheit, Macht und Gnade der Erdenwächter. Goldmann Arkana, München 2008

Von Scheffer, Thassilo. Die Kyprien – Ein hellenisches Epos. C.H. Beck, München 1934

Whorf, Benjamin Lee. Sprache – Denken – Wirklichkeit. Beiträge zur Metalinguistik und Sprachphilosophie. Rowohlt, Hamburg 1984

Wikipedia. Als Einstiegspforte und Orientierungsmittel für weitere Recherchen von unschätzbaren Wert.

Wilber, Ken. Integral Spirituality – A startling New Role for Religion in the Modern and Postmodern World. Integral Books, Boston 2007

Wolfe, Tom. The Electric Kool-Aid Acid Test. Black Swan 1989

Zumstein, Carlo. Schamanismus. Heinrich Hugendubel-Verlag, Kreuzlingen/München 2001

Nachweise

1 Sutter 2010
2 Lakoff 2008
3 Lakoff 2008, 73
4 Leakey 1994, 111
5 Metzinger 2009, 119
6 Metzinger 2009, 118f
7 Anati 2002, 259
8 Zumstein 2001, 63
9 Gebser 1986, 92
10 Lorblanchet 1997, 226
11 Anati 2002, 31
12 Eliade 2004, 265
13 Whorf 1984, 105
14 Zumstein 2001, 59
15 Eliade 2004: 347
16 Huchzermeyer 2003, 61
17 http://de.wikipedia.org/wiki/Stammbaum_der_griechischen_Götter_und_Helden
18 Capelle 1958, 127
19 Demokrit. In: Capelle 1958, 399
20 Genesis 11, 1-9
21 A. N. Whitehead. Science and the Modern World, S. 141; Wissenschaft und moderne Welt, 1949. In: Sheldrake 2008, 80
22 Dennett 1991, 101, Übersetzung WS
23 Aristoteles 1995, Physik IV 14, 223a
24 Aristoteles 1995, Physik IV 11, 219b
25 Aristoteles 1995, Physik IV 12, 221a
26 http://www.dreamscape.com/morgana/umbriel.htm#INU
27 http://www.dreamscape.com/morgana/umbriel.htm#HOPI
28 Aristoteles 1995, Metaphysik 981a
29 Eliade 2004, 303
30 GosMar: 10.17-20. In: De Boer: 19-21
31 GosMar: 10.19-23. In: De Boer: 19-21
32 Pagels 2003, 165f (Text aus Apokryphon Johannes 15-25)
33 Pagels 2003, 166
34 De Boer 72, Übersetzung WS
35 Gebser 1986, 683
36 GosMar 10.15-16. In: De Boer 78
37 Wolfe 1989, 93
38 Wolfe 1989, 63/65
39 Wolfe 1989, 76, 114, 115
40 Jonas 1979, 7
41 Jonas 1979, 84ff
42 Jonas 1979, 8
43 Wolfe 1989, 78, Übersetzung WS
44 Wilber 2007, 51
45 William James. In: Sheldrake 2008, 30
46 Bild der Wissenschaft, Heft 1/2008. (www.focus.de/wissen/wissenschaft/bdw/tid-8332/physik_aid_229939.html)
47 Metzinger 2009, 65
48 Aristoteles 1995, Physik IV 14, 223a
49 „Tu ne me chercherais pas, si tu ne m'avais pas trouvé." In: Gebser 1986, 358
50 Arthur Stanley Eddington. In: Gebser 1986, 504
51 Eliade 2004, 29f
52 Peirce. In: Sheldrake 2008, 30
53 Wilber 2007, Tafel S. 68/69
54 Burckhardt 1997, 48
55 Sartre 1985, 16
56 Metzinger 2009, 290
57 Metzinger 2009, 291
58 Pfaller 2008, 207
59 Metzinger 2009, 95
60 Metzinger 2009, 170
61 Maturana/Varela 2010
62 Dennett 1991, 322 passim
63 Metzinger 2009, 77
64 Dennett 1991, 281, Übersetzung WS
65 Metzinger 2009, 28
66 Eliade 2004, 68
67 Hildegard von Bingen. Liber Scivias (Wisse die Wege). Cit. nach Wikipedia „Hildegard von Bingen"
68 Eliade 1975, 197
69 Putnam. In: Metzinger 2009, 284
70 Platon. In: Böhme 1980, 20
71 Metzinger 2009, 33
72 Sheldrake 2008, 11
73 Sheldrake 2008, 11
74 Sheldrake 2008, 11
75 Sutter 2011
76 Van Kampenhout 2003, 14f
77 Gebser 1986, 92
78 Homer, Ilias 23, 99-107
79 Metzinger 2009, 137
80 Eliade 2004, 292
81 Villoldo 2008, 227
82 Siehe auch: Wilber 2007, 245
83 Metzinger 2009, 301
84 Eliade 2004, 48

85 Zumstein 2001, 111
86 Eliade 2004, 51
87 Sartre 1949
88 Kuhn 1988
89 Aristoteles 1995, Metaphysik 981a
90 Gebser 1986, 429
91 Metzinger 2009, 301
92 Metzinger 2009, 302
93 Eliade 2004, 87
94 Eliade 2004, 108
95 Metzner 2009, 107
96 Wilber 2007, 61
97 Eliade 2004: 193
98 Gebser 1986, 672

Unser aktuelles Programm, Vorankündigungen von Neuerscheinungen und Nachauflagen, Adressen von Visionssucheseminaren, Termine mit unseren Autoren, Leseproben, Inhaltsverzeichnisse, Textauszüge, Titelabbildungen und noch vieles mehr finden Sie auf unserer Homepage. Von dort aus gelangen Sie auch direkt zu unserem Onlineshop, wo Sie alle unsere Bücher versandkostenfrei (nur BRD) bestellen können.

www.arun-verlag.de
arun-verlag.blogspot.com

Alle Rechte, Lieferbarkeit und Preisänderungen der auf den Seiten 222-223 vorgestellten Bücher vorbehalten, keine Haftung für Satz- und Druckfehler. Der angegebene Ladenpreis in Euro gilt für die BRD zum Zeitpunkt der Drucklegung dieses Buches und kann sich u. U. im Laufe der Zeit ändern. Von Importeuren im Ausland festgelegte Euro- und SFR-Preise können abweichen. (Stand Juli 2012)

Bernd Bechtloff (Hrsg.)
Die Glücksessenz
Aufbruch in ein neues Sein

Die Glücksessenz führt Schritt für Schritt in das Neue Denken und zeigt, wie wir es für die Erschaffung unserer eigenen Realität, unseres eigenen Glücks nutzen können!

Die Essenz aus Quantenphysik, Mystik und vielen anderen Wissensgebieten, exzellent vorgetragen von Angelika Lang und Frank Hoffmann, mit Beiträgen von Dr. Günter Mattitsch, Univ.Prof. Dr. Max Moser, Sonia Emilia RainbowWoman, Willy Sutter, Julia Onken und Hubert von Goisern. Szenisch inszeniert und musikalisch gestaltet von J&B Lovelight.

48 Seiten, Hardcover,
13,5 x 22,0 cm,
2 CDs
ISBN 978-3-86663-057-4
€ 19,95 / 28,50 SFR

Geseko von Lüpke
Politik des Herzens

... ist eine Grundhaltung, die statt rationaler Distanz mitfühlende Identifikation fordert und eine Synthese versucht, in der Politik und ökologisches Engagement zur spirituellen Disziplin werden, wo der rational-wissenschaftliche Blick ehrfurchtsvolles Staunen auslöst, wo das Zulassen von Gefühlen zu vernünftiger Politik führt und die Natur als kreative, beseelte und intelligente Kraft verstanden wird, in der wir uns spiegeln und von der wir lernen können.

Diese Politik muss nicht erst neu entwickelt werden. Sie ruht bereits in unseren Herzen.

Der Journalist und Visionssucheleiter Geseko von Lüpke hat hier seine Gespräche mit Politikern, (Tiefen-)Ökologen, Wissenschaftlern, Vordenkern und Visionären zu einem bunt schillernden Teppich zusammengeknüpft.

Die Liste der Gesprächspartner finden Sie auf www.arun-verlag.de

416 Seiten, 40 Abb.,
17 x 24 cm, Broschur
ISBN 978-3-935581-33-2
€ 19,95 / 28,50 SFR

Thomas Berry

Das Wilde und das Heilige

The Great Work
Unser Weg in die Zukunft

Berry entwickelt die Vision eines zukunftsfähigen Zusammenlebens, die Ökologie, soziales Engagement, Politik, Erziehung und Spiritualität umfasst. Er ermutigt uns, der Erde in einer Weise des *gegenseitigen Segnens* zu begegnen.

Berry tritt den Herausforderungen unserer Zeit mit einem mitfühlenden Herzen und einem großen Optimismus entgegen, untersucht scharfsinnig die kulturellen Gründe für unser ausbeuterisches Verhalten, plädiert in berührender Sprache für eine nachhaltige Gemeinschaft mit allem Lebendigen und wendet sich gegen ein cartesianisches Maschinenuniversum.

224 Seiten, Hardcover, 15,1 x 22,8 cm
ISBN 978-3-86663-060-4
€ 19,95 / 28,50 SFR

www.thomasberry.org

Bill Plotkin

Natur und Menschenseele

Das Lebensrad und die Mysterien eines seelenzentrierten Erwachsenseins

Plotkin konfrontiert uns mit einer innovativen Entwicklungspsychologie und zeigt uns, wie wir vollständig und erfüllend *erwachsen* werden können, wenn wir es zulassen, dass uns Seele und wilde Natur leiten.

Hierzu greift er auf das archaische Radmodell zurück, beschreibt die Archetypen und die acht korrespondierenden Lebensphasen: Der Unschuldige im Nest / Der Entdecker im Garten / Der Mime in der Oase / Der Wanderer im Kokon / Der Seelenlehrling an der Quelle / Der Handwerker im wilden Obstgarten / Der Meister im Hain der Ältesten / Der Weise in der Berghöhle.

592 Seiten, 6 s/w-Abb., 15,1 x 22,8 cm, Hardcover
ISBN 978-3-86663-046-8
€ 29,95 / 40,90 SFR